UNIVERSITÉ DE NANCY. — FACULTÉ DE DROIT

CONDITION JURIDIQUE DES PROTESTANTS

SOUS

LE RÉGIME DE L'ÉDIT DE NANTES

ET APRÈS SA RÉVOCATION

THÈSE POUR LE DOCTORAT

PRÉSENTÉE PAR

CHARLES BENOIST

L'ACTE PUBLIC SERA SOUTENU LE 29 JUIN 1900, A 4 HEURES

Président : M. GAVET, *professeur.*

Suffragants : { MM. BINET, BEAUCHET, } *professeurs.*

PARIS

LIBRAIRIE NOUVELLE DE DROIT ET DE JURISPRUDENCE

ARTHUR ROUSSEAU, ÉDITEUR

14, RUE SOUFFLOT ET RUE TOULLIER, 13

1900

THÈSE

POUR LE DOCTORAT

FACULTÉ DE DROIT DE NANCY

Doyen : M. LEDERLIN, ✳, I ✿.
Doyen honoraire : M. JALABERT, ✳. I ✿
Professeur honoraire : M. LOMBARD (Ad.), ✳, I ✿.
MM. LEDERLIN, ✳, I ✿, Professeur de Droit romain, Chargé du Cours de Pandectes et du Cours d'Histoire du Droit (Droit français étudié dans ses origines féodales et coutumières).

LIÉGEOIS, I ✿, Professeur de Droit administratif et Chargé du Cours d'Histoire des Doctrines économiques.

BLONDEL, I ✿, Professeur de Code civil.

BINET, I ✿, Professeur de Code civil et Chargé du Cours d'enregistrement.

GARNIER, I ✿, Professeur d'Économie politique et Chargé du Cours de Législation financière.

MAY, I ✿, Professeur de Droit romain et Chargé du Cours de Pandectes et du Cours de Droit international public (Doctorat).

GARDEIL, I ✿, Professeur de Droit criminel et Chargé du Cours de Législation et Économie industrielles.

BEAUCHET, I ✿, Professeur de Procédure civile et Chargé du Cours de Procédure civile (Voies d'exécution), et du Cours de Législation et Économie coloniales.

BOURCART, I ✿, Professeur de Droit commercial, Chargé du Cours de Droit administratif (Doctorat).

GAVET, I ✿, Professeur d'Histoire du Droit, Chargé du Cours d'Histoire du Droit et des Institutions juridiques de l'Est.

CHRÉTIEN, I ✿, Professeur de Droit international public et privé, Chargé du Cours de Droit civil approfondi.

CARRÉ DE MALBERG, A ✿, Professeur de Droit public et constitutionnel.

GAUCKLER, I ✿, Professeur de Code civil.

MÉLIN, Docteur en droit, Chargé de Conférences.

RENARD, Docteur en Droit, Chargé de Conférences.

LACHASSE, I ✿, Docteur en Droit, Secrétaire honoraire.

VALEGEAS, A ✿, Docteur en Droit, Secrétaire.

La Faculté n'entend ni approuver ni désapprouver les opinions particulières du candidat.

UNIVERSITÉ DE NANCY. — FACULTÉ DE DROIT

CONDITION JURIDIQUE DES PROTESTANTS

SOUS

LE RÉGIME DE L'ÉDIT DE NANTES

ET APRÈS SA RÉVOCATION

THÈSE POUR LE DOCTORAT

PRÉSENTÉE PAR

Charles BENOIST

L'ACTE PUBLIC SERA SOUTENU LE 29 JUIN 1900, A 4 HEURES

Président : M. GAVET, *professeur.*

Suffragants : MM. BINET, BEAUCHET, *professeurs.*

PARIS

LIBRAIRIE NOUVELLE DE DROIT ET DE JURISPRUDENCE

ARTHUR ROUSSEAU, ÉDITEUR

14, RUE SOUFFLOT ET RUE TOULLIER, 13

1900

BIBLIOGRAPHIE

Aguesse. — Histoire du protestantisme en France depuis François Ier jusqu'à l'Edit de Nantes.

Ancillon. — L'irrévocabilité de l'Edit de Nantes.

Anquez. — Etat civil des réformés en France.

Beauchet. — Etude sur les formes de la célébration du mariage dans l'ancien droit français, *Nouvelle Revue historique*, 1882.

Beaune. — Droit coutumier français. La condition des personnes.

Benoit (Elie). — Histoire de l'édit de Nantes.

Bernard. — Explication de l'édit de Nantes par les autres édicts de pacification, déclarations et arrests de règlement.

Bossuet. — Politique tirée de l'Ecriture sainte.

Bodin. — Les six livres de la République.

Dareste. — Histoire de France.

Denizart. — Collection de décisions nouvelles et de notions, relatives à la jurisprudence actuelle (1775).

Décisions royales sur les principales difficultés de l'édit de Nantes (1607-1629) par réponses et expressions faites et ordonnées au conseil d'Etat sur les cahiers de plaintes et remontrances qui en ont été présentées au roy.

Douen. — La révocation de l'Edit de Nantes à Paris.

Esmein. — Cours élémentaire de l'histoire du droit français.

Faustin-Hélie. — Traité de l'instruction criminelle.

De Félice. — Histoire des protestants en France depuis la réformation, jusqu'au temps présent (1861).

Gavet. — Cours d'histoire du droit (Doctorat), 1897-98. Les rapports de l'Eglise et de l'Etat.

Gavet. — Sources de l'histoire des institutions et du droit français.

Gauthier. — Précis de l'histoire du droit français.

Glasson. — Histoire du droit et des institutions de la France.

Havet. — L'hérésie et le bras séculier au moyen-âge.

Haag. — La France protestante.

Isambert. — Recueil des anciennes lois françaises.

Lebret. — De la souveraineté du roy. (OEuvres complètes.)

Lavisse et Rambaud. — Histoire générale de la France.

Meynier. — De l'exécution de l'édit de Nantes dans le Dauphiné.

Michelet.— Histoire de France (Edition Marpon et Flammarion).

Monod. — Bibliographie de l'Histoire de France.

Puaux. — Histoire de la réformation française.

Revue de l'Histoire du protestantisme.

Rohrbacher. — Histoire universelle de l'Eglise catholique.

Viollet. — Histoire du droit civil français.

RÉGIME DE L'ÉDIT DE NANTES

ET APRÈS SA RÉVOCATION

INTRODUCTION

Nous devons dans ce travail étudier particulièrement la condition juridique des protestants sous le régime et après la révocation de l'*Édit de Nantes*.

C'est dire combien vaste est notre sujet, puisqu'il embrasse tout l'ensemble de la condition juridique d'une classe de personnes très nombreuse et dont la situation était très spéciale. Il ne rentre pas toutefois dans la catégorie des sujets encyclopédiques et indéterminés qui permettent de parler de tout sans rien traiter à fond et ne présentent jamais à l'œil que des ébauches indécises.

La situation des réformés ayant été réglée d'une façon précise permet une étude juridique proprement dite, ce qui peut déjà rassurer les amateurs de choses nettes.

Cette étude mérite l'attention. Ce n'est pas un petit

essai que celui qui fut tenté de faire fleurir à la fin du XVIᵉ siècle, une sorte de tolérance. Voir comment cette idée de tolérance pouvait se concilier avec l'état des esprits, les dogmes reçus, les théories de l'État et de l'Église, l'intransigeance et l'étroitesse d'esprit des foules et tout cela par le moyen d'une loi sage et bien ordonnée, mérite l'observation et la réflexion des amis de l'histoire sociale.

Mais parce que le sujet touche à une question très brûlante, à la matière la plus glissante et la plus pénétrante de toutes, pour parler comme l'Édit de Nantes lui-même, en un mot à la religion, cette étude est particulièrement difficile. Non qu'il n'existe sur la question des réformés en France une série considérable d'ouvrages, ce qui nous permet, comme le conseille notre éminent maître M. Gavet, de reprendre au point de vue juridique un sujet déjà traité au point de vue général (1), mais ces ouvrages traitent plus particulièrement des questions de religion ou des persécutions atroces que subirent les réformés. L'histoire leur apparaît entre les bûchers de la *chambre ardente*, tout pleins des cris des victimes, et les massacres odieux des Cévennes et les barbaries des dragons de Louvois. L'on conçoit que dès lors les plaintes, la colère ou la douleur ne laissent point place chez beaucoup à un examen froid et impartial du système juridique qui régissait les réformés à cette époque, examen difficile souvent, car il touche à une foule de questions délicates de l'ancien droit : permettre à un corps d'une religion différente

(1) *Sources de l'histoire des institutions et du droit français*, p. 13, note 1.

de vivre d'une vie propre dans la nation, c'était soulever mille problèmes sur les délicats sujets de la souveraineté, de la police extérieure, des rapports de l'Église catholique avec l'État, de l'administration ; examen important cependant, car il montre par quelle chaîne d'injustices cachées sont réunies les persécutions qui se trouvent aux deux extrémités. Comme le dit l'historien Benoît dans son ouvrage, l'*Histoire de l'Édit de Nantes* (1), on ne saura jamais quelle mer vaste est la chicane, et jusqu'où va l'injustice et la mauvaise foi, si l'on n'étudie avec attention les procédures, les innombrables arrêts qui précèdent la révocation de l'Édit de Nantes. De toutes les persécutions les plus fourbes sont celles qui prennent le masque de la loi. Le légiste, qui par une distinction impie prive du droit à la liberté de conscience des adversaires, est plus odieux que le bourreau qui les massacre. Car l'injustice de l'intelligence est toujours plus coupable que l'injustice brutale et matérielle qui est plutôt produite par l'aveuglement du moment et la furie de la passion, que par un individu conscient et maître de lui-même.

Toutefois, tout en détestant les fraudes et les entorses qu'on donna à l'Édit avant de l'abroger, nous n'avons pas cru que notre but était de faire un ouvrage rempli de déclamations qui pût servir quelqu'opinion particulière, et une des difficultés les plus fortes que nous avons éprouvées, c'est que les auteurs consultés, contemporains de l'Édit, étaient pour ainsi dire tous de parti pris ; malgré sa grande volonté de bonne foi, le

(1) Préface du livre III, 1ʳᵉ partie.

grand historien de l'Édit, Elie Benoit, avoue qu'il fait
plutôt de l'apologie que de l'histoire et la lecture de
son remarquable ouvrage convainc rapidement qu'il
n'a envisagé la question que d'un côté, et ne rapporte
guère que ce qui peut être à l'excuse des réformés.
Son ouvrage reste néanmoins fondamental par suite
du grand nombre de pièces qu'il analyse et de preuves
qu'il fournit, surtout dans les appendices des deux parties du tome III. Du côté des catholiques de la même
époque et surtout du côté des contemporains des édits,
nous avons affaire à une partialité encore plus grande,
de même dans les plaintes du clergé recueillies dans
les assemblées.

Quant aux historiens des époques subséquentes presque toujours ils ont écrit dans le style combattif et
avec des idées combattives qui transportaient dans les
questions du XVIe et du XVIIe siècle les querelles de
leur époque.

Nous avons essayé d'être impartial avant tout et de
juger les faits non seulement au point de vue actuel, ce
qui est forcé quoique dangereux, mais surtout au point
de vue de l'époque où ils se plaçaient.

Nous sommes persuadé qu'agir autrement c'est faus-
ser l'histoire et en faire un instrument de divisions,
tandis qu'elle doit être une lumière et un avertissement
donné à tous. Nous avons donc tenté d'examiner juri-
diquement et sans passion la situation juridique des
réformés sous l'ancien régime. Nous avons indiqué
toutes les entorses que l'on donna à l'Édit, toute cette
persécution légale, plus fausse que la violence. Mais
en même temps nous avons indiqué nettement les brè-

ches que de leur part les réformés avaient tenté de faire à l'Édit et certaines interprétations exagérées qu'ils lui donnaient.

Notre souci a été avant tout d'être impartial et de présenter un tableau exact de la situation juridique, et fixer d'une façon juste la portée de chacune des dispositions de l'Édit. Nous ne nous flattons pas d'avoir toujours réussi, mais l'on tiendra compte de notre intention d'impartialité et de notre effort fait pour examiner la question avec le même sang-froid scientifique que s'il se fût agi d'une question agitée dans les pays lointains entre des opinions étrangères et non point d'une querelle de nos aïeux.

Pour traiter d'une façon claire et complète le sujet, il fallait trouver autant que possible des divisions correspondant à l'exacte réalité des choses.

L'histoire du protestantisme en France comprend trois phases bien distinctes.

Pendant une première période, le protestantisme est considéré comme une hérésie, on lui applique les lois spéciales à l'hérésie. La persécution qu'il subit est avant tout une persécution religieuse.

Dans une seconde période le protestantisme est professé non plus par des particuliers mais par un corps politique organisé et armé. Les lois dirigées contre l'hérésie, lui sont de moins en moins appliquées. On finit par lui accorder une législation spéciale, et quand la persécution reprend elle a surtout un caractère politique.

Enfin dans une dernière période, l'État cesse d'être persécuteur et la tolérance se fait jour. La liberté de conscience devient un principe entré dans les mœurs que la révolution devait faire entrer dans le droit.

Nous n'avons pas à embrasser dans son entier un tel sujet, nous n'avons à proprement parler, qu'à nous occuper de la situation juridique des protestants à l'époque de l'Édit de Nantes, c'est-à-dire environ pendant la seconde moitié de la seconde des périodes précitées ; ceci nous amène à modifier légèrement le cadre indiqué plus haut, et à diviser notre sujet en trois parties. La période qui précède l'Édit de Nantes, la période de l'Edit, la période qui suit l'Édit. Nous n'avons donné tout son développement qu'à la seconde qui forme à proprement parler l'objet même de notre travail. Les première et troisième parties ne doivent être considérées que comme un préambule et une conclusion. Dans chaque partie nous avons été obligé de faire un court résumé des événements historiques embrassés dans la période où nous nous placions pour que le mouvement général de l'histoire resta présent à l'esprit pendant que nous disséquions pièce par pièce, les différentes parties de l'organisation réformée et les transformations qu'elles subirent.

Les protestants français portèrent différents noms sous l'ancien régime. Au début du règne de François Ier, on les confondait avec les partisans de Luther et on les nommait *Luthériens*, car on n'établissait aucune différence entre les différentes branches de la nouvelle religion ; plus tard on leur donna différents noms : *Sacramentaires* (1) ; *Huguenots*, parce qu'ils se rattachè-

(1) C'était aussi le nom donné en Allemagne aux partisans de la doctrine de Zwingle.

rent aux Bourbons, à la lignée de Hugues Capet de crainte de voir arriver au trône les princes Lorrains, les Guises. Ce qui fait que l'on opposa les huguenots aux guisards. Les protestants se faisaient d'abord un honneur de porter ce nom, mais ensuite ils le regardèrent comme une injure (1). Ils se donnaient d'autres noms : *Protestants réformés, Membres de l'Eglise véritable, Calvinistes*, etc. Le peuple leur accolait aussi le surnom injurieux de *parpaillots* (2).

Mais le terme officiel qui servit le plus sous l'ancien régime à désigner leur religion fut celui de « *religion prétendue réformée* ». Cette appellation fut introduite par l'édit de 1576 après quelques hésitations : la déclaration du 17 janvier 1561 (3) employait les mots de « *la dite religion nouvelle* ». Elle devint de plus en plus fréquente et c'est elle que nous retrouvons dans les derniers édits de pacification et en particulier dans

(1) L'origine du mot huguenot a été controversée ; les uns l'ont fait venir des mots *eide genossen* qui signifient alliés et qui serait venue en France avec les ministres venus de Suisse.

M. Littré croyait que le premier document où l'on trouve le mot Huguenot était une lettre du comte de Villars, lieutenant général du Languedoc, à la date du 11 novembre 1560.

Sur tous ces points V. Benoit, *Hist. de l'Edit de Nantes*, I, p. 23 à 25.

(2) Ce qui vient peut-être de ce que leur cavalerie dans les guerres de religion et particulièrement à certains combats autour de Paris portait des casaques blanches qui les faisaient ressembler à des papillons ou parpaillots.

V. d'autres explications dans Benoit, II, p. 401 et 402 et dans Littré, *Dictionnaire*, au mot Parpaillot.

(3) Isambert, XIV, p. 127.

l'Édit de Nantes. Les protestants réclamèrent plusieurs fois contre cette dénomination. Dans leurs cahiers de 1603, ils demandaient d'être appelés *réformés aux termes de l'Édit* (1), demande qu'ils renouvelèrent dans leurs cahiers en 1612 (2) et le 12 décembre 1615. Le roi ne voulut pas y accéder ; il ne permit qu'une chose, ce fut de supprimer ces mots sur les attestations des ministres qui se firent dans la forme suivante : « Je... tel ministre de l'église establie en tel lieu suivant l'Edict, certifie que tel est un des membres de ladite église (3). » On permit aussi aux avocats réformés de nommer leur religion « *religion de la qualité de l'édit* » (4).

Autrefois dans les premiers temps on tolérait chez les protestants l'usage d'autres dénominations, avec le zèle de Louis XIV tout cela changea. Un arrêt du Conseil d'État du 26 février 1663 défendait aux protestants de parler de leur religion autrement qu'en y adjoignant ces mots, *prétendue réformée*. Celui de la chambre de l'Édit de Rouen du 20 juillet 1643 leur défendait d'user des termes de *l'Église recueillie ou réformée*, et aux ministres de se dire *ministres de la parole de Dieu*, ni *du saint Evangile*, ni *pasteurs de l'Église* ; mais seulement *ministres de la R. P. R.* Cela avait été ordonné par arrêt du Conseil du 17 mars 1661. L'arrêt du Conseil du 25 janvier 1661 défend de nommer la dite reli-

---

(1) Benoit, I, p. 400.
(2) Benoit, II, p. 91, pr. III, 3ᵉ partie, p. 36. Un moment ils crurent avoir réussi en 1612. V. Benoit, II, p. 114.
(3) *Décisions royales*, p. 206.
(4) Benoit, II, p. 176.

gion *orthodoxe* (1). Quelques réformés avaient essayé d'employer un de ces mots en abrégé, ceux de la religion P réformée. Les mots doivent être écrits tous en toutes lettres ou tous en abrégé (2).

Si les protestants n'obtinrent pas gain de cause sur ce point, ils étaient arrivés dès la fin du XVIe siècle sur un autre point à un résultat plus satisfaisant ; ils ne furent plus considérés à partir des édits de pacification comme des hérétiques proprement dits, et le roi put prêter, lors de son sacre, le serment d'exterminer des hérétiques sans leur porter ombrage ; c'est ce qui est dit dans la réponse aux cahiers du 12 décembre 1615, réponse faite le 6 mai 1616 (3). Il y eut donc, remarquons-nous, à partir de ce moment, deux sortes d'hérétiques : les hérétiques considérés comme tels par la religion catholique, et les hérétiques considérés comme tels par le pouvoir civil : les protestants ne furent plus de ces derniers, en théorie du moins. En fait le clergé de France les considérait toujours comme hérétiques et réclamait toujours la répression de l'*hérésie*. C'était toutefois un grand pas d'avoir aboli en quelque sorte l'hérésie civile dont la punition avait amené de grands excès comme nous allons le voir dans la première partie de notre travail qui nous permettra d'examiner la répression du protestantisme comme hérésie et les premières tentatives d'édits de pacification.

(1) Benoit, III, 1re part., p. 339.
(2) Bernard, *Explication de l'Edit de Nantes*, p. 91-96.
(3) *Décisions royales*, p. 201 à 204.

PREMIÈRE PARTIE

SITUATION JURIDIQUE DES RÉFORMÉS AVANT L'ÉDIT DE NANTES (1512-1598).

———

Le protestantisme fut d'abord réprimé par l'Église et l'État comme une hérésie ordinaire, puis l'État tendit à voir en lui un crime spécial, enfin il conquit une place en dehors des hérésies réprimées par le bras séculier et une législation particulière par le moyen de traités convertis en édits de pacification.

Nous examinerons ce mouvement dans les deux chapitres de cette première partie qui traiteront de la répression de l'hérésie par l'Église et la Royauté et des tentatives faites pour obtenir des édits de pacification jusqu'à l'Édit de Nantes.

CHAPITRE PREMIER

RÉPRESSION DE L'HÉRÉSIE

Nous examinerons dans ce premier chapitre la première répression de l'hérésie par l'Église et la Royauté. Nous tracerons d'abord un tableau du développement de la législation appliquée au protestantisme en France, jusqu'au premier édit de pacification, la procédure que l'on suivait contre l'hérésie et les peines dont on la frappait.

Ce fera l'objet de nos trois sections.

SECTION I. — Histoire de la répression de la réforme en France (1512-1562).

Le catholicisme et le protestantisme ne se tranchèrent nettement comme doctrine et parti qu'à la suite de longues guerres et de nombreuses controverses. Pendant longtemps il y eut une sorte de catholicisme et de protestantisme mal définis se compénétrant l'un l'autre. C'était le mouvement de la Renaissance qui avait produit ce résultat en même temps que le besoin senti de l'influence d'une réforme. Les mœurs du clergé et son ignorance faisaient désirer cette réforme par les Papes et le clergé éclairé de la Renaissance. D'un autre côté, l'humanisme avait découvert après l'Iliade, l'Évangile. On se précipita sur cette vie dégagée des subtilités, des sécheresses de la scolastique et de ses pesants édifices. De l'étude de l'Évangile on passa à celle de la religion reprise au point de vue de l'humanisme.

On peut considérer comme le premier réformateur français Lefebvre d'Etaples, dont les *Commentaires* sur les Épitres de Saint Paul en 1512 et sur les Évangiles en 1522 furent considérés comme des manifestes de la réforme en France. Marguerite d'Angoulême, sœur du roi, le roi lui-même, Brisonnet, l'évêque de Meaux, ne furent pas défavorables à ces nouvelles tentatives et à la prédication de Lefebvre et des nouveaux docteurs, qui commençait à faire frémir toutefois la Sorbonne et le Parlement. La bataille de Pavie interrompit cette tranquillité. Elle obligea la régente à s'appuyer sur les forces vives du pays. La Sorbonne et les ordres religieux réclamèrent la répression de l'hérésie (1).

Le parlement demanda « un rescrit pour informer même contre archevesques, évesques et autres prélats ».

Le 17 mai 1525 (2), le pape envoya un bref dont la reine mère ordonna le 10 juin 1525 l'exécution par lettres patentes (3). Dans ce bref le pape déclarait, qu'étant donné le grand nombre de luthériens qui commençaient à pulluler en France (4), il rappelait les

---

(1) V. Lavisse et Rambaud, *Hist. gén.*, IV, p. 472 et ss. — Sur ces débuts de la réforme V. Michelet, XV, ch. 8, 10, 17, 18, 20 ; Dareste, *Hist. de France*, III et IV, *passim*.

(2) Isambert, XII, p. 232.

(3) Isambert, XII, p. 231.

(4) « Nobis significavit (c'est le pape qui parle de la régente) cum propter libros errores lutheranos continentes qui ad loca regni Fran-

condamnations frappant Luther et donnait pleins pouvoirs à deux conseillers que le parlement élirait pour juger sans appel les hérétiques.

Cette bulle coupait court à tout conflit qui eût pu se produire entre juridiction laïque et ecclésiastique. Elle ne laissait plus possibilité aux évêques de couvrir les novateurs de leur protection. Aussi la répression commença de suite implacable. L'évêque Brisonnet se rétracta, Jean Leclerc et le moine Augustin Chatelin furent brûlés ; d'autres bûchers s'élevèrent à Paris.

Le retour du roi François Ier ne les éteignit pas. La politique de répression fut continuée. En janvier 1535 le roi donna un édit sévère contre les luthériens, édit par lequel il assujettissait ceux qui les recélaient, aux mêmes peines que les hérétiques eux-mêmes et pro-

ciæ delati fuerunt hæresis lutherana hujusmodi in aliquibus locis dicti regni pullulare cœpisset » ..... « multi reperiuntur qui hujusmodi errores et dogmata imitarentur et publicarent et nonnulli hujusmodi erroribus infecti sanctæ matris ecclesiæ præcepta contemnerent ac jejunia per ipsam ecclesiam et sanctorum patrum sanctiones indicta non observarent ac aliqui spiritu maligno imbuti quadragesimalibus et aliis diebus quibus ex præcepto Ecclesiæ jejunandum erat, absque aliqua necessitate carnibus vesci veriti non fuissent, alii cultum et obsequium divinum ad laudem et gloriam omnipotentis Dei in ecclesiis peragi solitum irrideant, ac sanctos Dei venerandos non esse assererent et alii sacras constitutiones quibus continentia sacerdotalibus aut clericis in sacris ordinibus constitutis indicitur, satanicas affirmare auderent : alii autem hierarchicum ordinem qui catholicæ ecclesiæ et fidei orthodoxæ firmitas initur evertere niterentur, ac sacrorum generalium conciliorum et sanctorum Patrum sanctiones et decreta parvi facienda mendaciter affirmarent ac multas blasphemas multaque ignominiosa verba, in romanum pontificum..... et sanctam fidem apostolicam..... proferre nonerubescerent.

mettait aux dénonciateurs le quart des confiscations (1).
Cet édit fut rendu à la suite de placards injurieux pour
Rome et le clergé qui avaient été affichés en 1534 dans
tout Paris et qui étaient intitulés : « *Articles véritables
sur les horribles abus de la messe papale* ». Le roi, alors
au château d'Amboise trouva ce factum appliqué à la
porte de sa chambre. Il y vit une attaque personnelle
qu'il punit cruellement par des supplices. En même
temps pour ramener les dissidents, le 16 juillet (2) de
l'année suivante, une déclaration faite à Coucy, promettait aux religionnaires présents ou fugitifs l'abandon de toutes les poursuites commencées ou faites et la
restitution de leurs biens, pris ou saisis ; en un mot,
une amnistie complète s'ils consentaient à retourner à
la religion romaine et à « abjurer canoniquement dedans six mois ».

Une déclaration semblable fut faite encore le 31 mai
1536 sans plus de succès (3). Les protestants revenaient
bien, mais ne se convertissaient pas. Aussi François Ier
porta le 1er juillet 1540 (4) un édit plus sévère que les
premiers dans lequel il avertissait et exhortait les prélats du royaume, leurs vicaires et juges ecclésiastiques
à « enquérir et informer desdits sectateurs » et en outre enjoignait aux gens des cours souveraines, baillis

(1) Benoit, I, p. 11 ; Isambert, XII, p. 402. C'est à tort qu'Isambert indique la date de 1534 au lieu de 1535.

(2) Isambert, XII, p. 405.

(3) Isambert, XII, p. 504. Cette ordonnance n'est pas reproduite.
Elle étendait les dispositions de l'édit de Coucy même aux sacramentaires.

(4) Isambert, XII, p. 676.

sénéchaux et à leurs lieutenants généraux et particuliers, procureurs, avocats, prévôts etc., sous peine de suspension et de privation de leurs offices, de rechercher les luthériens, de les poursuivre et de les livrer aux jugements des cours souveraines et cela « incontinent, toutes choses cessans ». Les vassaux et sujets, les seigneurs temporels et haut justiciers devaient leur prêter confort et aide sous la même sanction. Les recéleurs de luthériens devaient être traités comme des coupables du crime de lèse-majesté divine et humaine.

Ce dernier point est intéressant à souligner. On ne trouvait pas toujours dans l'arsenal des lois contre les hérétiques les instruments qu'on y cherchait, la législation romaine qui visait le crime de lèse-majesté était beaucoup plus complète ; dès lors on arriva d'une façon indirecte à employer cette dernière, en considérant que ceux qui désobéissaient au roi commettaient le crime de lèse-majesté, puisque le roi avait défendu l'hérésie (1). Le 30 août 1542 (2) et le 23 juillet 1543 (3), nouveaux édits enjoignant, le premier aux parlements du royaume, le second aux inquisiteurs de la foi, de rechercher de poursuivre et de punir les luthériens comme séditieux et perturbateurs de la paix publique.

Ce fut vers cette époque qu'arriva la sanglante extermination des habitants de Cabrières et de Mérindol. Ces habitants formaient un reste d'Albigeois et de Vaudois échappés aux massacres des croisés du Nord ; ils étaient réfugiés dans une position fortifiée qu'ils avaient nom-

(1) M. Gavet à son cours.
(2) Isambert, XII, p. 785.
(3) Isambert, XII, p. 818.

mée l'Israël des Alpes. Ils furent traduits devant le Parlement d'Aix qui les condamna à mort le 18 novembre 1540 par contumace et ordonna que la ville serait rasée, « les bois coupés et abattus deux cents pas alentour ». Les habitants se pourvurent devant le conseil du roi ; il y eut des lenteurs voulues et grâce à quelques gens de cœur, comme du Bellay, Marguerite d'Angoulême, on laissa dormir l'arrêt. En 1544, le successeur de Chasseneuz, le premier président d'Oppède, fit exécuter cet arrêt presque oublié. Il y eut trois mille victimes dont deux cent cinquante personnes exécutées après les massacres et sept cents envoyées aux galères. Un cri d'indignation s'éleva, mais l'on n'osa cependant poursuivre les coupables sous François Ier ; ce fut seulement sous son successeur que l'affaire fut portée devant le conseil du roi. « On eut peine à convenir de juges pour cette affaire. Le grand conseil en prit connaissance le premier : ensuite le procès fut évoqué au roy, enfin on le renvoya au Parlement de Paris où il fut plaidé pendant cinquante audiences ; mais tout ce grand bruit fut suivi de peu d'effet. Les principaux coupables échappèrent. L'avocat du roy au Parlement de Provence fut le seul à qui il en coûta la vie. D'Oppède fut absous parce qu'il montra ses ordres et que le duc (de Guise) le servit de son crédit (1). »

Mais ni ces supplices isolés, ni ces exterminations en masse n'atteignirent le but que visaient les persécuteurs, ni ne réduisirent le nombre des réformés, au contraire : « chaque goutte de sang répandu laissait une

____

(1) Benoit, I, p. 13-14.

semence ; comme la race de Cadmus, les protestants traqués, emprisonnés, brûlés partout, jaillissaient partout du sol. Ils devenaient légion (1). »

Il serait injuste de rendre les prélats catholiques entièrement responsables de ces massacres, il semble même d'après le préambule des édits que les tribunaux ecclésiastiques aient fini par avoir horreur de ces massacres et aient eu une certaine répugnance à poursuivre les religionnaires. Dans son ordonnance du 19 novembre 1549 (2), Henri II attribue à cet état d'esprit l'ordonnance de 1540 de François Ier : elle fut rendue parce que « les prélats qu'il avait exhortez de mettre en cest endroit la main à l'œuvre pour le devoir de leurs charges, et semblablement leurs vicaires et autres juges et commissaires déléguez pour procéder contre lesdits hérétiques, sectateurs et imitateurs desdites nouvelles doctrines s'acquittoient assez petitement et alloient trop lentement et retenus en chose tant importante..... »

Aussi rendait-il une ordonnance attribuant aux seuls juges ecclésiastiques la connaissance des accusations d'hérésie portées contre les protestants et aux juges ordinaires et d'église conjointement les causes où l'hérésie et quelque crime public se trouvaient réunis. Comme les tribunaux ecclésiastiques se contentaient souvent d'imposer au coupable une simple amende, le Parlement n'enregistra l'ordonnance qu'avec des modifications portant « qu'il ne sera loisible et permis aux juges d'église de condamner pour cas d'hérésie aucun,

(1) Beaune, *Droit coutumier* ; la condition des personnes, p. 301.
(2) Isambert, XIII, p. 134.

soit clerc ou lay en amende pécuniaire et outre qu'ès jugemens et sentences que lesdits juges d'église donneront pour lesdits cas et crime d'hérésie, ils ne pourront adjoindre ces mots : *salva misericordia domini* ».

Les protestants naturellement préférèrent les tribunaux ecclésiastiques où les peines étaient plus douces et où il semble qu'on était lassé de ces persécutions sans résultat ; aussi dans son édit du 27 juin 1551, ou *édit de Châteaubriant,* le roi ne laissa aux prélats et juges d'église que la juridiction et connaissance « des personnes qui sans scandale public, commotion populaire, sédition ou autre crime emportant affaire publique..... seraient eslongnez et devoyez de l'observation notre sainte foy..... et aussi des clercs promeus et constituez ès ordres sacrés.. ». Les autres cas appartenaient désormais aux cours souveraines et aux juges présidiaux.

Le reste de l'édit contient une série de mesures destinées à empêcher l'impression, le colportage et la vente des livres et images défendus, ordonne de remplacer les officiers de justice tièdes ou suspects et décide que dorénavant nul ne sera admis à ces offices, s'il n'a un certificat de gens dignes de foi, garantissant sa vie de bon catholique. L'édit organise aussi la dénonciation et promet au dénonciateur la tierce partie des biens du dénoncé. Il n'est permis de tenir école qu'aux personnes dûment approuvées, il est même défendu aux personnes non lettrées de causer de choses de la religion (art. 36) ; on prescrit une attitude recueillie à la messe (art. 40), on défend d'envoyer de l'argent à Genève et

(1) Isambert, XII, p. 189.

d'en apporter des livres (art. 37 et 38). Le pape essaya de faire rétablir l'inquisition mais le parlement résista.

Enfin le roi porta le 29 juillet 1557 (1) un dernier édit, l'édit *de Compiègne*, plus sévère que les autres où il décidait dans l'article 4 : « Et pour ce que bien souvent advient que nos dits juges sont meus de pitié par les saintes et malicieuses paroles des prévenus desdits crimes tendant à repentance. Nous, pour éviter que par leurs callidités et malices ils n'eschappent la punition qu'ils ont bien méritée, avons ordonné et ordonnons que ceux qui seront trouvés sacramentaires, obstinez ou relaps, qui auront dogmatizé tant publiquement qu'en conventicules privez et secrets, qui auront faict injure au saint sacrement, aux images de Dieu, de sa benoiste mère et des saincts, qui pour les effets ci-dessus, soutenans lesdicts erreurs, auront faict séditions et assemblées populaires, tant pour faire prescher lesdits erreurs et opinions qu'autrement pour soutenir lesdites sectes, pareillement ceux qui auront contrevenu aux défenses par nous faictes de n'aller à Genève, de ne porter livres réprouvés pour iceux vendre, semer et distribuer parmi le peuple, et seront atteints et convaincus des cas dessus dits, seront punis de la peine de mort sans que nos juges puissent remettre et modérer les peines, en façon que ce soit. »

Le roi était allé encore plus loin par une déclaration du 11 février 1559 (2) ; il déclarait applicable aux hérétiques l'ordonnance du 3 février 1549 (3) sur la juri-

____

(1) Isambert, XIII, p. 494.

(2) Isambert, XIII, p. 153. Par erreur Isambert date l'édit du 11 février 1545.

(3) Isambert, XIII, p. 144.

diction prévôtale à l'égard des voleurs de grands
chemins, sacrilèges, braconniers et faux-monnayeurs.
Cet édit, pour obtenir une répression plus prompte et
arrêter les nombreux appels que l'on adressait aux
parlements, baillis, sénéchaux, etc., décidait que, contre les malfaiteurs sus-désignés, le prévôt et ses lieutenants, pourraient procéder par prise de corps ou
ajournement personnel à trois briefs jours, sous peine,
pour les désobéissants, de bannissement et confiscation
de corps et de biens. Le prévôt procéderait à l'instruction et à la perfection du procès, rendrait les sentences
« interlocutoires, de torture et deffinitives, avec peine du
dernier supplice, et autres et exécution d'icelles. »
Toutefois comme garantie le roi exigeait la présence
de sept bons et notables personnages « gens de scavoir
et conseil de nos officiers....... des lieux les plus pro-
chains où ils tiendront prisonniers lesdits délinquants ».
Toutefois les baillis, sénéchaux et juges présidiaux
pouvaient prendre connaissance des mêmes crimes par
prévention.

Tel était dans ses grandes lignes, l'édit que l'on appliquait aux protestants. En même temps pour empêcher la diffusion des nouvelles doctrines, un autre édit
du 11 décembre 1547 (1), défendait d'imprimer et vendre aucun livre concernant l'Ecriture sainte, s'il n'a-
vait été vu et examiné par la faculté de théologie.

(1) Isambert, XIII, p. 37.
Sur cette censure préalable des livres, voir aussi l'arrêt du Parlement de Paris du 2 mars 1535, défendant de mettre en vente,
sous peine de confiscation, aucun livre de médecine s'il n'a été vu
et visité par trois docteurs. Isambert, XII, p. 499.

Ce fut aussi à cette époque, le 8 octobre 1547, que fut créée la fameuse *Chambre ardente* qui siégea jusqu'au 10 janvier 1550. C'était une chambre composée de 24 conseillers et qui fut spécialement chargée de réprimer l'hérésie. L'on possède encore les registres qui concernent la moitié de la période pendant laquelle elle fonctionna. On peut compter quatre cent trente-neuf sentences rendues pour crime d'hérésie, dont soixante condamnations à mort sans compter les décès dans les cachots (1).

La Grand'Chambre qui lui succéda ne « vomissait pas moins le feu que la première ». Il faut lui opposer la Chambre de Tournelle présidée par Pierre Séguier qui semble avoir eu la première, horreur de ces tueries et qui ne voulait plus prononcer la peine de mort pour choses de religion. Cette tolérance coûta la vie au conseiller Anne Dubourg dont le procès fut terminé avant la mort de Henri II en 1559.

Avec François II qui lui succéda, la composition des réformés changea : aux artisans et aux gens du peuple qui avaient fourni au Calvinisme ses premiers adeptes se joignirent un grand nombre de seigneurs mus par la foi ou l'intérêt et qui étaient du reste, séduits par l'exemple de la noblesse allemande qui s'était enrichie au moyen des sécularisations. La secte religieuse devenait un parti pourvu de forces militaires. A côté des huguenots de religion, il y avait les huguenots d'État.

(1) M. Gavet à son cours.

Cette chambre fut créée par le fameux inquisiteur de Mouchy qui entretenait de nombreux espions chargés de découvrir les assemblées et auxquels on donna le nom de mouchards (Benoit, I, p. 20).

Ces derniers sous l'inspiration d'Antoine de Bourbon, roi de Navarre, tentèrent de s'emparer du roi à Blois (1). La Cour, craignant ce mouvement, avait essayé des mesures de douceur et porté au commencement de mars 1559 (2) un édit d'abolition pardonnant aux hérétiques tout le passé à l'exception de ceux qui auraient conspiré contre le roi, la reine ou l'État. C'est une mesure d'indulgence, mais pas encore de tolérance proprement dite, car nous trouvons à la suite du pardon la clause suivante : « Et moyennant ce, seront les coupables desdits crimes et cas susdits tenus de vivre dorénavant comme tous catholiques, vrais fidèles et obéissans fils ne nostre mère sainte Église et garder les institutions et commandemens d'icelle ainsi que nos autres sujets. »

Quand elle eut connaissance du complot qui ne tendait à rien moins qu'à déposer le roi et à mettre les Guises à mort, ne connaissant au juste la force des conjurés, elle porta, sur les conseils de Coligny, l'édit du 8 mars par lequel François II pardonnait aux gens trouvés en armes aux environs de la ville, sous la condition qu'ils s'en retournassent, sinon il permettait de leur courir sus (3).

Les conjurés furent dispersés par l'armée royale et leur chef fut tué. Le duc de Guise prit des mesures énergiques pour arrêter la propagation de la Réforme et rapporta l'ordonnance d'amnistie. Une déclaration

(1) Lavisse et Rambaud, *Hist. générale*, V, p. 109.
(2) Isambert, XIV, p. 22.
(3) Isambert, XIV, p. 22. Edit de mars 1559, Lavisse et Rambaud, *Hist. génér.*, V, p. 112.

portée à Villers-Cotterets, le 4 septembre 1559, décidait que les maisons où se feraient les conventicules et assemblées illicites seraient démolies et rasées (1), une autre du 9 novembre punissait de mort les auteurs d'assemblées illicites pour motif de religion ou autre cause (2) ; enfin des lettres de commission furent envoyées au Parlement le 14 novembre 1559 pour qu'il fût enquis et informé par l'un quelconque des membres à la requête du procureur du Roi contre ceux qui favoriseraient les sacramentaires ou ceux qui étaient entachés d'hérésie (3).

Le péril était grand pour l'État, déchiré par les discordes et une politique violente et sans résultats. Ce fut la gloire du chancelier Michel de l'Hôpital d'avoir essayé d'apaiser et de modérer la fureur des passions et d'avoir été, en quelque sorte, l'apôtre de la tolérance. Il avait été précédé par le chancelier Olivier qui mourut de douleur en voyant les massacres qui ensanglantèrent la ville d'Amboise (4). L'Hôpital, pour arrêter la violence de la répression, fit, par l'édit de mai 1560, dit *édit de Romorantin* (5), remettre aux évêques le jugement des hérétiques. C'était éviter l'inquisition et soumettre les réformés aux seules peines spirituelles que prononceraient les évêques. Cet édit fut reproduit par une déclaration conforme de janvier 1561 (6). Quelques

(1) Isambert, XIV, 7, non reprod.
(2) Isambert, XIV, II, non reprod.
(3) Isambert, XIV, p. 11.
(4) Benoit, I, p 22.
(5) Isambert, XIV, p.71 ; Voir Viollet, *Hist. de droit civil*, p. 340, note 6.
(6) Isambert, XIV, p. 62.

jours plus tard, le **22 février 1561**, Charles IX, qui avait subitement permis au prince de Condé et à l'amiral de Coligny de célébrer le culte réformé à Fontainebleau, ce qui fit dire que la cour avait été prise d'une véritable « manie d'huguenoterie », porta le **22 février 1561**, des lettres patentes, ordonnant au parlement de surseoir aux poursuites jusqu'à la réunion du prochain concile. L'exercice du culte réformé était autorisé dans certains lieux. Deux mois plus tard, le 19 avril, un édit défendait les manifestations séditieuses et élargissait les détenus pour cause de religion. En même temps, l'Hôpital cherchait à réformer les abus de l'Église, les règles de nomination aux offices ecclésiastiques et visait à une réunion des différentes religions (1) ; mais ce moment d'accalmie, qui avait permis aux réformés de faire des assemblées publiques en plusieurs provinces, ne dura pas. Des tentatives sur Lyon ayant été faites et des bruits courant sur un soulèvement général du midi, le prince de Condé fut arrêté brusquement et l'on vit des courriers et des missionnaires parcourir les pays protestants en portant une déclaration contenant une profession de foi catholique à souscrire sous peine du feu par tous ceux auxquels elle était présentée. Le 18 novembre le prince de Condé fut condamné à mort (2) et son arrêt était déjà signé de tous, sauf du chancelier qui temporisait, quand François II mourut.

Les États assemblés avec précipitation à la fin de l'année 1560 donnèrent quelque espoir aux réformés. Le

_____

(1) Lavisse et Rambaud, *Hist. gén.*, V, p. 121.
(2) Isambert, XIV, p. 53, non reprod.

tiers-état et la noblesse attaquèrent le clergé et émirent certaines prétentions favorables à la régence d'Antoine de Bourbon. Catherine de Médicis, pour faire pièce aux Guises, avait relevé et rétabli le parti d'Antoine de Bourbon. L'édit de *Saint-Germain-en-Laye* (1), de juillet 1561, édicta des mesures pacificatrices et attribua la connaissance de la rébellion aux juges des présidiaux en conservant celle de l'hérésie simple aux juges d'église. Enfin, c'est là le point le plus important de l'édit, il modéra la peine de l'hérésie au bannissement.

Après le colloque inutile de Poissy on n'abandonna pas l'idée de tolérance. Le 17 janvier 1562 (2) une première déclaration sur la répression des troubles nés à l'occasion de la nouvelle religion, semblait vouloir continuer le régime de tolérance : on y décidait que les protestants rendraient aux catholiques les biens qu'ils leur avaient pris, mais qu'ils pourraient s'assembler hors des villes de jour « pour faire leurs prêches et autres exercices de leur religion »; ils devaient aussi avoir congé pour faire leurs synodes et consistoires. On enjoignait aux ministres de la religion de ne recevoir que des personnes de bonnes mœurs et condition. Les religionnaires devaient restituer les biens pris au clergé et s'abstenir de lever de nouvelles troupes ainsi que de réunions illicites.

On se contentait de faire surveiller les prêches par

____

(1) Isambert, XIV, p. 109, cpr. l'Edit d'octobre 1561 ; Isambert, XIV, p. 122, non reprod.

(2) Isambert, XIV, p. 124.

des officiers royaux et l'on décidait que les ministres devaient jurer dans leurs mains l'observation du présent édit et de « ne prêcher doctrine qui contrevienne à la pure parole de Dieu, selon qu'elle est contenue au symbole de Nicée et ès livres canoniques du viel et du nouveau testament : afin de ne remplir nos sujets de nouvelles hérésies (1) ».

Toutefois, pour empêcher la propagation des nouvelles doctrines, on décidait que les imprimeurs et vendeurs de placards ou libellés diffamatoires seraient punis la première fois du fouet, la seconde fois de mort.

Nous en avons fini avec la première période. Le protestantisme poursuivi comme hérésie voit se modifier la législation. La peine du feu est supprimée et remplacée par le bannissement. Les guerres civiles qui vont éclater lui permettront de traiter d'égal à égal avec la royauté et d'obtenir un traitement encore meilleur.

Avant d'examiner cette question, voyons quelle était la procédure suivie durant cette première période contre les protestants et quelles peines on leur appliquait.

SECTION II. — La procédure employée contre les réformés.

La procédure usitée contre les réformés était la procédure employée pour la répression de l'hérésie, la procédure *per inquisitionem*, procédure qui avait remplacé

(1) Nous verrons que l'on essaya de faire revivre cette dernière prescription sous le régime de l'édit de Nantes.

la procédure accusatoire orale et publique usitée en premier lieu dans les justices ecclésiastiques comme dans les justices seigneuriales ; procédure dans laquelle on admettait la discussion des preuves quand le crime n'était pas flagrant ou manifeste. L'accusé pouvait réserver les témoins et réfuter l'accusation ou se faire assister d'un avocat. Dans le cas d'acquittement l'accusateur était puni de la peine du talion.

Vers le XIIe siècle, pour permettre d'informer plus facilement des mœurs du clergé et des puissants l'on permit la poursuite sur dénonciation ; enfin la poursuite d'office *per inquisitionem* lorsqu'il n'y avait qu'une dénonciation vague résultant de la clameur publique, de l'*infamatio*, de la mauvaise renommée en un mot. Cette forme fut particulièrement employée dans les procès d'hérésie où il fallait ne point faire scandale et saisir pour ainsi dire à l'improviste la conscience coupable.

Les témoins et les accusateurs devaient déposer en secret et leur nom devait être caché comme leurs paroles. Le tout sous peine d'excommunication. Le juge, lors donc qu'il avait connaissance d'un délit rentrant dans les limites de sa compétence, commençait secrètement à informer du délit. Il interrogeait les témoins à huis clos et recueillait par écrit leurs déclarations. Ces déclarations écrites étaient signifiées aux parties en célant le nom de leurs auteurs et celles-ci fournissaient des mémoires de défense (1).

---

(1) V. Faustin-Hélie, *Traité de l'inst. crim.*, t. 1, p. 248 et s., 255 et s. ; Esmein, *Histoire de la procédure crim. en France*, p. 153.

Si l'hérésie était reconnue, les coupables étaient frappés de différentes peines ecclésiastiques et en outre livrés au bras séculier pour qu'il leur fît subir des peines plus graves, comme nous le verrons dans notre troisième section.

Ce fut le premier procédé appliqué aux protestants ; mais il présentait des inconvénients. L'examen de l'hérésie appartenait particulièrement aux officialités et aux cours d'église, et dans le cas où l'évêque semblait complice des nouveautés religieuses, il n'y avait aucun moyen de frapper le coupable qui se trouvait dans le ressort de la justice de l'évêque. Aussi sur les réclamations du Parlement, le Pape donna compétence à des conseillers nommés par le parlement pour juger sans appel les hérétiques concurremment avec les officiaux, et la royauté sanctionna par des édits les peines portées contre l'hérésie.

« Sur le conseil de nos frères précités et de leur consentement unanime (1), nous mandons à votre discrétion par écrits apostoliques que vous, ou deux, ou un d'entre vous, pour vous ou tout autre, ou autres, ayant réuni les ordinaires des lieux et l'inquisiteur de l'hérésie existant dans ce royaume et ayant appelé tous ceux qu'il fallait appeler (vous examiniez) toutes et chacune des causes touchant l'hérésie et les hérétiques de cette sorte, même les causes criminelles qui se sont élevées dans tous les lieux et domaines de la juridiction de la Cour du Parlement de Paris ou qui auraient commencé à s'élever par suite de la doctrine luthérienne

(1) Isambert, XII, p. 231.

ou de toute autre doctrine perverse et erronée avec tous les faits annexes et connexes dépendants ou émergeants, simplement, tout a plain sans tumulte ni appareil judiciaire comme on a coutume de procéder dans ces causes. Ayant entendu ces préposés jusqu'à la sentence définitive ; en même temps vous ou trois d'entre vous du conseil de l'Université qu'il vous plaira désigner vous vous occupiez et vous décidiez en écartant toute raison d'atermoiement et même toute faculté d'appel et vous terminiez, et même que vous pourvoyiez ou fassiez pourvoir à l'exécution les sentences par vous portées, ayant rejeté de suite tout appel, même ceux élevés vers notre siège, de même que si trois sentences conformes avaient été portées dans notre auditoire de rote. »

La bulle permettait en outre de contraindre les témoins à porter témoignage par censure ecclésiastique.

« Quant aux témoins qui vous seront nommés, s'ils veulent se retirer par suite de faveur pour le condamné, de haine ou de crainte, nous vous mandons de les pousser à donner un témoignage de vérité, par les moyens des censures ecclésiastiques et tout appel cessant », ajoute la bulle.

Désormais les recherches et les poursuites à faire contre les hérétiques, pouvaient être faites conjointement par les prélats et les diocésains d'un côté, par les juges et commissaires royaux de l'autre. Pour étendre l'action de ces derniers, François Ier déclara l'hérésie « un crime de lèse-majesté divine et humaine ». Henri II y vit « une sédition du peuple et une pertur-

bation du repos public ». C'était donner le champ libre
à tous les officiers royaux. L'ordonnance du 1er juin
1540 prescrivait à tous les gens des cours souveraines
ainsi qu'aux baillis, aux sénéchaux et à leurs lieutenants généraux et particuliers, d'enquérir, d'informer,
de vérifier et de connaître des luthériens et autres hérétiques, concurremment avec les juges ecclésiastiques(1).
Les mêmes pouvoirs étaient donnés aux prévôts et aux
seigneurs justiciers et à leurs officiers ; naturellement
aussi aux procureurs et avocats du roi. Il y avait
une différence cependant, c'est que les prévôts et ces
derniers officiers ne pouvaient procéder qu'aux inqui-
sitions, informations et prises de corps ; ils devaient
renvoyer aux baillis et sénéchaux pour la suite de la
procédure (2). Quant aux premiers, les baillis, sénéchaux et commissaires ils pouvaient procéder jusqu'au
jugement définitif exclusivement.

Henri II décida que les sénéchaux et juges présidiaux
ne pourraient connaître que quant à l'information et
au décret (3) à moins de cas privilégiés. Henri III rendit la connaissance, punition et correction aux cours
souveraines et juges présidiaux (4). L'édit de Romorantin de mai 1560 ne permit plus aux membres du parlement, baillis, sénéchaux de s'occuper que des assem-

(1) Art. 1er. Isambert, XII, p. 676. Cpr. Lettres patentes du
30 août 1542, art. 1 et 2 ; Isambert, XII, p. 786.
  L'édit du 13 juillet 1543. Isambert, XII, p. 818 et suiv.
  L'édit de Châteaubriand de 1551, Isambert, XI, p. 20.
  L'édit de 1667, art. 19. Isambert, XIII, p. 494.
  (2) Ord. de 1540, art. 7.
  (3) Ord. de 1549, art. 1.
  (4) Edit de Châteaubriand de 1551, art. 1.

blées illicites et armées. Les évêques devaient seuls réprimer l'hérésie (1).

La procédure à laquelle on recourait était la procédure extraordinaire. On devait « agir incontinent toutes choses cessantes (2)..... par emprisonnement et autres décrets et remèdes de justice, interrogatoires, recollemens, confrontations et entière instruction des procès criminels, ès voies extraordinaires jusques à sentence de torture inclusive ».

Ceci nous oblige à dire un mot de cette procédure extraordinaire. Elle dérive principalement de l'*inquisitio hereticæ pravitatis* et de ses modes secrets d'information que nous avons étudiés précédemment.

Ces procédés des juridictions ecclésiastiques avaient pénétré dans les juridictions séculières.

L'*inquisitio* canonique inspira en partie l'enquête établie par saint Louis. Cette procédure d'enquête commença par enlever à l'audience l'audition des témoins ; puis elle devint secrète entre les mains des juges royaux qui imitèrent les officiaux. Désormais, tous les actes de l'instruction furent peu à peu enveloppés et comme assourdis par le secret le plus absolu. C'est surtout en matière criminelle qu'il avait triomphé dans le mode de procédure dit procédure extraordinaire, dont on voit les premières traces dans l'ordonnance de Louis XII en mars 1498. Sur la dénonciation d'une personne ou la rumeur publique, l'enquêteur se mettait en chasse, recherchait les témoins et faisait le rapport de son enquête aux baillis, sénéchaux ou

____

(1) Art. 1 et 2, Isambert, XIV, p. 31.
(2) Ord. de 1540, art. 2.

juges. Après ce rapport, il y avait lieu à l'interrogatoire des accusés. Ces mesures préliminaires avaient lieu dans toutes les procédures et c'est à partir de ce moment que, s'il y avait lieu, à la place d'ouïr les parties en plein auditoire, comme cela devait se faire dans le procès ordinaire, on recourait à la procédure extraordinaire ; on se contentait de faire les diligences et instructions, les interrogatoires des témoins le plus secrètement possible (1) ; après les actes d'instruction, les juges ordonnaient, si cela était nécessaire, d'appliquer la question ; puis avait lieu la délibération secrète et enfin la prononciation de la sentence devant l'accusé, soit en chambre du conseil, soit en plein auditoire ; la sentence était exécutée le jour même (2). Ces dispositions menèrent aux ordonnances de 1536 et 1539 qui généralisèrent le système de la procédure secrète.

Désormais l'on exerça l'action criminelle par dénonciation, plainte, ou poursuite d'office. Elle commence toujours par une enquête qui a pris le nom d'*information*, qui recueillait les charges et préparait les preuves. Cette information provisoire, était souvent faite par un huissier ou sergent en vertu d'une commission du juge jusqu'à l'ordonnance de 1670 qui obligea le juge à informer lui-même. Dans les cas d'hérésie elle était faite par les personnes que nous avons désignées plus haut.

Les témoins étaient entendus secrètement et séparément hors de la présence des parties. Ils déposaient

____

(1) Ordonnance de 1498, art. 110 à 116 ; Isambert, XI, p. 365.

(2) Sur ces points, Faustin Hélie, *Traité de l'instruction criminelle*, t. I, p. 345 et s.

oralement et le greffier inscrivait leurs dépositions tant à charge qu'à décharge sur le cahier d'information. Les témoins étaient, dans notre cas, contraints de déposer sous la menace de peines canoniques même devant les juges séculiers. Quelquefois les ordonnances du juge permettant d'informer permettaient de faire publier *monitoire*. Les lettres monitoires étaient des lettres des juges d'église qu'on faisait publier aux prônes des messes paroissiales et afficher aux portes des églises pour obliger toute personne qui possédait quelque renseignement sur l'hérésie à le révéler sous la menace des censures ecclésiastiques.

L'information achevée était communiquée aux gens du roi, qui devaient rendre dans les trois jours les pièces avec des conclusions tendant soit à l'élargissement de l'accusé, soit à son renvoi à l'audience, si le délit n'était passible que d'une peine pécuniaire, soit à la délivrance d'un décret.

L'interrogatoire de l'accusé devait suivre immédiatement le décret. Cet interrogatoire était long et captieux; il y avait toute une série de recettes destinées à amener quelque chose comme un aveu de la part de l'accusé. L'accusé était interrogé séparément et secrètement, sans assistance et sans connaître ceux qui se portaient partie contre lui. Il prêtait souvent même, avant l'ordonnance de 1670 (1), serment de dire la vérité. En outre dans les cas délicats d'hérésie, le juge pouvait contraindre un ecclésiastique à venir examiner l'accusé sur ses opinions, le tout sous la sanction des peines

____

(1) Ord. de 1670, tit. XIV, art. 7, Isambert, XVIII, 348.

canoniques. L'interrogatoire était communiqué au procureur du roi.

Alors commençait la seconde phase du procès. Ou l'accusé n'avait commis qu'un petit délit, et l'on suivait la procédure ordinaire, ou il avait commis un délit grave, c'était toujours le cas lorsqu'il s'agissait d'hérésie, et c'était la procédure extraordinaire qui était dès lors préférée. L'on procédait aux recollements et aux confrontations. Les recollements étaient la réitération devant le juge des dépositions des témoins : le juge demandait à chaque témoin s'il n'avait rien à changer ou à ajouter à sa déposition. On leur lisait pour cela séparément et secrètement leur premier interrogatoire.

Ensuite on confrontait l'accusé avec les témoins et on lui lisait les dépositions de ceux-ci. L'accusé énonçait les faits justificatifs et les causes de reproches qu'il avait contre les témoins, mais il ne pouvait débattre le témoignage.

Les pièces étaient ensuite communiquées au procureur du roi qui donnait ses conclusions définitives sur l'application de la peine ou un plus ample informé, sans qu'il y eût énonciation de raisons ; ces conclusions étaient données par écrit et cachetées. La procédure était alors portée devant le tribunal ou la cour qui procédait à un dernier interrogatoire *sur la sellette*, examinait la cause, voyait s'il y avait lieu à enquête et audition de témoins ou à torture ou question extraordinaire, laquelle était souvent appliquée dans les cas douteux et pouvait être réitérée. Enfin on arrivait au jugement définitif. Dans les cas de poursuites faites par les baillis, sénéchaux, etc., l'ordonnance de 1540, prescrivait après la sentence de torture de renvoyer les accusés en la chambre criminelle des cours souveraines ; ce fut à Paris la chambre criminelle en 1540, puis la chambre ardente ; enfin la compétence revint à la grand'chambre après 1550 (1).

L'édit de Châteaubriand de 1551 allait beaucoup plus loin puisqu'il permettait par son article 5 aux juges présidiaux de procéder aux jugements définitifs des accusés et chargés de crimes, après avoir appelé dix pour le moins, des plus notables et fameux avocats « comprins les lieutenans particuliers, les prévôts ordinaires, leurs lieutenans et officiers royaux qui sont de l'estat de judicature par lesquels, ils feront signer le bref ou dicton de leur jugement et sentence, dont les condamnés ne seront receus à appeler, mais sera ladite sentence et jugement exécutés nonobstant leur appel comme si c'estoit arrêst de nos cours souveraines : nonobstant l'érection et establissement d'icelles ; et sera ce présent article entretenu et observé inviolablement, jusqu'à ce que par nous autrement y ait été pourvu et ordonné ».

Le Parlement, en enregistrant cet édit exigea deux voix de majorité au moins pour la condamnation (2). L'édit de 1557, article 3, demandait que, dans ce cas, l'évêque ou son vicaire fussent appelés au jugement : « s'ils n'y voudroient assister, ou se rendroient à ce negligens nosdits juges passeront outre ».

(1) Sur l'appréciation de cette procédure, Esmein, *Hist. de la procéd. criminelle*, p. 158 et ss.

Sur tous ces points, v. Faustin-Hélie, *Traité de l'inst. criminelle*, t. I, p. 396-418.

(2) Isambert, XIII, p. 208.

Telle était la procédure rapide et rigoureuse ; il nous faut avant de terminer notre chapitre, dire un mot des peines encourues.

SECTION III. — Les peines édictées contre l'hérésie.

Elles étaient de deux sortes : ecclésiastiques et civiles.

Les juges ont le droit vis-à-vis des hérétiques : « Inquirendi et procedendi ac hujusmodi labe infectos capiendi et carceribus mancipandi ac juxta canonicas sanctiones et sanctorum patrum instituta prout qualitas excessuum exigerit vel conscientiæ vestræ expedire videbitur puniendi et pœnis debitis plectendi et ad eos redire volentes a dictæ ecclesiæ communione velut putrida membra separatos et divisos esse et damnatione æterna cum Sathana et angelis ejus addictos ac perpetuo infames et intestabiles esse, nec non terras castra et fortalitia ac bona eorum quælibet mobilia et immobilia cuivis fidelium licite et impune invadere, occupare et ubi acquirere licere, personas eorum captivare et in perpetuam servitutem abstrahere : corpora eorum postquam defuncta fuerint, sepultura ecclesiastica carere debere, decernendi, denunciandi et declarandi.

Nec non universis et singulis Christi fidelibus ne ad terras, loca et domos ipsorum hæreticorum et illis adhærentium seu fautorum et receptorum eorumdem postquam pro talibus declarati fuerint granium, vinum et oleum, aut quas vis meras deferre aut deferri facere præsumant sub censuris et pœnis de quibus vobis videbitur inhibendi (1). »

Ainsi l'hérétique était frappé d'excommunication et d'anathème, il était infâme et incapable de faire un testament, ses biens appartenaient à quiconque voulait s'en emparer, il pouvait être réduit en esclavage par le premier venu, nul ne devait communiquer ni faire commerce avec lui. Le droit canonique permettait même de le maintenir *in perpetuo carcere*.

Mais ces peines semblaient insuffisantes pour expier l'hérésie, aussi le juge d'église prit-il de bonne heure l'habitude de livrer l'hérétique au bras séculier qui lui faisait subir la mort la plus terrible par le supplice du feu qui constituait en quelque sorte la peine civile de l'hérésie.

Voyons d'où venaient ces peines ecclésiastiques et civiles.

Ce n'est que peu à peu que cette répression atroce avait été organisée. Après avoir été ébauchée en droit romain qui avait limité par de nombreuses dispositions la capacité de l'hérétique, on ne trouve pas sous les Carolingiens de système bien fixe contre l'hérésie.

A cette époque du reste elle était encore rare, l'Église étant toute puissante et incontestée. Lorsque l'hérésie devint plus fréquente, plus étendue et plus dangereuse et que se fortifia le sentiment qu'il fallait sauver les âmes à tout prix et même malgré elles, qu'il était du devoir du pasteur de retrancher du troupeau les brebis galeuses, la répression devint plus dure. Des axiomes

____

(1) Bulle déjà citée plus haut. Cpr. Viollet, *Hist. du dr. civil*, p. 334.

colportés partout et interprétés avec la dernière rigueur par des gens au zèle étroit, commencèrent à se répandre et à justifier les pires persécutions.

L'on rattache ordinairement à l'apparition de l'hérésie des Albigeois ou du Catharisme ce changement de législation de l'Eglise (1). Le Catharisme s'était répandu avec rapidité non seulement en France, mais en Espagne, en Italie, en Allemagne. Il fallait combattre ces doctrines. On ne recula devant nul moyen. L'église créa spécialement pour les hérétiques un tribunal d'exception, le fameux tribunal de l'inquisition ou du saint office.

Ce tribunal était chargé de juger les délits contraires à la foi, et, ce qui est grave, il les jugeait en suivant la procédure spéciale de l'*inquisitio hereticæ pravitatis* dont nous avons parlé dans la précédente section.

Quant à la peine édictée, ce fut une peine redoutable que l'on employait dans les pays du Nord pour certains faits particulièrement graves, la peine du feu. Les pays du Midi empruntèrent au Nord cette peine terrible. Il est facile de le démontrer. Nous voyons au XIIe siècle que l'on emploie dans les pays de langue germanique, la peine du feu avec une extrême rigueur. Au contraire à la même époque dans le midi, l'on traite les Albigeois avec plus de douceur ; ils sont souvent frappés de peines spirituelles, quelquefois cependant on les persécute et même on les met à mort, mais sans employer la terrible peine du feu. Au contraire, depuis la croisade

______

(1) Sur ces questions voir : Havet, *L'hérésie et le bras séculier au moyen âge* ; Glasson, *Hist. du dr. et des instit. de la France*, t. VI, p. 183 ; Viollet, *Hist. du dr. civil*, p. 337 et ss.

provoquée par Innocent III, on voit les croisés du Nord commencer à brûler tous les hérétiques dans leur invasion des pays du Midi en 1299. C'est à partir de ce moment que le feu devint le supplice des hérétiques en France. Ce fut particulièrement au XIIIe siècle que l'on sévit avec le plus de rigueur. Le concile de Latran réuni en 1215, ordonnait l'extermination des hérétiques et il décidait que leurs biens meubles seraient confisqués au profit de l'autorité civile, ce qui était un moyen de se concilier cette dernière. Toutefois les meubles des clercs hérétiques avaient un sort différent, ils étaient dévolus à l'Église.

En 1229, le concile de Narbonne excommuniait les Albigeois, établissait dans toutes les paroisses des inquisiteurs et exigeait la présence d'un curé aux testaments ; la même année le concile de Toulouse confirma l'établissement de l'inquisition. La royauté les avait précédés en rendant en 1228 une ordonnance royale contre les hérétiques du Languedoc (1) ; toutefois elle ne voulut pas tolérer d'abus, et ne permettait l'arrestation faite sous prétexte de crime d'hérésie que si le crime était prouvé (2).

Ce ne fut là qu'une période de repos ; l'hérésie augmentant, les rigueurs redoublèrent. On interdit aux condamnés d'appeler des sentences des évêques et des inquisiteurs et l'on décida que les jugements seraient exécutés, nonobstant tout appel, soit des hérétiques, soit de leurs fauteurs ou complices, soit de leurs dé-

(1) Isambert, I, p. 230.
(2) Isambert, I. p. 234.

fenseurs (1), et l'on arriva à la procédure que nous avons précédemment décrite.

Telle était la législation en vigueur au moment de l'apparition du protestantisme et c'est celle qui lui fut d'abord appliquée. C'est ainsi que Jean Leclerc après avoir été puni corporellement et chassé de Meaux fut brûlé à Metz où il était allé briser des images catholiques : en 1529, Louis Berquin fut condamné à Paris au même supplice pour avoir enseigné la doctrine de Luther (2); quelquefois même le supplice était précédé par une procession solennelle à laquelle le roi et la cour, quand les circonstances y prêtaient, ne dédaignaient pas toujours d'assister (3).

C'est ce supplice du feu qui explique que l'on donna à la Chambre du Parlement chargée de réprimer la nouvelle hérésie le nom de *Chambre ardente* (4). On appliqua ce supplice même aux gentilshommes (5) et on aggravait souvent le supplice, en faisant bâillonner pour les empêcher de parler les malheureux à qui on le faisait subir.

La papauté, tout en voulant la suppression de l'hérésie, répugnait toutefois à ces excès de barbarie. Pour l'honneur de l'espèce humaine il y eut des voix qui dès le début, élevèrent de justes protestations.

« En juing 1535, dit le *Journal du Bourgeois*, le pape Paul adverty de l'exécrable justice et horrible que le

(1) Isambert, II, p. 718.
(2) Benoit, I, p. 8. Lavisse et Rambaud, p. 487, 489.
(3) Benoit, I, p. 11, 14, 22.
(4) Benoit, I, p. 20.
(5) Benoit, *loc. cit.* : « Du Bourg... fut condamné au feu comme les gens du commun. »

roi faisoit en son royaume sur les luthériens, on dit qu'il manda au roi, qu'il pensoit bien qu'il le fist en bonne part, néanmoins Dieu le créateur, luy estant en ce monde, a plus usé de miséricorde que de vigoureuse justice, et que c'est une cruelle mort de faire brûler vif un homme ; par quoy le saint Père prioit et requéroit le roy vouloir apaiser sa fureur et rigueur de justice en leur faisant grâce. Par quoy le roy se modéra et manda à la cour du Parlement de ne plus procéder en telle rigueur (1)... »

Ce fut l'édit de 1561 qui le premier modéra la peine du feu en la remplaçant par le bannissement (2).

Ces peines ne pouvaient durer ; les réformés foulés et oppressés s'étaient organisés et nous allons les voir tenter d'obtenir, les armes à la main, un peu de tolérance et de liberté.

(1) Cité par Lavisse et Rambaud, *Hist. gén.*, IV, p. 498.
(2) Benoit, I, p. 27.

CHAPITRE II

La période que nous embrassons va de l'édit de 1561
jusqu'à la rédaction de l'édit de Nantes inclusivement.
Dans la phase nouvelle que traverse le protestantisme
en France, nous remarquons trois choses. D'un côté, le
huguenot de religion cède la première place au huguenot d'État, et celui-ci s'organise en parti et unité distincte et organisme séparé. De l'autre, les mesures ex-
trêmes contre les hérésies sont de plus en plus condamnées ; c'est le crime politique que l'on châtie avant
tout. Enfin les catholiques, troupeau confus et sans
ordre, commencent aussi, sous la pression de leurs
adversaires, à s'organiser d'une façon indépendante de
la royauté, ce qui est grave et crée une situation difficile au roi ; situation d'où sortira le besoin pour lui de
reconquérir ses sujets en abjurant la réforme aux uns
et en donnant un édit de tolérance aux autres.

Nous serons obligé, dans ce chapitre, de faire de l'histoire générale presque autant que de l'histoire de la législation, la quantité de mesures contradictoires qui
furent prises suivant les succès et les revers des uns et
des autres, obligeaient d'indiquer ceux-ci. La com-
préhension de l'Édit de Nantes exigeait ce préambule

qui permettra d'en mieux saisir le caractère et l'esprit.

Nous partagerons en trois sections la matière. Dans une première, nous verrons l'histoire de la législation jusqu'à l'édit de 1576; dans une seconde, les grands édits de 1576, 1577 et 1580; dans une troisième, les négociations qui aboutirent à l'édit de Nantes, de 1594 à 1598.

SECTION I. — **Les édits de pacification de 1560 à 1576.**

L'*édit de St-Germain* qui essayait un premier régime de tolérance ne contenta aucun des partis qui se croyait appelé à imposer sa volonté à la totalité du royaume. Les religionnaires qui se sentaient forts et organisés en face d'une royauté intrigante et d'un catholicisme sans cadres, voulaient obtenir des avantages plus grands et se plaignaient qu'on les eut relégués à la campagne. D'un autre côté, le Parlement, tout chaud encore des derniers bûchers, protestait avec violence et reprochait au roi de manquer au serment de son sacre d'exterminer les hérétiques. Les esprits qui, à l'instar d'Étienne Pasquier, exposaient que Dieu favorisait tour à tour les deux religions, et de Castellion qui dans son *Conseil à la France désolée*, affirmait que le seul moyen de salut était d'accorder aux deux cultes l'existence légale, étaient rares. Partout au contraire on ne voyait que violences et séditions. « Dans le midi les victimes sont les catholiques. Pendant le colloque de Poissy les calvinistes pillaient et saccageaient les maisons des catholiques. A Montpellier deux cents personnes étaient égorgées, la cathédrale dévalisée, le culte catholique interdit. Théodore de Bèze écrivait à Calvin en janvier 1562 qu'on ne pouvait imaginer jusqu'à quel point était montée la fureur des Huguenots dans le midi. « Les Aquitains, disait-il, ne seront contents que quand ils auront exterminé leurs adversaires. » A Paris les victimes sont les réformés. Le 24 août 1561, la population assiège pendant quatre jours une maison où sont des huguenots. Des échauffourées ont lieu dans la paroisse St-Médard. Le chevalier du guet et le lieutenant du prévôt des maréchaux qui avaient tenté de s'interposer sont condamnés à être pendus. A Rouen, le procureur général poursuivi par la multitude est tué à coups de couteaux. Partout chacun échappe à l'autorité du roi et s'affranchit. Chez la plupart des nobles les passions religieuses cherchant à masquer l'instinct de la liberté féodale, les convoitises, l'ambition et le besoin de batailles (1). »

A la suite d'un double massacre des catholiques par les réformés dans un des faubourgs de Paris et des réformés par les serviteurs du duc de Guise, la sédition éclata partout. Des scènes de carnage pareilles à celles de Wassy, eurent lieu à Sens, à Auxerre, à Tours, à Troyes, à Cahors.

Les réformés étaient proscrits par les parlements, mis hors la loi ou égorgés. Là, au contraire, où ils étaient en nombre, ils s'emparaient des villes, faisaient fondre les cloches pour avoir de l'artillerie et battaient monnaie au nom du roi.

(1) Lavisse et Rambaud, *Hist. gén.*, V, p. 125, 126.

Une première guerre éclata. Les catholiques enlevèrent le roi et la cour au moment où ceux-ci songeaient à se faire enlever au contraire par les réformés, ils remportèrent en outre une série d'avantages. Après sa victoire de Dreux, François de Guise était sur le point de s'emparer d'Orléans lorsqu'il fut assassiné par Poltrot de Méré, réformé, qui affirma avoir reçu de l'argent de Coligny.

La paix d'Amboise fut conclue et transformée en un édit, l'*édit d'Amboise* du 19 mars 1562 (1) que l'on peut considérer comme le premier édit de tolérance, car il essayait de régler l'exercice et d'établir un régime possible tandis que l'édit de janvier 1560 n'avait fait que donner une licence générale, ce qui n'était pas possible, vu l'état des esprits, et avait amené des troubles. Néanmoins, on s'explique que les vingt-deux ministres qui se trouvaient dans l'armée de Condé aient fait résistance au nouvel édit, le jugeant moins favorable que l'autre (2).

Cet édit accordait à tous la liberté de demeurer dans tout le royaume (art. 4), en outre il promettait l'exercice de la religion réformée : dans les villes où les réformés avaient eu la possession de l'exercice jusqu'au 7 mars 1562 (art. 5) sauf dans la prévôté de Paris (art. 6), dans les faubourgs d'une ville de chaque bailliage, sénéchaussée et gouvernement tenant lieu de bailliage au choix des réformés (art. 3), dans les maisons habitées par les justiciers ou par les gentilshommes ayant fief, avec obligation pour eux d'obtenir le consentement du justi-

---

(1) Isambert, XIV, p. 135.
(2) Benoit, I, p. 32.

cier, s'ils demeuraient dans une ville, bourg ou village de justice (art. 1 et 2). L'édit restituait aux ecclésiastiques leurs temples, églises et biens (art. 5) et remettait les villes et les sujets dans leur premier état (art. 7 et 8). Il y avait une amnistie (art. 9, 10, 11, 12) et une recommandation aux sujets de tout oublier et de vivre en bonne intelligence (art. 13 et 14). Ce sera sur ce plan que seront établis à peu près tous les édits de pacification qui suivront.

Cet édit fut complété par l'*édit de Rouen* en 1562 qui défendait aux sujets de rester armés (1) et par la déclaration du 14 décembre 1563 (2) qui limitait le nombre des villes, défendait d'ouvrir les boucheries les jours maigres institués par l'église catholique et ne permettait de faire des quêtes pour les pauvres qu'aux lieux d'exercice.

Il y avait eu en 1563 un autre édit ordonnant à tous les sujets du roi de payer les dimes ecclésiastiques. Autrement, comme le remarque l'historien Benoit (3), tout le monde se fût jeté du côté des protestants pour ne pas payer la dîme.

L'édit de mars avait été mal accueilli par certains parlements. Celui d'Aix refusa de l'enregistrer pendant six semaines. D'un autre côté les réformés se plaignaient que l'édit avait été restreint par les subséquents et par la déclaration du 14 juin 1563 qui défendait aux religionnaires de travailler boutiques ouvertes les jours de

(1) Isambert, XIV, p. 142.
(2) Isambert, XIV, p. 159, non reprod.
(3) Benoit, I, p. 33.

fêtes de l'église catholique (1) et la déclaration du 14 juin 1564 (2) qui interdisait l'exercice dans les lieux de résidence royale. On rendit aux réformés l'édit de janvier sans restriction, plutôt pour renvoyer les étrangers que pour rendre le calme à l'État, les réformés ne voulant pas la paix.

D'un autre côté les catholiques ne l'acceptaient qu'avec répugnance : le parlement de Toulouse n'obéit qu'après quatre jussions et auparavant il avait fait mourir celui qui était allé de la part du prince presser l'enregistrement.

Ce n'était qu'une trève. Des deux côtés on ne l'observa point. Les protestants gardèrent les places qu'ils avaient promis de rendre et continuèrent à détruire les églises et à tuer les prêtres. Les catholiques parlaient de massacrer les huguenots et quelques-uns ajoutaient que, si le roi s'y opposait, on l'enfermerait dans un couvent (4). Catherine disgracia l'Hôpital et le parti des politiques et résolut d'en finir par une bonne guerre. Condé et Coligny s'enfuirent de la Cour et répandirent un manifeste. « Nous sommes comparables, disait Coligny, aux fugitifs d'Israël, avec cette différence qu'ils sont partis sans espoir de retour, tandis que nous, nous reviendrons au grand dommage de nos adversaires (5). »

Le roi, qui déjà avait défendu de faire servir les églises, cloches et autres meubles religieux aux prêches

(1) Isambert, XIV, p. 141.
(2) Isambert, XIV, p. 170.
(3) Benoit, I, p. 38.
(4) Lavisse et Rambaud, *Hist. gén.*, V, p. 136.
(5) Lavisse et Rambaud, *ibid.*

des religionnaires, porta un édit en septembre 1568, défendant d'exercer d'autre religion que la catholique (1), suspendant l'exercice de la religion réformée (2) et sommant les ministres de sortir du royaume dans les quinze jours. Tous ceux qui avaient pris les armes dans la dernière guerre étaient forcés de vendre leurs offices ; les réformés étaient exclus de l'Université et des offices de judicature (3).

Mais, par dessus tout, les réformés se plaignaient des interprétations données à l'édit par les tribunaux hostiles :

« On ruinait les concessions de l'édit par les interprétations. On forçait les ministres à demeurer dans le lieu de leurs exercices. On ne permettait point d'avoir des écoles. On faisait cesser l'exercice dans les lieux où la cour passait, on resserrait le privilège des seigneurs, excluant des exercices de leurs maisons ceux qui n'étaient point leurs vassaux ou leurs sujets. On défendait de s'assembler sous prétexte de synodes. On ne souffrait point qu'il fût levé de deniers pour le payement des ministres. On cassait les mariages de ceux qui avaient été prêtres ou moines, etc... » (4).

C'est exactement le même plan que l'on suivit sous Louis XIV et l'on retrouve un certain nombre des mêmes vexations, ce qui rend les réformés moins pardon-

(1) Benoit, I, p. 38.
(2) Isambert, XIV, p. 228.
(3) Isambert, XIV, p. 228.
(4) Benoit, I, p. 36.

nables de n'avoir point prévenu dans la rédaction de l'édit de Nantes un grand nombre de ces vexations.

La paix ne pouvait durer. L'on prétendit que, dans l'entrevue de Bayonne de 1575 entre Catherine de Médicis, Montluc et Montpensier d'une part, et la reine d'Espagne et le duc d'Albe d'autre part, l'on avait projeté la mort des protestants. Quoi qu'il en soit de ces prétextes, les chefs huguenots résolurent de prendre l'offensive. Le 27 septembre 1567, l'armée de Condé essaya de surprendre le roi au château de Monceaux ; le roi averti regagna Paris. Les protestants eurent un avantage à Paris et le connétable de Montmorency, qui commandait l'armée catholique, fut blessé à mort. Cette guerre ne dura pas et la paix fut conclue à Longjumeau en février 1568.

Les troupes royales triomphèrent à Jarnac et à Moncontour où Condé fut tué d'un coup de pistolet tiré à bout portant (1569). Après un petit succès des protestants à Cossé-Brissac, Charles IX, jaloux des succès de son frère le duc d'Anjou et ému des intrigues anglaises et de l'anarchie du royaume, signa la paix de St-Germain le 8 août 1570. On accorda aux réformés au delà de ce qu'ils pouvaient espérer (1). Il fut permis à ceux de la R. P. R. de vivre et de demeurer dans toutes les villes du royaume et de faire l'exercice dans toutes les villes où il se trouverait avoir publiquement été fait le premier jour du mois d'août de cette année 1570 et en quelques autres lieux désignés par l'édit, et dans les maisons de ceux qui avaient la haute justice ou partie

____

(1) Benoit, I, p. 40.

d'icelle quoiqu'ils ne fussent pas gentilshommes, de plus il leur est baillé quatre villes en garde : la Rochelle, Montauban, Cognac et la Charité, qui furent appelées villes de sûreté et d'otages.

Les catholiques furent très mécontents de cette paix qui leur enlevait le fruit de leurs victoires. « Nous gagnons, nous par les armées, s'écriait Montluc, eux par ces diables d'écritures. »

Les protestants reprirent un grand crédit auprès de Charles IX, et deux fois Coligny fut sur le point d'entraîner ce dernier à une guerre contre l'Espagne, pour conquérir la Flandre. On décida même le mariage du roi de Navarre avec une sœur du roi de France. Le contrat fut signé le 11 août 1572 à Chenonceaux, et un simulacre de mariage eut lieu le 18 août devant le porche de Notre-Dame. Mais la population était montée, les Guises voulaient venger leur père, Catherine de Médicis et le conseil s'effrayaient de l'empire que prenaient les protestants sur le roi. Après une première tentative d'assassinat sur Coligny, eut lieu le 29 août vers les deux ou trois heures de la nuit, le massacre connu sous le nom de la *Saint-Barthélemy*. Pendant six jours Paris fut comme un champ de carnage. Le nombre des victimes est estimé à deux mille pour la capitale, à six ou huit mille pour le reste de la France (1). Des deux côtés on courut aux armes ; sur ces entrefaites, Henri de Valois, chef de l'armée royale, fut élu roi de Pologne. Ceci hâta la conclusion de la paix.

L'édit de la Rochelle du 25 juin 1573 n'accorda aux

____

(1) Lavisse et Rambaud, V, p. 145.

protestants l'exercice public que dans trois villes et révoquait presque toutes les concessions précédentes (1). La Rochelle, Nîmes et Montauban étaient exemptes de garnisons royales et le roi promettait de ne pas y élever de citadelle.

Enfin Charles IX permit la réunion de deux assemblées à Montauban et à Milhau.

« L'assemblée de Milhau eut lieu le 24 août 1573, jour anniversaire de la Saint-Barthélemy. Elle exigea la réhabilitation des victimes et des garanties pour l'avenir. Les députés réclamaient des poursuites contre les auteurs du massacre, la restitution des biens, offices et dignités à ceux qui en avaient été privés, l'admission des protestants dans toutes les écoles, l'entretien aux frais de l'État de leurs soldats et de leurs ministres, le droit de garder eux-mêmes leurs villes, la création d'une *chambre réformée* dans chaque parlement, enfin deux *places de sûreté*. C'était demander au roi la reconnaissance de l'existence légale de l'*Union protestante*. L'organisation politique de cette union fut élaborée dans les assemblées tenues à Milhau en décembre 1573 et en juillet 1574. La base fut l'autonomie des villes qui usurpèrent peu à peu l'administration. La Rochelle et Montauban confièrent l'autorité à des chefs électifs, pris dans la bourgeoisie. Ensuite ces républiques urbaines se fédérèrent. Il fut décidé que chaque généralité aurait son assemblée et que les délégués des généralités formeraient les États généraux de

____

(1) Benoit, I, p. 42.

l'Union. Ainsi se constitua au sein du royaume une république fédérative où l'élément aristocratique ne tarda pas à dominer (1) ».

Après la *paix de Monsieur*, l'assemblée de Nîmes en 1575 compléta l'organisation. La république protestante avait désormais ses lois pour la religion, le gouvernement civil, la justice, l'armée, le commerce et les finances (2). C'est sur son type qu'allait se constituer la *ligue catholique*.

Le roi qui n'était plus obéi de personne et était également en but aux défiances des catholiques et des protestants, mourut sur ces entrefaites le 34 mai 1574.

SECTION II. — Les grands Édits de 1576, 1577 et 1580.

Henri III fut sacré le 13 février 1575.

Les troubles continuèrent ; la conjuration des politiques et des huguenots se reforma ; François de Valois, Condé se soulevèrent. Henri de Guise remporta sur eux un petit succès à Dormans (11 octobre) et devint l'idole des Parisiens. Catherine de Médicis fit conclure la trève de Champigny, puis ensuite la *paix de Beaulieu*, dite *édit de Monsieur* qui fut signée au printemps de 1576 (3).

Cet édit considérable qui ne comprenait pas moins de soixante-trois articles, mérite de nous arrêter un instant.

(1) Lavisse et Rambaud, V, p. 147.
(2) Lavisse et Rambaud, V, p. 151.
(3) Isambert, XVI, p. 280 ; Bernard, p. 11 et 12.

Henri III désavouait la Saint-Barthélemy (1) et ordonnait de restituer les biens des victimes, amnistiait les révoltés (2), rétablissait le commerce et les places en leur état précédent (3), reconnaissait la qualité de régnicoles aux enfants d'expatriés (4) et promettait de convoquer dans les six mois les États généraux (5). Il accordait aux réformés huit villes de sûreté (6): Aigues-Mortes et Beaucaire en Languedoc ; Périgueux et le Mas de Verdun en Guyenne ; Noyons et Serre en Dauphiné ; Issoire en Auvergne et Seine la Grand'Tour et le circuit d'icelle en Provence. Dans les autres villes que les réformés rendaient au roi, celui-ci ne devait mettre ni garnison, ni gouverneur. Les biens de l'Église romaine lui étaient rendus (7), y compris les églises, maisons, biens et revenus des ecclésiastiques. On devait aussi observer les lois de l'Église pour le mariage « et degrés de consanguinité et affinité ». Toutefois les mariages au tiers et quart degré déjà contractés par les réformés étaient respectés, ainsi que les mariages des prêtres et moines (8). Tous les sujets devaient payer la dîme (9), observer les fêtes de l'Église catholique, ne pas vendre, ni étaler boutiques ouvertes,

(1) Art. 32.
(2) Art. 33, 34, 23, 26, etc.
(3) Art. 44.
(4) Art. 52.
(5) Art. 58,21.
(6) Art. 59.
(7) Art. 3 et 30.
(8) Art. 9 et 10.
(9) Art. 13.

ni ouvrir les boucheries les jours où l'Église romaine ordonnait de faire maigre (1). La paix devait régner dans le royaume, et il était défendu aux prêcheurs, lecteurs et autres, d'exciter leurs auditeurs à la haine (2).

Il était défendu aux personnes des deux partis de se provoquer (3); elles devaient vivre en bonne intelligence et oublier le passé (4). Les écrits diffamatoires étaient interdits (5). Les réformés étaient déclarés capables de toutes les charges sans être contraints d'assister à aucune cérémonie contraire à leur conscience (6). Ils pouvaient « tenir les charges de procureurs des pays, villes et lieux, et être admis en tous conseils, délibérations, assemblées, tant électives des états de province, qu'autres fonctions qui dépendent des choses susdites » (7). Ils ne devaient pas être chargés de taxes extraordinaires (8); l'égalité la plus complète devait exister au point de vue politique entre les catholiques et eux. Ils pouvaient aussi bien que ces derniers, être admis dans les universités, collèges, écoles, hôpitaux, maladreries publics (9).

C'était surtout au point de vue de l'exercice que l'édit de 1576 était avantageux pour les réformés. Le roi ac-

(1) Art. 15.
(2) Art. 60.
(3) Art. 2.
(4) Art. 1 et 7.
(5) Art. 5.
(6) Art. 17, 12.
(7) Art. 46.
(8) Art. 47.
(9) Art. 11.

cordait « l'exercice libre, public et général de la religion prétendue réformée, par toutes les villes et lieux de son royaume et pays de son obéissance et protection, sans restriction de temps et personnes, ni pareillement de lieux et places, pourvu que ces lieux et places leur appartiennent ou que ce soit du gré et consentement des autres propriétaires auxquels ils pourraient appartenir, esquelles villes et lieux, ceux de ladite religion, pourront faire presches, prières, administration du baptême, publication et célébration de mariages, escholes et leçons publiques, correction selon ladite religion et toutes autres choses appartenant au libre et entier exercice d'icelle » (1). A cela il faut ajouter le droit de bâtir des temples (2) et la liberté des enterrements (3).

Cet exercice toutefois ne pouvait être fait à Paris et dans un certain périmètre, ni à la cour et dans les deux lieues des environs. Les réformés pouvaient en outre tenir des consistoires et synodes provinciaux ou généraux, après avoir appelé les officiers royaux des lieux (4).

Enfin pour rendre l'administration de la justice impartiale, la royauté organisait des chambres mi-parties, une pour le ressort de Paris composée de deux présidents et seize conseillers, huit catholiques et huit réformés qui devait siéger à Poitiers (5) ; une autre com-

(1) Art. 4.
(2) Art. 8.
(3) Art. 6.
(4) Art. 4.
(5) Art. 18.

posée de deux présidents et dix-huit conseillers pour le parlement de Toulouse (1) : de deux présidents et dix conseillers dans les parlements de Grenoble, Bordeaux, Aix, Dijon, Rouen et de Bretagne (2). Ces chambres jugeaient les procès où les réformés étaient parties principales ou garantes, en demandant ou en défendant, en toutes matières, tant civiles que criminelles (3). Ces chambres étaient juges d'appel désormais des cas pour lesquels les ordonnances précédentes avaient donné compétence souveraine aux juges présidiaux, à moins que les parties consentissent le contraire et qu'il n'y eût un nombre égal de juges des deux religions (4).

L'observation de l'édit devait être jurée par les gouverneurs de provinces, baillis, sénéchaux et juges ordinaires des villes (5).

Les édits précédents étaient abrogés (6) et il était enjoint à chacun de déposer les armes.

La religion réformée était reconnue officiellement ; elle portait un nom qu'elle devait conserver celui de *religion prétendue réformée*. « En tous actes et actions publiques où sera parlé de ladite religion, sera usé de ces mots, *religion prétendue réformée* (7). »

La réunion des États promise par l'édit eut lieu.

(1) Art. 19.
(2) Art. 20.
(3) Art. 18 et 19.
(4) Art. 21.
(5) Art. 61.
(6) Art. 62.
(7) Art. 16.

Les *Etats de Blois* se réunirent le 7 décembre 1576. Le tiers état était divisé sur la question religieuse, mais les députés de Paris s'accordèrent avec les nobles et les prélats pour vouloir la guerre et la rupture de la paix de Beaulieu. Le 1er janvier 1577, un édit déclara que suivant l'avis et requête des députés, le roi entendait qu'il n'y eût plus d'autre religion que la catholique, et ordonnait que les ministres fussent chassés du royaume (1).

Les protestants prirent les armes sous la conduite de Henri de Navarre contre la ligue commandée par Henri de Guise.

Ce fut une querelle politique. La prise d'Issoire par le duc d'Anjou le 17 septembre 1577 fut suivie de *l'édit de Bergerac* qui renouvelait à peu près la paix de Beaulieu. Ce fut l'édit le moins favorable de tous ceux donnés aux réformés; mais les catholiques, dit Benoit, s'en offensèrent parce qu'il déclarait les protestants capables des charges et des honneurs (2).

En réalité cet édit, qui contenait deux traités, un public et un secret, paraissait dirigé dans sa partie publique même, autant contre les catholiques que contre les protestants. Car s'il interdit à ceux-ci toutes pratiques et intelligences hors du royaume, il faisait la même défense aux catholiques, et cassait et annulait toutes ligues, associations, faites ou à faire sous quelque prétexte que ce soit (3).

(1) Bernard, *Explication de l'édit de Nantes*, p. 12.
(2) Benoit, I, p. 46.
(3) Isambert, XIV, p. 330 non reprod. M. Gavet à son cours.

Cet édit ordonnait que l'exercice de la religion ne fût continué que dans les villes et bourgs où il aurait été fait publiquement le 17 de septembre, et dans les manoirs des seigneurs ayant haute justice, mais seulement s'ils en avaient au moins la troisième partie. Il accordait toutefois une ville par baillage, dans les faubourgs de laquelle on pouvait faire l'exercice ; sauf les restrictions précédentes, l'exercice était libre pour les justiciers et restreint à dix personnes pour les simples feudataires. L'édit ordonnait en outre que les Chambres de Toulouse, Bordeaux, Grenoble et Aix, seraient tri-parties et composées pour les deux tiers d'officiers catholiques, et pour l'autre tiers d'officiers réformés. Il fut aussi laissé aux réformés huit villes d'otages pour le terme de six mois.

Le traité secret du 17 septembre (1) donnait aux réformés le droit à un certain nombre de charges nouvelles à créer dans les nouvelles chambres du parlement (2). Le roi devait faire l'examen des présidents et conseillers des offices nouveaux en son conseil (3), il garantissait que les conseillers catholiques des chambres mi-parties seraient choisis parmi les plus modérés, que les autres seraient nommés sur l'attestation du roi de Navarre sans prendre finances (4). Il prévoyait en outre le cas où les chambres seraient réincorporées aux parlements (5), et il promettait d'évoquer devant le par-

(1) Isambert, XIV, p. 330.
(2) Art. 17, 18, 19.
(3) Art. 16.
(4) Art. 10, 11, 12.
(5) Art. 14, 15.

lement de Paris les causes des réformés normands. Il décidait qu'on n'établissait aucun lieu de baillage dans les terres de la Reine-mère et dans le baillage de Beaujolais appartenant au duc de Montpensier (1). On fixait la signification des articles donnant l'exercice dans les bailliages (2). Enfin on ordonnait un certain nombre de mesures pour sauvegarder les mariages des prêtres et moines faits précédemment (3), la liberté de conscience (4) et l'amnistie des faits de guerre (6). Le reste contenait des dispositions particulières (7), quoique souvent très exorbitantes, tendant à laisser aux réformés nombre de places dont le roi payait les garnisons.

Cet édit souleva de nombreuses difficultés au point de vue économique ; cette augmentation de charges nouvelles faisait tort aux titulaires des anciennes et les catholiques se plaignaient des avantages faits aux réformés.

Henri III, intimidé par la ligue, essaya de révoquer les concessions faites par le traité de Bergerac. Henri de Navarre s'empara de Cahors par un vigoureux coup de main, ce qui donna lieu à la *paix de Fleix* (novembre 1580) (8). Les réformés conservaient la liberté de cons-

(1) Art. 13.
(2) Art. 4 et 5.
(3) Art. 3.
(4) Art. 8 et 9.
(5) Art. 40.
(6) Art. 41, 42, 43.
(7) Art. 1, 2, 6, 7, 21, 22, 23, 24, 25, 26, 31, 32, 33, 34, 35, 36, 37, 38, 39, 44, 45, 46, 47, 48.
(8) Benoit, I, p. 51.

cience, mais l'exercice du culte était limité. Des chambres mi-parties devaient aussi être instituées dans le midi.

Pendant cinq ans la paix régna, durant laquelle le roi témoigna sans cesse de la défaveur aux réformés ce qui en diminua le nombre dans la noblesse (1).

Sur ces entrefaites le duc François d'Alençon mourut; Henri de Bourbon, roi de Navarre, devint « la seconde personne du royaume ».

La ligue fut épouvantée. En 1585 on donne à la capitale une organisation militaire en la divisant en quatre circonscriptions, chacune ayant un colonel et quatre capitaines. La direction supérieure est confiée à un *conseil des seize* (il y avait seize quartiers). Des organisations semblables se font dans d'autres villes. Les Guises se mettent à la tête du mouvement et prennent l'offensive contre Henri III.

Ainsi, en 1585, il y a en France, outre celui du roi, trois gouvernements :

Au nord, la ligue ou le parti féodal catholique soutenu par l'Espagne.

A l'ouest et au midi, l'Union protestante soutenue par l'Allemagne.

A Paris, le parti démocratique et les Seize (2).

Le roi céda d'abord devant la ligue. Il dut dans la conférence d'Epernay et dans celle de Nemours du 7 juillet 1585, promulguer un édit d'union avec la ligue (3) par lequel il s'engageait à abolir le protestan-

(1) Benoit, I, p. 47.
(2) Lavisse et Rambaud, V, p. 159.
(3) Isambert, XIV, p. 595 non rep.

tisme et enjoignait aux ministres de la religion réformée de sortir du royaume dans le mois ; à tous les sujets de professer la religion catholique dans les six mois sous peine de confiscation de corps et de biens. Il révoquait les chambres accordées, s'engageait à reprendre les places de sûreté et à combattre le roi de Navarre. Henri de Guise obtint les villes de Metz, Dijon, Châlons, les ports de Nantes et de St-Mâlo, des places de la vallée de la Somme, le droit de nommer à tous les grades, le maniement des fonds destinés à la solde, et imposa comme conseillers au roi quelques-uns de ses partisans.

Il y eut ensuite les trois déclarations des 7 octobre, 23 décembre 1585 et 20 avril 1587 et l'édit de 1588 par lequel le roi se déclare chef de la ligue.

La guerre continua. Henri de Navarre écrasa le duc de Joyeuse à Coutras et le duc de Guise dispersa les Allemands à Auneau. Guise devint tout puissant et Henri III s'enfuit devant les barricades.

L'émeute triomphait à Paris. Le roi dissimula et fit convoquer les seconds États de Blois pendant lesquels il fit assassiner Henri de Guise le 25 décembre 1588. C'en était fini avec les catholiques.

Un soulèvement général éclata ; le royaume devint la réunion d'une foule d'États républicains confédérés et unis par le serment de ne pas souffrir de roi réformé. Henri III qui avait été obligé de se joindre aux troupes d'Henri de Navarre, fut, sur ces entrefaites, assassiné par Jacques Clément le 1er août de l'année suivante.

Il n'entre point dans notre sujet de retracer les différentes péripéties de la guerre entre le roi de Navarre et la ligue (les victoires d'Arques et d'Ivry et les deux sièges de Paris).

En 1590, il y eut un projet de déclaration par lequel le roi rendait aux réformés l'édit de 1577 avec les explications contenues dans les traités de *Nérac et de Fleix*. Ce projet de déclaration fut rejeté d'abord par les catholiques et ce ne fut que l'année suivante par l'édit de Mantes que les réformés obtinrent satisfaction. Cet édit fut rejeté par les parlements de Rennes et de Bordeaux ; celui de Tours ne le reçut qu'avec une modification qui excluait les réformés de charges. Sur ces entrefaites le roi, qui avait songé à abjurer (1), mit son projet à exécution.

Le 25 juillet 1593, il abjurait solennellement à St-Denis et le 24 mars 1594, il entrait à Paris. La ligue n'avait plus d'objet et les seigneurs n'avaient plus qu'à traiter ; ce qu'ils firent séparément, en vendant leur paix le plus cher possible.

La réconciliation avec le Saint-Siège ne tarda pas non plus. Le 17 septembre 1595, le roi recevait une nouvelle absolution en la personne de son ambassadeur sur la place Saint-Pierre.

La paix était rétablie ; il restait au roi à organiser un système d'accord possible des éléments catholiques et réformés dans l'intérieur de son royaume.

____

(1) C'est vers ce moment qu'eut lieu la déclaration du 16 mai 1593 par laquelle les princes, seigneurs et officiers attachés à Henri IV promettaient qu'il ne serait rien conclu aux conférences de Suresnes contre les protestants. Isambert, XV, p. 65.

SECTION III. — L'élaboration de l'Edit de Nantes.

C'était une question difficile à trancher que de trouver un moyen de faire vivre côte à côte deux partis aussi violents, aussi puissants, aussi bien organisés que l'étaient alors les partis catholiques et réformés.

Les réformés étaient défiants depuis l'abjuration du roi, et même auparavant ils avaient agité au colloque de St-Jean d'Angely la question de nommer un autre protecteur (1). Sans doute le roi avait rétabli en 1591 par sa déclaration de Mantes les édits de 1577 et 1580, mais il y avait de nombreuses difficultés. On ne put faire admettre les réformés aux charges par le parlement qui siégeait alors à Tours. La cour des aides était la seule qui avait donné ce droit aux réformés dans son ressort, la cour des comptes et le parlement ne l'avaient pas imitée. Il fallut plusieurs années pour vaincre sa résistance qui ne cessa qu'en 1592 (2).

En outre on faisait mille tracas aux réformés au sujet des sépultures ; les catholiques refusant de laisser entrer les réformés dans leurs cimetières (3). Le lieutenant civil de Paris avait rendu une ordonnance condamnant les réformés à saluer les croix, images, bannières rencontrées dans la rue. On craignait le serment

(1) Benoit, I, p. 63 et 123.
(2) Sur cette difficulté pour l'admission aux charges, Benoit, I, p. 80, 84, 90, 105, 118, 135, 197.
(3) Benoit, I, p. 91 et 120.

du roi d'exterminer les hérétiques (1) et on se plaignait en outre que, dans ses traités avec un grand nombre de villes, le roi ait consenti à des conditions excluant de la ville l'exercice de la religion réformée (2).

Les protestants étaient donc mécontents. A Mantes ils avaient renouvelé leur confédération militaire ; en 1594 se tint le synode de Montauban où les modérés des environs de Paris et des provinces du Nord essayèrent d'amener à la conciliation (3).

La même année eut lieu *l'assemblée de Sainte-Foy*, pendant laquelle ils s'organisèrent politiquement. La France protestante se trouva dirigée par un conseil général qui remplaçait l'ancien protecteur et divisée en dix provinces dont chacune élisait un député. On avait une sorte de réduction des États généraux, les députés comprenant des membres des trois ordres : quatre gentilshommes, quatre membres du tiers état, et deux ministres. Les députés devaient être renouvelés de six mois en six mois ; l'on permettait aux ducs, lieutenants généraux, personnes qualifiées d'avoir voix dans ces assemblées. On avait en outre établi dans chaque province un conseil provincial. Comme résolutions, l'on décida de demander des chambres mi-parties dans tous les parlements sauf à Grenoble où l'on était les plus forts, de rechercher l'intercession de la reine d'Angleterre et des Provinces Unies, enfin d'implorer l'union des grands et de doubler le nombre des députés.

La cour et le roi s'inquiétèrent de ces assemblées.

(1) Benoit, I, p. 98, 117.
(2) Benoit, I, p. 113, 117, 118.
(3) Benoit, I, p. 125, 126.

On ne les reconnut qu'avec peine et pour en ôter le prétexte, l'on se hâta de faire ratifier par le Parlement les édits ouvrant aux réformés l'entrée des charges.

Cela ne parut pas suffisant ; l'assemblée de 1595 réunie à Saumur, réclama un édit nouveau plus sûr que les précédents et accordant aux réformés le libre exercice de leur religion par tout le royaume, le paiement des ministres par le roi, un nombre égal de juges à celui des catholiques dans toutes les juridictions, le libre accès aux charges et offices, la garde des villes qu'ils avaient dans les mains comme places de sûreté (1). Le roi ne voulut pas accepter ces conditions.

Sur ces entrefaites en 1596, eut lieu l'assemblée du clergé à qui le roi accorda par l'édit de Travery une partie de ses demandes, le rétablissement de la messe dans tout le royaume, la défense d'enterrer dans les cimetières d'autres que les catholiques, la permission de revendiquer les reliques et ornements d'église à fin civile, la restitution des biens ecclésiastiques (2). Nous retrouverons ces prescriptions dans l'édit de Nantes.

La même année les réformés s'assemblèrent à Loudun. On se plaignit à nouveau des lenteurs du roi, des torts subis, des dommages causés par les infractions aux édits obtenus. On renouvela au roi les demandes précédentes en y ajoutant quelques éclaircissements. L'assemblée décida même qu'elle attendrait la réponse du roi avant de se séparer. C'était une infraction grave aux idées du temps. L'assemblée semblait vouloir imposer une contrainte au roi au lieu de lui envoyer de très

(1) Benoit, I, p. 140, 141.
(2) Benoit, I, p. 162.

humbles remontrances, ou des cahiers de plaintes ou doléances, comme le faisaient les autres corps du royaume. Le roi ordonna à l'assemblée de se dissoudre. Quelques hommes conciliants empêchèrent une rupture et adoucirent le roi.

Le synode national fut réuni à Saumur cette même année 1596 ; il écrivit encore au roi qui se décida à nommer des commissaires pour entrer en négociations. Il y eut quelques essais infructueux. Sur ces entrefaites les Espagnols s'emparèrent d'Amiens et le roi demanda à l'assemblée de lui envoyer des secours (1). Les réformés étaient tellement puissants et aigris en même temps qu'ils les lui refusèrent, ce dont le roi témoigna un vif ressentiment. L'assemblée faillit même aller plus loin, et si la guerre n'éclata pas ce fut par suite des mésintelligences des parleurs et des hommes d'épée.

La discussion avait toutefois continué entre l'assemblée qui s'était transférée à Châtellerault puis à Saumur et les commissaires du roi. Après bien des discussions, le roi se décida à mener l'affaire d'une façon plus ferme. Il joignit le comte de Schomberg et le président de Thou aux commissaires Vic et Calignon. L'on se fit quelques concessions de part et d'autre. Les réformés abandonnèrent leurs prétentions d'avoir des chambres mi-parties dans tous les parlements et des juges dans toutes les juridictions (2). Le comte de Schomberg leur proposa d'élargir un peu les anciens édits en étendant le droit d'exercice à tous les lieux où

(1) Benoit, I, p. 189.
(2) Benoit, I, p. 193.

il serait fait jusqu'à la fin du mois d'août de l'année présente, de leur laisser leurs places, de leur donner une certaine somme pour le paiement de leurs garnisons et une autre pour le paiement de leurs ministres.

Les commissaires et les députés portèrent ces propositions au roi, et l'on éleva quelques nouvelles difficultés sur le point de savoir comment on paierait les garnisons et parce que la Rochelle ne voulait pas célébrer la messe dans ses murailles (1). Le roi était fâché de ce que l'assemblée eût imploré en même temps l'intercession de la reine d'Angleterre et des Provinces Unies, et les avait informées de l'état où en était le traité. Les plus grandes difficultés roulaient sur l'entretien des garnisons et le paiement des places de sûreté (2).

Pendant ce temps parut un écrit auquel avaient collaboré les plus sages du parti (3) et qui produisit une forte impression. Les réformés se plaignaient de tous les ordres, de la noblesse, du peuple, des magistrats, des conseils et en particulier des ecclésiastiques. On y dépeignait les violences subies au sujet de l'exercice particulièrement, on en citait plus de deux cents exemples, pris dans cent vingt lieux différents (4).

L'on était arrivé ainsi à l'année 1598 ; on résolut d'en finir. Quelques dernières difficultés s'élevaient parce que les réformés demandaient qu'il leur fût permis de continuer leur assemblée à Vendôme, jusqu'à

(1) Benoit, I, p. 146.
(2) Benoit, I, p. 197.
(3) Benoit, I, p. 219.
(4) Benoit, I, p. 199, 219.

ce que l'édit eût été vérifié par tous les parlements. Le roi ne leur permit que jusqu'à la vérification par le parlement de Paris. On hésitait aussi sur le point de savoir si on laisserait le roi dresser en son conseil l'état des garnisons et nommer les gouverneurs avant l'attestation du colloque. Le roi d'un autre côté avait grand'peine à consentir à laisser dans les mains des réformés plus de deux cents places fortes. Il fut décidé que l'on en dresserait un état secret pour ne pas faire crier les catholiques. Tout fut enfin réglé. « Quand on eût rendu à l'assemblée les cahiers répondus et les articles accordés, et qu'on fût convenu de la forme des concessions, on porta encore une fois le tout au roi à Nantes, eu après y avoir changé et réformé ce qu'il voulut, pour montrer qu'il le donnait en maître et que rien ne l'y contraignait, il fut signé et scellé et consigné entre les mains des députés qui en donnèrent un récépissé : après quoi l'assemblée le mit entre les mains des Rochellais qui, jusqu'au temps de leur ruine gardèrent tous les titres généraux des Églises du royaume. Ce fut du lieu où cet édit fut publié au mois d'avril, qu'il prit le nom d'Edit de Nantes, sous lequel il a été célèbre dans toute l'Europe (1). »

Nous sommes enfin arrivé à l'Edit de Nantes que nous devons examiner d'une façon spéciale dans notre seconde partie.

Nous connaissons déjà ce qui était indispensable, les conditions dans lesquelles il fut donné et la situation des partis au point de vue historique. Nous savons que

____

(1) Benoit, I, p. 224 et 225.

la situation du réformé, qui au point de vue de l'Eglise est toujours un hérétique, est réglée d'une façon spéciale par l'État. Il y a sur ce point une sorte de divergence entre l'Eglise et l'État. Nous allons voir si elle pouvait durer et si elle permettait à l'Édit de fonctionner d'une façon satisfaisante (1).

(1) L'édit de Nantes se trouve dans Isambert, t. XV, p. 170, *Les articles secrets*, p. 200 ; dans Benoit, I, *Preuves*, p. 62.

DEUXIÈME PARTIE

SITUATION JURIDIQUE DES RÉFORMÉS SOUS LE RÉGIME DE L'ÉDIT DE NANTES
(1598-1685)

Nous devons dans cette seconde partie, la plus importante de notre travail, examiner en détail la situation juridique que l'Edit de Nantes fit aux réformés. Nous pousserons cette étude assez loin sans surcharger notre texte de trop longues énumérations d'arrêts, en en donnant toutefois suffisamment pour étayer les différentes constatations que nous serons amené à faire.

Le cours de cette étude nous amènera constamment à distinguer dans les différentes applications de l'Edit deux périodes. Dans une première période l'Edit est appliqué avec une bonne foi relative ; l'on en étend même sur certains points les termes en faveur des réformés. Dans une seconde période l'Edit est entendu d'une façon restrictive ; on en restreint les termes d'une façon abusive, on en viole les dispositions ou on les abolit en fait.

Ces différentes périodes correspondent à des moments historiques qu'il est utile de rappeler en quelques mots.

Après la promulgation de l'Edit, « si les réformes adhérèrent, les catholiques se plaignirent. L'émotion fut très forte parmi eux ; quelques prédicateurs commencèrent à parler avec violence, comme au temps de la ligue. Le pape exprima vivement son inquiétude, que le roi s'efforça de calmer par des concessions de diverses natures. Les parlements, celui de Paris en tête, montrèrent que beaucoup d'articles étaient contraires aux anciennes lois, que la composition des corps judiciaires se trouvait altérée gravement ; que c'était donner aux calvinistes une grande force et une force dangereuse ; que les pouvoirs accordés aux assemblées étaient excessifs et constituaient un privilège dont les catholiques ne jouissaient pas. Henri IV tint un certain compte des remontrances qui lui furent présentées sur ce point. Il lutta contre les autres et finit par en triompher à force de persévérance et d'éloquence » (1).

Le clergé, la Sorbonne, la faculté de médecine se plaignirent aussi (2).

Des commissaires furent envoyés par Henri IV dans les provinces pour s'assurer des lieux d'exercice, constater les possessions anciennes et nouvelles, désigner les lieux de bailliage. Ils s'acquittèrent de leurs fonctions avec exactitude, mais les réformés ne dressèrent point de liste exacte du nombre des lieux qui leur étaient ainsi concédés (3). Ils espéraient s'agrandir

---

(1) Dareste, *Hist. de France*, IV, p. 556.

(2) Benoit, I, p. 271 et s.

(3) Du moins ils le prétendaient. Car en 1598, les réformés assemblées en synode national à Montpellier, firent un état des églises qui se montait à 760. Lors de leur persécution, on leur reprocha d'en avoir bien davantage. Benoit prétend qu'il n'y avait

davantage. Beaucoup dans le feu du premier zèle espéraient une conversion générale de la France à leur doctrine ; sûrs de leur force d'expansion, ils ne tenaient pas à fixer d'une façon précise les limites de leurs exercices.

Tant qu'Henri IV vécut l'Edit fut d'ailleurs appliqué d'une façon très large par le roi. Si les officiers subalternes, les parlements, le clergé, le peuple n'avaient pas désarmé, le Conseil du roi était composé par des politiques, des gens de gouvernement également opposés aux excès des réformés et des catholiques.

Avec la régence de Marie de Médicis, les troubles commencèrent ; les réformés furent fréquemment entraînés dans les querelles des seigneurs. Leur force, leur nombre, leurs places de sûreté les rendaient terribles au pouvoir central qui pouvait se demander à chacune de leurs assemblées si la guerre n'en allait pas sortir.

Richelieu voulut abattre ce souverain qui prétendait s'égaler à l'autre. Il y réussit.

Nous n'avons pas à retracer toutes les assemblées et tous les soulèvements partiels, qui eurent lieu, ni à rapporter toutes les mesures de détail qui furent prises contre certains réformés, parce qu'à la différence des mesures qui précédèrent l'Edit de Nantes, celles-ci n'influencèrent en rien sur la condition générale des réformés qui ne changera pas jusqu'à la prise de la Rochelle et la défaite du duc de Rohan qui voulut en

là qu'un chiffre approximatif ne comprenant pas les lieux où l'exercice devait être établi. Benoit, I, p. 257-258.

vain s'opposer à la ruine des réformés. Il fut vaincu par les armées royales après avoir été déclaré criminel de lèse-majesté (1).

A ce moment se place un fait important : la suppression des places de sûreté. Depuis l'édit de 1629 les réformés n'ont donc plus pour garantie de leur Édit que la parole royale.

Depuis ce temps jusqu'au delà de la seconde moitié du XVIIe siècle, les réformés jouissent d'une paix relative. Jurieu déclara que, depuis la Fronde jusqu'à la paix des Pyrénées, les protestants traversèrent la période la plus heureuse qu'ils aient jamais connue. Mazarin et le roi leur étaient reconnaissants de n'avoir point pris part à la Fronde et sous Louis XIV, Colbert fut assez favorable à cette religion qui comprenait un grand nombre de commerçants et d'industriels. En effet du côté de la noblesse les réformés avaient beaucoup perdu ; l'avenir leur étant peu favorable à la cour, l'esprit y étant surtout contraire au leur, ils y disparurent. Le protestantisme se réfugia donc dans la bourgeoisie et dans les campagnes, particulièrement dans le commerce ou l'industrie où il trouvait des conditions favorables. Il décroissait néanmoins comme importance puisque le synode de Montpellier de 1598 comptait sept cent soixante églises, et que le dernier synode de Loudun, tenu en 1660, n'en comptait plus que six cent trente.

(1) Isambert, XVI, p. 142.

On trouvera certaines mesures législatives se rapportant à cette période dans Isambert, p. 143, 344, 360, et de grands détails dans le second volume de Benoit.

C'est vers cette époque que le roi prêta l'oreille aux sollicitations du clergé qui avait toujours réclamé contre l'Édit et qui voulait faire prévaloir des interprétations restrictives. En 1655, Gondini, archevêque de Reims, déclara que l'Église « serait consolée cependant si les choses se trouvaient réduites à l'observation de l'édit de Nantes, selon les explications légitimes qui avaient été données par le feu roy de glorieuse mémoire (1) ». En 1661, le roi permit d'envoyer dans les provinces des commissaires chargés de connaître des infractions faites à l'édit de Nantes.

Une nouvelle période commença pour les réformés en France. La persécution légale commença à ce moment.

L'année 1662 vit la ruine de tous les lieux du culte dans le pays de Gex, ce baillage n'ayant été réuni à la couronne qu'après l'édit de Nantes. Un an après, un arrêt du conseil autorisait la démolition de plus de cent temples en une fois (2). Le clergé persévéra dans ses réclamations en les voyant si bien réussir. Lors de son assemblée générale de 1665 fut rédigé le premier de ces cahiers où se trouve inscrit tout le programme de la persécution religieuse. Chacun des articles de ce cahier invitait le roi à priver les réformés d'un droit ou d'une liberté, et chacune des conclusions était appuyée par une consultation juridique tendant à prouver que, respectant l'idée de Nantes dans la lettre, il fallait en violer l'esprit.

(1) Lavisse et Rambaud, *Hist. gén.*, VI, p. 281.
(2) Lavisse et Rambaud, VI, p. 283-284.

Deux déclarations du roi de 1666 et 1669 sanctionnèrent ces interprétations restrictives.

A partir de ce moment les mesures de persécution s'augmentent et se précipitent. De moins en moins on respecte l'Édit. Chaque année on en supprime quelque chose par une interprétation abusive. En même temps, il fallait obtenir des conversions. Les mesures prises pour obtenir ces conversions et les maintenir deviennent de plus en plus violentes et persécutrices ; l'on arrivera enfin à un moment où l'on déclarera qu'il n'y a plus de réformés en France et que, l'édit de Nantes étant sans objet, il faut le supprimer.

Nous verrons l'interprétation normale et la restriction que l'on donne à l'Édit sur chacun des points que nous étudierons dans cette seconde partie que nous avons divisée en cinq chapitres.

Dans un premier chapitre nous examinerons la nature de l'Édit, les garanties de droit et de fait qu'il donnait aux réformés, la façon dont il devait être interprété.

Dans un second chapitre nous étudierons l'esprit de l'Édit, l'oubli qu'il assure du passé, la liberté de conscience et le droit d'admission aux charges qu'il établit.

Le troisième chapitre sera consacré à l'étude de l'exercice de la religion réformée. Nous verrons les lieux où il est accordé, ceux où il est interdit et ceux où il est permis et les droits compris dans l'exercice.

L'organisation politique et disciplinaire et l'organisation de l'instruction, de l'assistance et de la finance chez les réformés fera l'objet du quatrième chapitre.

Enfin le cinquième chapitre, nous permettra d'examiner l'organisation judiciaire spéciale aux réformés.

Ces différents chapitres sont divisés en sections et en paragraphes. Sur chacune des questions, nous retraçons l'évolution suivie et les différentes interprétations qui furent données.

CHAPITRE PREMIER

NATURE DE L'ÉDIT. — GARANTIES DE DROIT ET DE FAIT
ACCORDÉES AUX RÉFORMÉS.
INTERPRÉTATION DE L'ÉDIT.

Il nous faut examiner d'abord quelle est la nature de l'Edit de Nantes. Il est perpétuel et irrévocable en droit. Il nous faut savoir à quel titre et sous quelle sanction il était observé. Ce sera l'objet d'une première section.

Nous examinerons ensuite dans une seconde section quelle sanction avait en fait cette irrévocabilité promise à l'Edit. Ceci nous donnera l'occasion de parler des places de sûreté et pour plus de commodité nous traiterons complètement cette question.

Enfin il nous faudra savoir comment nous devrons interpréter l'Edit, si c'est dans un sens large et bienveillant ou dans un sens restrictif. Notre troisième section examinera la question.

SECTION I. — **Nature de l'Édit. — Édit perpétuel
et irrévocable.**

L'Edit était qualifié de perpétuel et irrévocable. Ces

mots amenèrent de grandes contestations qui ne furent jamais tranchées à fond.

En faveur de l'irrévocabilité de l'Edit, les réformés faisaient valoir des considérations générales, des arguments de forme et de fond, enfin des décisions royales.

Au point de vue des considérations générales, ils montraient que l'Edit était utile à l'État, et cela d'une façon évidente, car il suffisait de comparer la paix qui régna après la conclusion de l'Edit, au tumulte et aux guerres affreuses qui l'avaient précédée, et de remarquer qu'elle ne mettait pas fin à des guerres ordinaires, mais à des guerres de religion, les plus injustes et les plus cruelles de toutes.

Ensuite, ils insistaient sur le fait que la justice de l'Edit n'était pas moins grande que son utilité, étant données les persécutions atroces qu'avaient subies les premiers réformés sans autre résultat que d'en multiplier le nombre, étant donnés surtout les grands services que les réformés avaient rendus à Henri III contre la ligue et surtout à Henri IV qu'ils avaient contribué à rétablir sur le trône. D'autant plus que l'Edit n'accordait point aux réformés de préférence sur les autres sujets, mais se bornait à leur accorder la sûreté de leurs personnes, de leurs vies, de leurs biens et de leurs consciences. Enfin l'entrée des charges permise à tous n'était que l'application du droit commun et les sûretés n'étaient demandées que parce que les réformés étant plus faibles avaient besoin de se garantir et cela ne faisait de tort à personne.

En outre, l'Edit protégeait une chose qui est de droit naturel : la liberté de conscience.

Il ne faisait qu'assurer à cette masse réformée sa conservation et comme tel il était encore de droit naturel, car la conservation est le but naturel des sociétés, et c'est elle qui légitime le droit des princes (1).

Enfin l'Édit avait la forme d'un traité (2) conclu entre parties compétentes, capables, et consentantes en pleine connaissance de cause sans fraude et sans violence. Sans doute, ce traité était promulgué non comme un traité, mais comme édit à l'intérieur du royaume, mais cela ne changeait rien à la chose. Ce traité pouvait être conclu par un roi avec ses sujets malgré ce qu'on en dit, la preuve en est que le roi Henri IV les avait autorisés à former un corps, des conseils et des assemblées et les avait reconnus capables de traiter puisqu'il avait envoyé des commissaires traiter avec eux. En outre, on pouvait considérer ce traité comme une sorte de traité fait entre les catholiques et les réformés sous l'autorité du roi considéré comme leur arbitre naturel. Il est vrai qu'il est assez difficile de montrer un assentiment des catholiques à ce traité, à moins de considérer que le roi l'avait conclu en tant que chef des catholiques (3).

Quant à la forme, l'Édit était irréprochable, il

(1) En effet, la souveraineté ne dispense pas les rois d'être sujets aux lois de Dieu et de la nature. Bodin, *Les six livres de la République*, l. I, ch. VIII, p. 131, 133, 150, 155.

(2) Le prince est tenu par ses contrats. Bodin, p. 152. Il est tenu même par les contrats de ses prédécesseurs si la royauté est héréditaire, p. 159.

(3) Sur tous ces points, voir la longue dissertation de Benoit, I, 307-340.

avait été enregistré par les parlements, le clergé avait pu faire ses remontrances et le pape y avait en quelque sorte consenti tacitement.

A ces raisons les adversaires de l'Édit en opposaient d'autres.

A la question d'utilité, ils répondaient que cette utilité avait disparu parce que le nombre des protestants qui existait à l'époque de Louis XIV était beaucoup moindre que celui qui existait au moment de l'édit de Nantes et de l'édit de 1629. Les réformés, à ces époques, étaient nombreux, ardents et pouvaient se faire craindre ; ils n'étaient plus, au moment de la révocation, qu'un petit nombre comprenant surtout des artisans et des bourgeois, gens dont il y avait peu à craindre. Ce raisonnement est fait d'une façon même impudente par le procureur Bernard qui, dans son livre dédié à l'assemblée du clergé, déclare, en parlant de la religion réformée : « Il y reste peu de gentilshommes et encore moins de personnes de qualité, c'est pourquoi nous pouvons dire, que quand bien on n'observeroit pas ces édits dans la dernière exactitude, et qu'il sembleroit qu'on y contreviendroit en quelque manière par les restrictions et les modifications qui peuvent y être apportées, ceux de R. P. R. auroient tort de s'en plaindre. »

Il explique ensuite qu'il y a des lois fondamentales et d'autres particulières qui peuvent être changées parce que : « Cessante ratione, cessat jus ». — « Ubi personae conditio locum facit beneficio, deficiente ea, beneficium deficit (1). »

1) Bernard, *Explic. de l'edit de Nantes*, p. 22.

Quant à la justice de l'Édit ils la niaient et prétendaient que tous les édits rendus en faveur des réformés avaient été arrachés aux rois, soit par la force, soit durant leur minorité (1). Ils rappelaient que les réformés avaient refusé au roi leur aide contre les Espagnols qui se trouvaient devant Amiens, qu'en plein siège de La Fère leurs troupes avaient abandonné le roi, que celui-ci avait été en quelque sorte contraint de leur accorder ce traité et que, cette contrainte ayant été brisée, la Royauté pouvait reprendre sa liberté.

Pour ce qui est de la liberté de conscience, ce n'était pas une chose connue à l'époque. La liberté de conscience n'existe pas en réalité là où il y a une religion d'État. Les peines que nous avons vu porter contre l'hérésie subsistaient toujours et continuaient à être admises. Ni l'Église ni la Royauté ne les avaient abrogées, d'autant plus que le souverain est sujet aux lois de Dieu (2). Sous ce rapport en théorie, il était exact de prétendre que les lois données contre les hérétiques ne faisaient que suspendre l'exécution de celles décernées contre eux Ce fut en particulier la thèse soutenue par le cardinal du Perron aux États de 1614 (3).

Quant à ce qui est de la question de traité, on répondait qu'il n'y avait pas de traité à proprement parler, mais un édit (4) ; on faisait remarquer que le roi ne

(1) Bernard, p. 21.

(2) Bodin, *Les six livres de la République*, l. 1, ch. VIII, p. 131, 133, 155.

(3) Benoit, II, p. 144, 145.

(4) Or la loi est essentiellement différente du contrat, Bodin, *loc. cit.*, p. 133, 134.

pouvait faire un traité avec ses sujets, que si la force
des choses l'avait amené à faire ces traités, en droit et
en théorie ces traités n'étaient pas valables. C'était là
une vérité si bien reconnue que tous les traités conclus pendant les guerres de religion furent promulgués
non comme traités mais comme édits émanant de la
seule volonté du roi. Le traité était employé pour obliger le roi à l'édit qui seul était légalement obligatoire
dans le royaume.

Quant à l'irrévocabilité et la perpétuité de l'édit,
elles étaient affirmées par son texte même qui déclarait
en outre que la question avait été délibérée au conseil
ce qui donnait à l'édit une portée encore plus forte :
« Pour ces causes ayant avec l'avis des princes de
notre sang, autres princes et officiers de la couronne et
autres grands et notables personnages de notre Conseil
d'État près de nous, bien et diligemment poisé et considéré tout cest affaire avons par cest édict *perpétuel* et
irrévocable, dit, déclaré et ordonné, disons, déclarons
et ordonnons » (1). Les adversaires mêmes de l'Édit,
quand cela leur servait, reconnaissaient son caractère
irrévocable. C'est un édit donné « par Henry le Grand...
à tous ses sujets... comme une loy claire, nette, perpétuelle et irrévocable (2). » Pourtant des auteurs considérables, comme Bodin, considéraient que cette clause
n'avait aucune valeur, et que le roi ne pouvait donner
une loi dont il ne put se départir (3).

(1) Isambert, XV, p. 172.
(2) Bernard, p. 68.
(3) Bodin, *Les six livres de la République*, liv. I, ch VIII, p. 148
et 149.

Il y aurait bien eu un moyen de faire considérer l'Édit comme tout à fait irrévocable, c'eût été de le faire considérer comme une des lois fondamentales du royaume.

L'on sait, en effet, que les lois fondamentales du royaume ne pouvaient être changées par le souverain. C'était une des limites imposées au plein pouvoir législatif de la royauté et qui donnaient à celle-ci son véritable caractère (1).

Il y avait trois lois fondamentales principales.

Celle qui déterminait la succession à la couronne et l'attribuait à la descendance par les mâles ; les rois ne pouvaient se désigner un successeur ni par acte entre vifs, ni par acte de dernière volonté.

Ils ne pouvaient pas davantage limiter les pouvoirs de l'autorité de celui qui exercerait la régence pendant la minorité de leur successeur. Les testaments par lesquels les rois essayèrent de contrevenir à ces dispositions de la seconde loi fondamentale furent toujours cassés.

Enfin une troisième loi défendait l'aliénation du domaine de la couronne et posait le principe de la souveraineté territoriale. Au XVIe siècle, on en avait fait une intéressante application, les États de Blois refusèrent, en 1576 à Henri III, l'autorisation d'aliéner une partie du territoire (2).

(1) Sur l'énumération des lois fondamentales : Le Bret, *De la souveraineté du roy*, chap. IV et suiv., p. 7 et suiv.

(2) « Quant aux lois qui concerne l'état du royaume et de l'établissement d'iceluy d'autant qu'elles sont amenées et unies avec la couronne, le prince n'y peut déroger, comme est la loi salique : et quoi qu'il fasse, toujours le successeur peut casser ce qui aura été fait au préjudice des lois royales et sur lesquelles est appuyée et fondée la majorité souveraine. » Bodin, *Les six livres de la République*, liv. I, chap. VIII, p. 137.

C'étaient là les lois fondamentales incontestées, mais il y en avait d'autres plus discutées. Le Parlement voulait, par exemple, faire admettre son droit de vérification et de remontrance comme une loi fondamentale ; bien plus, on tendait à reconnaître comme une loi fondamentale l'obligation pour le roi d'être catholique et c'était, en vertu de cette loi fondamentale, que les États généraux de la ligue, avaient été réunis à l'effet d'élire un nouveau roi, et c'était pour leur obéir qu'Henri IV avait abjuré.

Les protestants n'auraient-ils pas pu faire reconnaître l'Édit comme une loi fondamentale ? Il y avait des difficultés en fait et en droit.

En fait, la sanction des lois fondamentales était presque toujours illusoire. Les États généraux devaient veiller à leur maintien, mais leurs protestations étaient platoniques, en outre, ils étaient en grande majorité hostiles aux réformés. Les Parlements auraient pu aussi protester, mais leur hostilité était non moins grande, et leurs protestations n'auraient pu tenir long-temps contre les jussions expresses du roi et auraient été abolies par un lit de justice. Du vivant du roi, il n'y avait pas de sanction. La seule était qu'à la mort du roi le successeur pouvait abroger la loi faite contrairement aux principes fondamentaux. En fait c'eût été une solution illusoire.

En droit c'eût été une solution impossible, car il y avait une grande difficulté à faire considérer l'Édit comme une loi fondamentale ; c'est qu'il n'y avait guère que les États généraux qui pussent accorder à une loi cette qualité. En théorie on considérait que l'ensemble des pouvoirs de la souveraineté résidait dans le corps de la nation qui les avait délégués à un roi et à ses successeurs sous certaines conditions ; ce qui faisait que quand un roi allait contre ces conditions, il cessait d'être souverain sur ce point, ce qui faisait aussi que c'était au corps de la nation et à ses représentants les États généraux qu'il appartenait de fixer et de régler les nouvelles lois fondamentales. Il aurait fallu l'intervention des États généraux par conséquent pour donner à l'Édit le caractère d'une loi fondamentale.

L'Édit était donc perpétuel et irrévocable non comme loi fondamentale, mais comme édit solennel basé sur un traité et assurant au souverain l'existence d'une partie de ses sujets.

On objectait à ce caractère perpétuel et irrévocable de l'Édit le fait de nombreuses ratifications auxquelles il donna lieu.

Nous trouvons une première ratification de l'Édit faite par la régente à l'époque de la minorité de Louis XIII, le 22 mai 1610 (1), une autre lors de la majorité de ce prince le 1er octobre 1614 (2), puis une série de ratifications à l'occasion des troubles qui agitèrent constamment les réformés jusqu'à la prise de la Rochelle : en mai 1616 (3), le 27 février et le 27 mai 1621 (4), le 19 novembre 1622 (5), le 10 novembre

---

(1) Isambert, XVI, p. 5.
(2) *Id.*, XVI, p. 52.
(3) *Id.*, XVI, p. 87.
(4) *Id.*, XVI, p. 141.
(5) *Id.*, XVI, p. 144.

1623 (1), en mars 1626 (2), le 8 juillet 1643 à l'avènement de la régence (3) et le 21 mai 1652 (4) lors de l'édit de Nîmes. Ces ratifications ne pouvaient passer comme des marques du caractère irrévocable de l'Édit. On ne doit les considérer que comme des attestations solennelles données par le roi pour rassurer ses sujets. C'était dit en propres termes dans la déclaration du 22 mai 1610. Il y était dit que l'Édit étant perpétuel et irrévocable n'avait besoin d'être confirmé par aucune déclaration (5). Et au lendemain de la mort de Louis XIII la déclaration du 8 juillet 1643 avait laissé aux protestants « l'exercice libre et entier de leur religion et bien que l'Edit de Nantes fût perpétuel, l'avait confirmé autant que besoin était. »

En résumé nous avons donc, quant à nous, tendance à voir dans l'Édit un traité irrévocable, non pas comme une loi fondamentale du royaume, car la caractéristique de l'Edit était d'avoir été consenti en dehors des États et de la majorité de la nation, mais comme une promesse sacrée de la Royauté, promesse qu'elle devait d'autant mieux tenir, qu'elle avait par la suite retiré aux réformés leur garantie de fait : les places de sûreté. Ce qui nous amène à parler de celles-ci.

(1) Isambert, XVI, p. 146.
(2) *Id.*, XVI, p. 191.
(3) Benoit, III, 1ᵉ p., preuves 3.
(4) Benoit, III, 1ᵉ p., preuves 38.
(5) Benoit, II, p. 8.

SECTION II. — Garantie de fait de l'Edit. — Les places de sûreté.

Les réformés du reste ne s'étaient point fait d'illusions sur toutes ces théories, et ils savaient bien que dans un royaume où tout le monde était contre eux, en particulier les corps judiciaires et les parlements, il n'y avait pas de grandes espérances à fonder sur une garantie légale de l'Edit. Ils savaient qu'on ne les respecteraient que tant qu'on les craindraient, et c'était là, comme ce le sera toujours, la seule garantie tout à fait sûre des conventions. C'est pour cela qu'ils avaient pris une garantie de fait en stipulant la conservation de places de sûreté. Par ce moyen, ils conservaient en mains de quoi faire la guerre tout en signant le traité de paix, et à vrai dire, le roi ne leur cédait que des places de sûreté qu'il n'avait pas dans sa puissance et qu'il n'aurait pu leur reprendre sans guerre. Les motifs de cette demande étaient donc très simples et sont exposés du reste avec une grande franchise par l'historien de l'Edit : « Ils savaient... qu'on ne tient parole qu'à ceux qu'on craint, et qu'ainsi on pouvait bien ne la leur tenir qu'autant de temps qu'il y aurait péril à la violer ». Les réformés disaient aussi en faveur du maintien de ces places de sûreté que le reste du royaume était armé (1), ce qui n'était pas tout à fait exact, qu'il fallait leur laisser un grand nombre de places parce qu'aucun capitaine ne

____

(1) Benoit, I, p. 240.

consentirait à voir rendre plutôt la sienne que celle des autres capitaines, enfin que c'était un moyen d'activer les conversions, chaque gouverneur qui se convertissait à la réforme était dans l'espoir de pouvoir conserver sa place comme place de sûreté (1). Il est clair que ces trois dernières raisons étaient mauvaises et que la dernière était même extraordinaire.

La seule valable était celle que nous avons énoncée d'abord : un traité conclu par deux partis n'est conservé qu'autant que chacun conserve en mains les forces qui ont obligé l'autre à le conclure et ont limité leurs prétentions réciproques.

Il est vrai que par ce moyen on formait un État dans l'État comme on le reprocha souvent aux réformés, quoique leurs partisans fissent beaucoup d'efforts pour montrer le contraire en affirmant que la conservation étant le but des sociétés, les réformés avaient dû prendre les mesures nécessaires à cette conservation, surtout alors qu'étant les plus faibles, ils avaient dû prendre des garanties contre leurs adversaires.

Les raisonnements sont exacts, mais ne répondent pas à la question. Une fois que la souveraineté se voit opposer à sa puissance une puissance égale, elle est détruite sur ce point. Toutefois, ce qui montre que les principes n'étaient plus très bien vus à l'époque de l'Édit et que la demande des places de sûreté était bien dans la nature des choses et des opinions du temps, c'est qu'en 1617, nous voyons les cahiers du clergé demander au roi

(1) Benoit, I, p. 291.

quatre villes de sûreté en Béarn (1), mais ce qui montre aussi qu'elles étaient contraires à l'intérêt de la Royauté fut qu'elle refusa le plus possible à satisfaire à ces demandes et songea toujours à récupérer les places qui lui avaient été enlevées.

Nous étendre sur ce point est encore peu utile en ce moment, nous envisagerons cette question plus à fond quand nous verrons les inconvénients des places de sûreté dans la troisième partie de cette section qui examinera successivement le nombre et l'organisation des places de sûreté, leurs inconvénients et leur disparition.

§ 1. — **Nombre et organisation des places de sûreté.**

Le premier édit où il fût parlé de villes de sûreté fut l'édit de 1570 ; on en donna quatre aux réformés pour deux ans. Ce nombre fut augmenté et porté à huit par l'édit de 1576. Au moment de l'édit de Nantes, les réformés s'étaient affermis dans un grand nombre de places, si bien qu'ils en tenaient plus de deux cents petites ou grandes (2), dont cent capables d'attendre une armée, ce qui fit que le roi, pour ne pas effrayer les catholiques par un état des places qu'il laissait aux réformés, convint avec l'assemblée de Châtellerault qu'on en donnerait simplement un état palliatif où on n'en nommerait que quelques-unes ; il y avait un état secret pour l'assurance du reste.

(1) Benoit, II, p. 247.
(2) Benoit, I, p. 222, 242.

Il y avait deux espèces de places que les réformés avaient en garde. Les unes étaient des sortes de villes libres, les autres des places ayant des gouverneurs et des garnisons.

Les premières qui n'avaient ni gouverneur ni garnison et qui se gardaient elles-mêmes étaient des villes quasi-libres. Tout s'y faisait au nom du roi, mais les magistrats étaient élus et exerçaient leurs fonctions avec une grande indépendance ; la force publique était en outre organisée par ces villes elles-mêmes et les bourgeois armés. Parmi ces villes il faut compter entre autres Nîmes, Montauban et surtout la Rochelle dont l'indépendance était basée, prétendaient les réformés, sur des traités conclus avec la couronne.

Les secondes avaient des gouverneurs et des garnisons et leur situation dépendait en grande partie de ces maîtres, qui étaient tantôt des seigneurs particuliers les ayant dans leurs possessions, tantôt des envahisseurs qui les avaient prises durant les troubles, tantôt des gouverneurs, nommés par le roi.

Pour étendre encore le nombre de ces villes, les réformés usaient d'un moyen analogue à celui qu'ils semblaient avoir employé pour augmenter le nombre des lieux d'exercice par les annexes. Ils recoururent à la théorie des villes ou places de mariage. La ville ou place de mariage n'était pas une ville de sûreté proprement dite, soit parce que sa garnison était une annexe, un détachement de la garnison d'une place principale, soit parce qu'elle se trouvait englobée sous le nom des places voisines les plus importantes, soit parce qu'elle n'avait pas de garnison propre (1). En outre, ils voulurent faire admettre que chaque fois qu'un gouverneur embrasserait la religion réformée, au lieu d'être obligé de désarmer et de rendre sa place à l'issue de la guerre, comme cela devait se faire, il la conserverait comme place de sûreté (2). C'est ainsi que l'assemblée de Saumur de 1611 demandait que Sènevières, gouverneur de Châtillon-sur-Indre, conserva sa place désormais, comme place de sûreté. Ce qu'il y avait d'injuste dans ces prétentions c'est que les réformés n'admettaient pas la réciprocité et voulaient que, chaque fois qu'un gouverneur réformé d'une ville de sûreté se faisait catholique, il perdît la place et sa charge. Ceci faisait partie de leurs réclamations à l'assemblée de Saumur (3).

La Cour cherchait à limiter ce nombre et voulait ne voir que les places appartenant au roi parmi celles qu'on devait considérer comme places de sûreté, dont la possession était garantie par les brevets. On parvint de la sorte et par d'habiles manœuvres, en leur concédant des brevets par lesquels ils étaient censés tenir la place au nom du roi, à reprendre au maréchal de Bouillon ses places sans protestations de l'assemblée de Châtellerault. Parfois même on recourait à la force, aux surprises. Ils perdirent ainsi plusieurs places par suite de conversion de seigneurs, fréquentes dès l'année 1608. C'est ainsi que Caumont, Tartas, Mont-de-Marsan furent perdues successivement. Le roi en outre refusa de comprendre les places dites de mariage parmi les places

(1) Benoit, I, p. 252.
(2) Benoit, II, p. 26.
(3) Voir des exemples dans Benoit. II, p. 20-21.

de sûreté, et ne voulut voir celles-ci que dans celles qui étaient contenues dans le brevet du 14 mai 1598 (1).

En réalité le nombre des places des réformés était véritablement considérable. Il l'était même trop, et quelques-uns eussent voulu voir les réformés abandonner le plus grand nombre de ces places pour concentrer tous leurs efforts dans un petit nombre de villes que l'on aurait rendues formidables.

On préféra conserver cette foule de places et on se flatta que l'organisation qu'on saurait leur donner, permettrait de les utiliser toutes et d'en centraliser le gouvernement. Cette organisation avait fait de nombreuses difficultés, comme nous l'avons vu, lors de la rédaction de l'Édit, particulièrement au sujet du paiement des gens de guerre et de la nomination du gouvernement. On était arrivé à s'entendre sur le premier point. Le paiement des gens de guerre, se faisait suivant deux états, l'un public, l'autre secret, car on craignait d'effrayer les catholiques en leur dénombrant les forces des réformés ; aussi c'était la plus petite somme qui se trouvait sur l'état public. Pour son paiement on usait des moyens ordinairement employés pour le paiement des garnisons. L'on fournissait des feuilles analogues aux situations qu'on emploie actuellement dans l'armée et l'on était payé par le trésorier extraordinaire des guerres. Pour l'autre somme on payait sur de simples rescriptions dans les généralités où les places étaient situées (2). Le brevet du 31 avril 1598 avait promis cinq cent

(1) Benoit, II, p. 68.
(2) Benoit, I, p. 252.

quarante mille livres, cette somme fut diminuée par la suite, comme on le voit par les cahiers de l'assemblée de Saumur, qui réclamaient vainement qu'on exécutât l'ancienne promesse (1).

Le roi qui trouvait déjà bien dur de payer des garnisons pour mettre sa puissance en échec, aurait voulu se dédommager en acquérant une influence prédominante pour la nomination des gouverneurs des places. Il aurait de la sorte choisi les personnes qui lui auraient paru le plus favorables à sa cause ; en outre il y avait un autre motif à cette exigence. Le roi voulait nommer au gouvernement des places de sûreté, avant que le nommé prît l'attestation du colloque pour qu'il ne parût pas que ce fussent les réformés qui nommaient aux gouvernements. Les réformés craignaient que cela ne donnât trop d'influence sur les gouverneurs à la Cour(2). Il y eut sur ce point de grandes discussions. On finit par admettre que le roi nommerait les gouverneurs des places, mais que ceux-ci prendraient l'attestation du colloque. Il y avait ceci de particulier dans cette manière d'agir, comme le remarque l'historien Benoit, qu'ordinairement les sujets nomment au roy, et le Roy accepte ou refuse : ici 'e roy nommait et les sujets pouvaient refuser. Le colloque devait donner les raisons de son refus. Par la suite la Cour tenta quelquefois de se passer de l'attestation du colloque, ce qui amena des protestations. L'assemblée de Saumur, dans l'article 50 et 51 de ses cahiers, demandait au roi d'accorder que

(1) Benoit, II, p. 68 et 69.
(2) Benoit I, p. 222, 241, 242.

les gouverneurs des places de sûreté ne pussent les résigner sans le consentement des églises de la province et qu'il ne fut point permis de pourvoir aux charges des lieutenants aux gouvernements sans le consentement des gouverneurs de la place. Le roi répondait d'une façon vague (1).

Les réformés voulaient avoir la pleine direction des places de sûreté tant au point de vue de l'organisation intérieure de ces places qu'au point de vue de l'organisation extérieure. Au point de vue de l'organisation intérieure, les réformés auraient même voulu faire régner une très exacte discipline dans les places de sûreté. L'assemblée de Saumur de 1611 chargeait les conseils provinciaux de veiller à l'état des places de sûreté (2), de députer des personnes capables, pour faire la visite de ces places et la revue des garnisons, et pour s'assurer de la religion des soldats qui ne devaient être originaires ni de la ville ni des faubourgs. Le gouverneur de la place ne devait toucher que le tiers de la somme affectée à la garnison, il devait donner quittance des deux autres tiers dans les mains des personnes nommées par les conseils provinciaux, personnes qui devaient payer les gens de guerre et les frais de la place. Dans le cas où le roi donnerait des sommes pour des réparations et fortications des places, les gouverneurs devaient indiquer l'emploi de ces sommes et le conseil les inspecter ; c'était le conseil qui devait faire faire les devis, les proclamations, les adjudications, les baux à rabais, etc.

(1) V. les cahiers de l'assemblée. Benoit, II, *Preuves*, p. 23.
(2) Voir le règlement général dans Benoit, II, *Preuves*, p. 7 et 8.

Les gouverneurs devaient veiller aussi à l'entretien des magasins des places et au remplacement des vivres (1).

En réalité, ces beaux règlements n'existèrent jamais que sur le papier et ne furent jamais appliqués. Les gouverneurs étaient en fait indépendants, leurs magasins étaient souvent vides, leurs effectifs réduits, leurs fortifications en mauvais état et leur fidélité douteuse. La surveillance des conseils provinciaux sur l'orgasation intérieure ne semble pas avoir été appliquée.

L'organisation extérieure théorique était aussi belle, mais aussi illusoire. Ces places de sûreté, les réformés avaient essayé de les englober dans une organisation plus forte : le cercle. Cette division en cercles était imitée de l'Allemagne, mais elle semble n'avoir été à l'origine qu'une division mouvante et temporaire (2).

Chaque province réformée formait cercle avec celles qui l'environnaient immédiatement. C'est ainsi que la province de Saintonge en 1612 voulant trancher la querelle qui s'élevait entre le duc de Rohan et de Rochebeaucourt, son lieutenant, au sujet de St-Jean d'Angely, convoqua en cercle la Rochelle, la basse Guyenne, le Poitou, l'Anjou, la Bretagne. Ce cercle devait se réunir à la Rochelle le 20 septembre et comprendre deux députés de chaque province (3). Mais plus tard au dernier moment de la puissance politique

(1) Benoit, II, p. 59, 60.
(2) Il y avait bien eu une division en dix provinces à l'assemblée de Ste-Foy, mais elle ne paraît point avoir eu un but principalement militaire, et Benoit semble faire une distinction entière entre les provinces et les cercles.
(3) Benoit, II, p. 109, 110, 353, 354.

des réformés en 1621 l'on songea à faire de ces cercles une organisation fixe. Toutes les églises du royaume étaient divisées en cercles qui devaient avoir chacun leur général et fournir une certaine partie des hommes et des deniers nécessaires à la défense commune. C'était exactement l'organisation allemande.

Ces cercles étaient d'inégale étendue, suivant le nombre d'églises et de places fortes. Il y en avait huit. Celui de l'Ile de France, de la Normandie, de la Picardie, de la Champagne, de la Beauce, du Berry, de l'Anjou, du Maine, du Perche, de la Touraine, moins l'Isle Bouchard que l'on avait joint à un autre cercle ; mais c'étaient là des improvisations qui ne purent tenir devant les armes du roi ; il leur manquait une préparation et une organisation sérieuse et surtout une direction générale et unique.

Cette direction unique les réformés ne l'eurent que pendant les guerres de religion. Elle avait été d'abord mise entre les mains du prince de Condé, puis du duc d'Alençon, elle exista tant qu'Henri de Navarre ne fut pas Henri IV. Ce chef, ce protecteur de leurs églises était par cela même un personnage puissant dans le royaume, un véritable souverain, quoiqu'on ait prétendu qu'il n'y aurait eu là qu'un intercesseur autorisé dont l'inutilité aurait été complète si l'on avait laissé les réformés en paix.

Quand on soupçonna Henri de Navarre de vouloir changer de religion, on agita au colloque de St-Jean d'Angely, la question de savoir s'il ne fallait pas choisir un autre protecteur, ce dont le prince s'offensa. On songea en 1594 à conférer cette qualité à l'électeur palatin, mais les consistoriaux refusèrent de se soumettre à ce qu'ils appelaient la tyrannie protectorale : il y en eut même qui en 1603, proposèrent encore le protectorat de Jacques II, roi d'Angleterre, successeur d'Elisabeth, ce qui fut rejeté, par suite de la faiblesse du prince et des efforts de Henri IV (1).

En fait, le titre de protecteur avait disparu dès l'année 1594 à l'assemblée de Ste-Foy. On ne pouvait laisser le roi qui avait changé de religion, se dire le protecteur des églises, cela scandalisait aussi les catholiques. On laissa tomber le titre de protecteur et on remplaça sa direction par celle d'un conseil général qui devait avoir toute autorité. Ce fut ce conseil qui obtint après quatre ans d'efforts la rédaction de l'Edit (2).

Malgré ce succès du conseil général, il est permis de penser que ce fut une faute de la part des réformés de ne pas avoir essayé de maintenir le titre de protecteur au roi et de ne point avoir fait tous leurs efforts pour le faire admettre par l'Église catholique, ce qui aurait établi d'une façon fixe leur situation qui resta toujours indécise vis-à-vis du souverain.

Lors des guerres sous Louis XIII, on essaya bien encore de retrouver la protection unique qui manquait. L'on tenta de faire intervenir les ambassadeurs d'Angleterre au traité de Loudun, mais le conseil de France ne permit à l'ambassadeur d'y paraître qu'en qualité de témoin (3). En 1626, les Rochellais consentirent à une première paix sur la garantie du roi d'Angleterre qui

(1) Benoit, I, p. 62-68, 128.
(2) Benoit, I, p. 127.
(3) Benoit, II, p. 199.

leur assurait la démolition d'un fort près de leur ville. Mais ce n'était pas une promesse faite en forme d'acte public que le conseil n'aurait pas toléré, c'était un simple écrit des ambassadeurs qui ne fut pas observé (1).

A défaut d'un protecteur, les réformés cherchèrent un général qui dirigea tous leurs efforts. Mais là encore ils s'y prirent trop tard. Lesdiguières leur refusa et le duc de Rohan ne put résister aux efforts de l'armée royale et au pouvoir désormais centralisé, dont Richelieu dirigeait alors l'effort.

Les places de sûreté devaient disparaître, leurs inconvénients se faisaient par trop vivement sentir.

§ 2. — Inconvénients des places de sûreté et leur suppression.

Il suffit de parcourir l'histoire, même chez les apologistes des réformés, comme Benoit, pour comprendre combien ces places de sûreté furent un embarras pour le pouvoir royal, et il suffit de ce que nous avons dit pour le démontrer *a priori*. En réalité, la puissance publique, la souveraineté était démembrée et si les réformés avaient obtenu le succès qu'ils désiraient et avaient pu observer l'organisation qu'ils avaient édictée, l'on serait arrivé à une division en pays catholique et pays protestant, analogue à celle qui déchira en deux les Pays-Bas.

Appuyés sur ces places de sûreté, les réformés pouvaient, à une époque où le royaume était divisé, dicter

____

(1) Benoit, II, p. 458, 459.

la loi au souverain. C'est ainsi qu'à la mort d'Henri II le duc de Bouillon avait proposé au prince de Condé de se mettre à la tête des réformés pour lui faire obtenir la régence (1). Il semble que l'assemblée de Saumur de 1611, qui avait fait renouveler le serment d'union et avait émis des prétentions très étendues, ait débattu la question de la guerre (2). On voit les mêmes menaces de faire mettre en campagne les armées réformées se renouveler en 1614, 1615, à l'Assemblée de Nimes la même année, etc. Il est vrai que c'étaient souvent des seigneurs turbulents qui se lançaient en avant sans l'aveu des assemblées ; néanmoins, on comprend que la Cour avait là, sur la tête, un glaive perpétuellement suspendu, qui pouvait tomber au moment où l'on s'y attendait le moins, d'autant plus que les réformés s'occupaient non seulement de la politique intérieure, mais aussi de la politique extérieure. Ils s'opposaient avec la même énergie à la réunion du Béarn à la France (3), qu'au mariage du roi avec l'infante d'Espagne, se réunissaient sans l'agrément du roi, comme l'assemblée de la Rochelle (4), étaient en relations avec l'Angleterre et les Provinces Unies qu'ils tenaient au courant de leurs querelles et voulaient faire intervenir dans leurs guerres (5).

Sans doute, il ne faut pas juger ces faits avec l'esprit moderne, y voir un démembrement de la patrie conçu et

(1) Benoit, II, p. 14.
(2) Benoit, II, p. 34.
(3) Benoit, II, p. 236.
(4) Benoit, II, p. 238.
(5) Benoit, II, p. 198, 404.

voulu. A l'époque où nous nous plaçons, ces idées ne sont que dans la masse. C'est le lien religieux et le serment au roi qui réunissent les hommes encore plus que le lien avec le sol. Quand le roi est douteux, il ne reste plus que le lien religieux. On peut donc excuser les réformés à ce point de vue de bien des choses, mais on ne peut nier le danger que cette organisation faisait courir à la Royauté et combien celle-ci était frappée par ces places de sûreté. Le fait qu'Elie Benoit considère comme une grande marque de confiance, ce fait par les réformés de recevoir le roi, lors du voyage qu'il fit dans le midi, avec des troupes dans toutes les villes de sûreté (1), montre combien étaient grands les inconvénients de ces villes.

Leur suppression était donc désirée en fait et en droit. On faisait valoir que quand Henri IV les avait accordées aux réformés il n'avait pas été fâché de les voir l'aider à contenir la ligue, et que ce motif de leur livrer des places n'existait plus ; que le même prince commençait avant sa mort à retirer ces places indirectement en demandant aux gouverneurs des promesses par écrit, qu'ils les garderaient pour son service ; que ces villes n'avaient pas été données aux réformés, mais aux princes du sang qui les commandaient ; que la parole et la foi du souverain leur devaient tenir lieu de places de sûreté ; qu'ils avaient abusé de ces places et enfin que le temps de leur garde était expiré (2). C'était là l'argument capital.

(1) Benoit, II, p. 132.

(2) Ces arguments sont exposés dans un traité signé par un certain francophile, traité qui parut en 1622 et que Benoit résume : II, p. 397 et 398.

En effet la suppression des places de sûreté était d'autant plus facile qu'elles n'étaient pas promises par l'Edit mais formaient simplement la matière d'un brevet du 30 avril 1598 (1) et qu'elles n'avaient été accordées que pour un certain temps. La conservation des places de sûreté, n'était qu'un dépôt qui devait se terminer dans un délai fixé et dès que les réformés n'auraient plus à craindre que l'Edit ne fût pas exécuté (2). Ladite conservation n'avait été donnée que pour huit ans lors de l'Edit de Nantes. L'assemblée de 1695 obtint la permission de les tenir encore quatre ans par un brevet du 1er août, et même on lui fit encore gagner un an en déclarant que les huit ans accordés à Nantes ne couraient que du jour de la vérification de l'Edit dans tous les parlements (3). Les cahiers de l'Assemblée de Saumur de 1611 demandèrent dans leur article 53 une prolongation de dix ans ; on ne voulut leur accorder que cinq ans (4), délai qui fut encore étendu, car en 1615 on leur prolongea de six ans la garde des villes d'otages ; cela était forcé. « Il semblait, dit Benoit, que la Cour le faisait plutôt par force que par bonne volonté, parce qu'elle ne pouvait faire autrement (5). » En 1620 le roi renouvela encore pour cinq ans cette garde. Sur ces entrefaites à l'occasion de la réunion du Béarn et de différentes plaintes la guerre éclata.

(1) Benoit, I, 247.
(2) Benoit, I, 425.
(3) Benoit, I, 426, 427.
(4) Benoit, II, p. 68 et preuves 20 et 21.
(5) Benoit, II, 178.

En 1621, le duc de Montmorency reprit Villeneuve, Wals, Privas. La même année le duc d'Epernon soumit tout le Béarn que le roi avait déjà envahi auparavant. La même année, le roi en personne reprit les autres villes que les gouverneurs lui rendirent sans résistance après quelques marchandages (1). On rasa les fortifications de beaucoup de ces villes. Le roi réduisit aussi le Poitou, la Saintonge et la Guyenne, en tout plus de quatre-vingts villes avant son édit du 19 octobre 1622 qui laissait aux réformés le reste de leurs places, non à titre de sûreté de mariage ou d'otage comme auparavant mais par concession gratuite, ce qui changeait le nom sans changer la chose (2). Le roi se déchargeait du paiement des garnisons qu'il devait pour le passé.

Il n'y eut là qu'un arrêt provisoire dans le mouvement qui poussait la Royauté au recouvrement des places de sûreté. A la suite de diverses révoltes vint le siège et la prise de la Rochelle qui porta le dernier coup à la puissance politique des réformés (3). Privas céda l'année suivante ainsi qu'Alais ; les autres villes consternées se soumirent et par la paix du 28 juin 1629 elles consentirent à ce que toutes leurs fortifications fussent démolies dans les trois mois par les habitants. Ce traité devint l'édit de grâce de juillet 1629.

La garantie de fait que les protestants avaient essayé d'obtenir était définitivement abolie, ils ne pouvaient plus compter que sur la parole royale et sur l'interpré-

(1) Benoit, II, p. 359.
(2) Benoit, II, p. 408.
(3) Benoit, II, p. 480-489.

tation bienveillante des juges pour sauvegarder leur édit dans sa lettre ou dans son esprit.

SECTION III. — **Interprétation de l'Edit. — La tolérance.**

Le roi sachant que porter un édit n'est rien, qu'il faut le faire appliquer, avait décidé de faire jurer l'observation de l'Edit (1) par les gouverneurs et les lieutenants généraux des provinces, baillis, sénéchaux et autres juges ordinaires, ainsi que par les maires, échevins, consuls et par les principaux habitants de chaque ville. Les membres des Parlements, des cours des aides et des comptes devaient prêter un pareil serment.

Cela assurait bien l'application de l'Edit, mais cela n'indiquait pas dans quel esprit il fallait l'appliquer.

Quelle interprétation devait-on en faire ? Devait-on y voir une règle rigoureuse, une loi dont il fallait interpréter tous les termes strictement pour leur donner la moindre portée possible, ou fallait-il y voir un certain nombre de mesures types qu'il fallait interpréter avec largeur et bienveillance ? Quelle mesure devait-on adopter pour interpréter l'Edit ?

Ceci nous amène à parler de l'esprit de l'Edit qui nous indiquera mieux que toute autre considération, la façon dont il fallait l'interpréter.

Le roi n'entendait pas mettre aux mains des réformés une arme de guerre. La religion catholique restait toujours et devait rester la religion de l'Etat. Il ne semble

(1) Article 92 de l'Edit de Nantes.

même pas que le roi ait désiré un accroissement de l'influence protestante. Il comptait sur le temps et les efforts faits de part et d'autre pour reconstituer l'unité religieuse. Sous ces réserves, l'esprit de l'Edit, c'était celui de la tolérance.

Le roi voulait avant tout obtenir « une bonne et durable paix » et pour cela exiger des catholiques et des réformés qu'ils se tolérassent les uns les autres. Il le dit en propres termes dans le préambule de l'Edit :

« Mais maintenant qu'il plaît à Dieu commencer à nous faire jouir de quelque meilleur repos, nous avons estimé ne le pouvoir mieux employer qu'à vacquer à ce qui peut concerner la gloire de son saint nom et service et à pourvoir qu'il puisse être adoré et prié par tous nos sujets : et s'il ne luy a plu permettre que ce soit pour encore en une mesme forme et Religion, que ce soit au moins d'une même intention et avec telle règle, qu'il n'y ait point pour cela de trouble et de tumulte entre eux ; et que nous et ce royaume puissions tousjours mériter et conserver le tiltre glorieux de très chrestien qui a été par tant de mérite et dès si long temps acquis, et par mesme moyen, oster la cause du mal et trouble qui peut avenir sur le fait de la Religion, qui est tousjours le plus glissant et pénétrant de tous les autres. »

Il va plus loin dans l'article 1er des secrets, il prononce même le mot de « liberté de conscience », et cette liberté, l'ensemble de l'Edit montre pertinemment qu'il la veut pleine et absolue. Chacun a le droit de penser et de dire ce qu'il veut au sujet de l'une ou de l'autre religion, la seule chose limitée c'est l'exercice extérieur comme nous le verrons plus loin.

C'est sur ce motif de tolérance que repose la permission accordée à tous de résider en n'importe quel lieu du royaume, permission étendue aux ministres régnicoles et même étrangers ; la défense adressée aux prédicateurs des deux religions d'exciter leurs ouailles et d'enflammer les esprits, aux catholiques de marquer les maisons des réformés, de les appeler hérétiques. C'est le même esprit qui ordonnait aux réformés d'observer les fêtes de l'Église et de chômer avec les autres, ne voulant point qu'il y eût là quelqu'occasion de trouble, de scandale ou d'inégalité dans les professions ; qui respectait les maisons des justiciers et seigneurs fieffeux ; accordait l'égalité des charges, des droits et des honneurs ; multipliait les lieux d'exercice en ayant soin de les placer dans des endroits suffisamment écartés pour qu'ils ne donnassent pas lieu à des troubles ; qui défendait les petites querelles et chicanes ; faisait respecter la liberté des pauvres, des malades et des prisonniers. Tout dans l'Edit et dans l'esprit du grand roi qui le fit, parlait de paix, de concorde, de tolérance large.

Toutefois il ne faut pas s'abuser. L'Edit, avons-nous dit, n'était pas une arme de guerre ou de conquête mise dans les mains des réformés. Il faut insister sur ce point, car les misères que subirent les malheureux furent telles qu'on oublie trop souvent qu'ils furent aussi intolérants que leur siècle et aussi oppresseurs que leurs adversaires quand ils furent les plus forts.

Il ne permettait pas sous prétexte de places de mariage ou sous d'autres noms d'augmenter indéfiniment les places de sûreté ; sous prétexte d'annexes de porter à un nombre infini les lieux d'exercice ; sous prétexte de droit personnel d'exercice d'établir des exercices réels ; sous prétexte d'égalité des charges, de demander le partage dans les lieux où l'on était les plus faibles et de l'empêcher dans ceux où l'on était les plus forts ; de vouloir empêcher l'entrée des jésuites, capucins et autres moines dans les villes de sûreté alors que les ministres réformés étaient reçus partout ; de travailler les jours fériés, ce qui faisait une concurrence désastreuse aux catholiques ; de vendre de la viande en carême et jours de jeûne pour la même raison ; de se montrer d'une violence sans égale dans les livres et professions de foi alors qu'on protestait contre le nom d'hérétiques.

Ceci est important, car c'est presque sur tous les points où les réformés avaient déjà donné de leur côté une entorse à l'Édit, que la persécution catholique entra ; persécution violente, odieuse, de mauvaise foi comme toutes les persécutions religieuses qui n'observent plus de frein, car elles veulent venger Dieu, et que toute vengeance leur semble insuffisante.

Un certain nombre de traits échappés au roi semblaient bien indiquer qu'il comptait même voir revenir les réformés au giron de l'Église-mère. On pouvait donc sur ce point prétendre que l'Édit ne comptait point donner d'extension au protestantisme, mais simplement le fixer, l'acclimater en attendant que par la force du temps et des circonstances, suivant le rêve que formaient de nobles esprits, il se confondît avec le catholicisme. Cela pouvait permettre une application un peu sévère de l'Édit en apparence. On pouvait à la rigueur excuser l'interprétation rigoureuse, mais une chose était totalement inacceptable c'était l'interprétation de l'édit de Nantes, faite avec l'aide des édits précédant l'édit de Nantes.

« Je ne rapporterai, dit le procureur Bernard dans son explication de l'édit de Nantes (1), que les anciens édits qui peuvent aider à découvrir quel a été l'esprit et l'intention de celui de Nantes, de mesme que les arrêts qui l'ont suivi. »

Or si l'on regarde cette interprétation des précédents édits, l'on voit qu'elle consiste à prendre toutes les restrictions qui se trouvent dans ces anciens édits et à les appliquer à l'édit de Nantes, tandis qu'on refuse non seulement de leur appliquer les extensions, mais même de raisonner par analogie dans les cas où des mesures semblables étaient proposées par les édits, toutes les fois qu'il pouvait en sortir un sens favorable aux réformés.

C'était totalement inacceptable, comme étant contraire à l'esprit et à la lettre de l'édit de Nantes. L'esprit des précédents édits était tout différent. Cette prétention est en propres termes condamnée par l'article 91 de l'Edit : « Et afin que tous nos justiciers, officiers, qu'autres nos sujets, soient clairement et avec toute certitude, advertis de nos vouloir et intention ; et pour oster toutes ambiguïtés et doutes qui pourraient être faits au moyen de précédens édicts pour la diversité d'iceux, nous avons déclaré et déclarons, tous autres précédens édicts, articles secrets, lettres, déclarations, modifications, restrictions, interprétations; arrêts et registres,

______

(1) p. 21.

tant secrets qu'autres délibérations cy devant par nous ou les Roys nos prédécesseurs, faites en nos cours de parlemens et ailleurs, concernans le fait de ladite religion, et des troubles advenus en nostre dit royaume estre de nul effet et valeur ; auxquels et aux dérogatoires y contenues, nous avons pas cestuy nostre édit dérogé et dérogeons et dès à présent, comme pour lors, les cassons, révoquons et annulons. Déclarons par exprès que nous voulons que cestuy nostre édit soit ferme et invariable, gardé et observé tant par nosdits justiciers et officiers qu'autres sujets, sans s'arrêter et avoir aucun esgard à tout ce qui pourroit estre contraire ou dérogeant à iceluy. »

Malgré une prescription aussi formelle l'on faisait revivre les anciens édits en prétextant qu'ils n'étaient abolis qu'en ce qui était contraire au nouvel édit et que l'article 3 de l'édit de Nantes disait que les chambres devraient faire observer les édits, enfin que l'édit du 6 mai 1616 disait que les édits de pacification devaient être observés, alors que la prohibition des anciens édits était générale et absolue et que les autres arguments qui en eux-mêmes ne signifiaient rien, ne pouvaient affaiblir un ordre aussi formel.

Parcontre, non seulement on admettait les restrictions des anciens édits en refusant d'appliquer leurs décisions favorables, mais en outre on refusait d'admettre ou l'on écartait dans la mesure du possible les réponses favorables données par le roi aux cahiers des réformés malgré les décisions royales qui avaient déclaré vouloir :

« Que ledit édit de Nantes en tous ses points et articles, ensemble les autres articles à eux accordés, et les règlements faicts et arrestés, donnés sur l'interprétation ou exécution de l'édit et en conséquence d'icelui, soient entretenus et gardés inviolablement (1). »

« Voulons et entendons que les édits de pacification, déclarations et articles secrets vérifiés en nos cours de parlement, comme aussi les brevets et *responses des cahiers* faites par le feu roy notre très honoré seigneur et père, et nous, en faveur de nos subjets de la religion prétendue réformée soient observés et exécutés et qu'ils en jouissent selon leur forme et teneur » (2).

L'édit de Nîmes déclarait aussi que les réformés jouiraient entièrement de l'édit de Nantes et « autres édicts, articles, brevets et déclarations, registrés aux parlemens ».

On objectait que ces réponses aux cahiers n'avaient pas de valeur quand elles n'étaient pas enregistrées et que dans le cas où les réformés voudraient faire exécuter les réponses faites à leurs cahiers, il faudrait aussi faire exécuter les réponses faites aux cahiers du clergé.

Mais il était facile de répondre que dans les réponses aux cahiers du clergé il fallait distinguer celles qui donnaient une réponse ferme ou une vague espérance, un simple souhait, par exemple, celui de voir une seule religion dans tout le royaume, qui ne pouvait prêter à l'exécution, tandis que les premières seules devaient être exécutées en tant qu'elles n'allaient pas à l'encontre d'un acte aussi considérable que l'Edit auquel il ne

(1) Lettres patentes données par Louis XIII, le 28 mai 1610. *Décisions royales*, p. 10.

(2) Art. 2 de l'édit de 1616.

pouvait être porté préjudice par une simple réponse à cahiers.

Sur le point de l'enregistrement on aurait pu discuter, mais il y avait une chose indiscutable : c'est que si on refusait à ces réponses non enregistrées la valeur légale, on ne pouvait leur refuser la valeur d'indication de l'esprit de l'Edit. C'est d'après ces documents émanés pour la plupart de l'auteur même de l'Edit et indiquant exactement ses intentions, qu'il fallait rechercher l'esprit de celui-ci, si l'on avait cherché des raisons et non une condamnation prononcée d'avance.

Quant aux décisions et avis des commissaires, elles auraient pu servir de base aussi à une recherche consciencieuse, surtout les décisions données dès les premiers temps de l'Edit et que le roi, auteur de l'Edit, pouvait contrôler.

Ce fut tout le contraire que l'on fit et l'on ne voulut suivre que les avis des commissaires nommés dès le 7 septembre 1654 parce qu'ils s'étaient montrés d'une injustice remarquable et d'une intolérance outrée (1).

L'on en arriva même à ne plus chercher des raisons mais des prétextes. C'est ainsi que l'on disait que l'édit de 1624 confirmait l'édit de Nantes principalement en ce qui regarde l'exercice libre de la religion réformée, que par conséquent, il laissait la liberté de modifier le reste (2). C'est ainsi que l'on expliquait un article de l'Edit qui défendait aux parents de déshériter leurs enfants pour cause de religion, par une novelle de Justinien qui déclarait le contraire à l'égard des enfants d'héréti-

(1) Bernard, p. 17, 18, 20.
(2) Bernard, 22.

ques.C'est ainsi que sous prétexte de réprimer les fausses
annexes qui avaient permis d'étendre les lieux d'exercice, on supprima de vrais lieux d'annexe. Pour arriver
au même résultat, on feignit qu'il n'y avait qu'un exercice personnel là où il y avait un exercice réel.

Bref, on étendit démesurément toutes les restrictions
de l'Edit.

Nous verrons successivement, l'une après l'autre,
toutes ces interprétations en examinant successivement
les différents droits accordés aux réformés par l'édit de
Nantes et nous essayerons de l'interpréter dans le sens
que nous avons indiqué, également éloigné de l'extension ou de la répression sans limites.

CHAPITRE II

L'Edit débutait par une demande d'oubli du passé.
La Royauté consentait elle-même à oublier les faits délictueux qui avaient été commis, à rayer les procédures
faites pour cause de religion. Elle rétablissait ensuite
les personnes et les villes dans leurs anciens droits et
l'exercice général de la religion catholique. L'Edit admettait ensuite la liberté de conscience, le droit pour
les réformés d'aller partout sans être blessés directement ou indirectement par des vexations et des injures.
Enfin il achevait de montrer l'égalité civile qu'il établissait entre catholiques et réformés en ouvrant pleinement à ces derniers l'entrée des charges et offices.

Dans les trois sections de ce chapitre nous examinerons successivement l'amnistie et le rétablissement de
l'état précédent, les précautions spéciales tendant à
assurer la liberté de conscience, enfin l'étendue du droit
d'entrée aux charges.

Nous aurons de la sorte un aperçu des mesures prises
pour assurer la liberté de conscience, et la paix de
l'état d'une façon indirecte par l'oubli du passé et l'admission aux charges d'une façon directe par des prescriptions spéciales.

SECTION I. — **Amnistie et rétablissement des situations précédentes.**

L'Edit amnistiait les faits passés, puis consentait à oublier les méfaits commis, en même temps il rétablissait les personnes, les villes et la religion catholique dans leur situation précédente.

Dans les deux paragraphes qui suivront nous étudierons successivement les dispositions employées pour arriver à ce double but.

§ 1. — **Amnistie des faits passés.**

« Que la mémoire de toutes choses passées d'une part et d'autre, depuis le commencement du mois de mars 1585 jusques à notre advénement à la couronne et durant les autres troubles précédents et à l'occasion d'iceux, demeurera esteinte et assoupie, comme de chose non advenue ; et ne sera loisible ny permis à nos procureurs généraux ny autres personnes quelconques, publiques ny privées, en quelque temps ny pour quelque occasion que ce soit, en faire mention, procès ou poursuite en aucunes cours et juridictions que ce soit. »

C'est ainsi que débutait l'article 1 de l'édit de Nantes. Le mois de mars 1585 était l'époque de la dernière prise d'armes et, le 25 juillet suivant, le roi Henri III avait fait révoquer les édits de pacification, et comme nous l'avons vu, la législation oppressive s'en était suivie.

Le roi voulut en faire cesser les effets pour l'avenir et dans une certaine mesure dans le passé. Il déclarait dans les articles 58 (1) et 59 (2) qu'il annulait toutes les sentences, jugements, arrêts, et généralement toutes les procédures faites contre les réformés, lorsque

(1) Art. 58 de l'édit : « Déclarons, toutes sentences, jugements, arrests, procédures, saisies, ventes et décrets faits et donnés contre ceux de la dite religion prétendue réformée, tant vivants que morts depuis le trépas du feu roy Henri deuxième, notre très honoré seigneur et beau-père à l'occasion de ladite religion, tumultes et troubles depuis advenus, ensemble l'exécution d'iceux jugements et décrets, dès à présent cassés, révoqués et annulés et iceux, cassons, révoquons et annulons, ordonnons qu'ils seront rayés et ostés des registres des greffes, des cours, tant souveraines qu'inférieures ; comme nous voulons aussi être ostées et effacées toutes marques, vestiges et monumens desdites exécutions, livres et actes diffamatoires contre leurs personnes, mémoire et postérité, et que les places esquelles ont esté faites pour ceste occasion, démolitions ou rayemens, soient rendus en tel estat qu'elles sont aux propriétaires d'icelles, pour en jouir et disposer à leur volonté. Et généralement avons cassé, révoqué et annulé toutes procédures et informations faites pour entreprises quelconques, prétendus crimes de lèze-majesté et autres, nonobstant lesquelles procédures, arrests et jugemens, contenans réunion incorporation et confiscation, voulons que ceux de ladite religion et autres qui ont suivy leur party, et leurs héritiers, rentrent en la possession réelle et actuelle et tous et chacun leurs biens. »

(2) Art. 59 de l'édit : « Toutes procédures faites, jugemens et arrests donnés durant les troubles contre ceux de ladite religion qui ont porté les armes ou se sont retirés hors de nostre royaume ou dedans iceluy, es villes et pays par eux tenus en quelque autre matière que de la religion et troubles, ensemble toutes péremptions d'instance, prescriptions tant légales, conventionnelles que coustumières, et saisies féodales eschues pendant lesdits troubles, ou par empeschements légitimes provenus d'eux et dont la cognaissance demeurera à nos juges, seront estimées comme non faites, données ou advenues, et telles les avons déclarées et déclarons et icelles mises et mettons à néant, sans que les parties s'en puissent aucunement aider. Ainsi seront remises en l'estat qu'elles estaient auparavant, nonobstant, lesdits arrests en l'exécution d'iceux et leur sera

ces procédures avaient eu leur religion pour cause ou pour occasion. En outre les condamnés pour faits de religion devaient être rétablis dans leurs biens tels qu'ils existaient au moment des édits, et être relevés comme les absents, de toutes les prescriptions légales, conventionnelles, coutumières, péremptions d'instance, etc. En un mot, ces parties ou leurs héritiers devaient être remises dans l'état où ils étaient avant les condamnations subies pour faits de religion.

Le roi allait même plus loin, il annulait, dans son article 60 (1), tous les arrêts et jugements donnés par

rendue la possession en laquelle ils estaient pour le regard. Ce que dessus aura lieu pour le regard des autres qui ont suivy le party de ladite religion, ou qui ont été absens de notre royaume pour le fait des troubles. — Et pour les enfants mineurs de ceux de la qualité susdite, qui sont morts pendant les troubles, remettons les parties en mesme estat qu'elles estaient auparavant sans refonder les dépens ni être tenus de consigner les amendes, n'entendant toutefois que les jugemens donnés par les juges présidiaux ou ou autres juges inférieurs contre ceux de ladite religion, ou qui ont suivy leur party, demeurent seuls s'ils ont été donnés par juges céans ès villes par eux tenues ou qui leur estaient de libre accès. »

(1) Art. 60 : « Les arrêts donnés en nos cours de parlemens ès matières dont la cognaissance appartient aux chambres ordonnées par l'édict de l'an 1577 et articles de Nérac et de Fleix, esquelles cours les parties n'ont procédé volontairement, c'est-à-dire allégué et proposé fins déclinatoires, ou qui ont été données par défaut ou forclusion, tant en matière civile que criminelle, nonobstant lesquels fins lesdites parties ont été contraintes de passer outre, seront pareillement nuls et de nulle valeur. Et pour le regard des arrests donnés contre ceux de ladite religion qui ont procédé volontairement et sans avoir proposé fins déclinatoires, iceux arrests demeureront, et néanmoins sans préjudice de l'exécution d'iceux, se pourront (si bon leur semble) pourvoir par requête civile devant les chambres ordonnées par le présent édict, sans que le tems porté par

les parlements contre les protestants, arrêts dans lesquels ceux-ci n'avaient pu faire volontairement leurs contestations. Quant à ceux rendus contre des réformés ayant procédé volontairement et sans opposer de fins déclinatoires, ils restaient valables. Toutefois, l'on permit d'intenter contre eux la requête civile devant les Chambres de l'édit. Enfin, l'on défendait d'intenter des poursuites pour les oppositions ou empêchements donnés par les réformés à l'exécution des arrêts et jugements rendus pour le rétablissement de la religion catholique, apostolique et romaine en divers lieux du royaume (1).

L'Édit comprenait en outre sur l'amnistie un certain nombre de dispositions particulières. Comme dans toutes les innovations, la première chose est de prendre les deniers des recettes, le roi donnait décharge « aux fermiers de la gabelle et autres droits du roy qui n'en avaient pas joui ou avaient payé à d'autres qu'aux receveurs de ces droits » (2). Les collecteurs, receveurs, fermiers et tous autres étaient aussi déchargés des sommes qu'ils avaient payées aux commis de l'assemblée

les ordonnances ait couru à leur préjudice, et jusque les dites chambres et chancelleries d'icelles soient establies. Les appellations verbales ou par escrit interjettées par ceux de ladite religion devant les juges greffiers ou commis exécuteurs des arrests et jugemens, auront pareil effect que si elles estaient relevées par des lettres royaux. »

(1) Art. 84 de l'édit : « Ne pourront semblablement estre recherchez ceux de ladite religion des oppositions et empêchemens qu'ils ont donnés par cy-devant, même depuis les troubles, à l'exécution des arrests et jugemens donnés pour le rétablissement de la religion catholique apostolique et romaine, en divers lieux du royaume. »

(2) Art. 71 de l'édit.

réformée ou aux gouverneurs, capitaines, consuls ou autres personnes commises au recouvrement des deniers pour payer les garnisons des places, jusqu'à concurrence de ce qui était porté en l'état de 1596 (1). Il déchargeait les réformés des tailles, subsides et autres impositions qu'ils n'avaient pas payées et qui étaient échues au moment de l'Edit (2). On les déchargeait également des conséquences « des meurtres, prises de deniers, rentes, revenus, fabrication de monnoye, fortifications des villes, prises d'armes, brûlemens et démolitions d'églises et maisons, établissement de justice en matière civile, ou criminelle ou de police, voyages et intelligences, négociations, contrats et traités faits avec l'étranger, assemblées générales ou provinciales (3). » Quant aux comptes clos et arrêtés par ces assemblées, les comptables étaient déchargés de toute revision ou convention sauf en cas d'omission de recettes ou faux acquits. Pour les comptes non encore arrêtés le roi nommait des commissaires (4). On déchargeait également de toutes poursuites ceux qui avaient fait des prises sur mer et sur terre, sur leurs adversaires de l'autre parti, pourvu que ces pièces eussent été jugées bonnes, par les chefs ou les juges de l'amirauté (5).

Les articles secrets contenaient quelques dispositions spéciales dont nous n'avons pas à parler. L'amnistie entendait faire cesser pour l'avenir toute pratique cou-

(1) Art. 80 et 81 de l'édit.
(2) Art. 75 de l'édit.
(3) Art. 77 de l'édit.
(4) Art. 78 et 79 de l'édit.
(5) Art. 84 de l'édit.

pable et particulièrement les machinations avec l'étranger (1).

Toutefois l'amnistie ne s'étendait qu'aux faits délictueux amenés par la profession de la religion réformée ou par les guerres de religion ; elle ne s'étendait pas aux actes commis contre les ordres et règlements de guerre (2), ni aux crimes de droit commun, tels que les rapts et viols de femmes, les incendies, les meurtres, les vols commis hors des hostilités et pour exercer des vengeances particulières.

Bien entendu l'amnistie n'était pas une licence de continuer les actes pardonnés pour l'avenir ; le roi n'accordait le pardon qu'à cette condition.

Cette amnistie, comme toute amnistie, rétablissait en outre les personnes, les villes dans leurs situations précédentes.

(1) Art. 82 de l'édit : « Aussi ceux de ladite religion se départiront et déserteront dès à présent de toutes pratiques négociations et intelligences, tant dedans que dehors nostre royaume, et lesdites assemblées etconseils establis dans les provinces se sépareront promptement, et seront toutes ligues et associations faites ou à faire, sous quelque prétexte que ce soit, au préjudice de nostre présent édict cassées et annulées comme nous les cassons et annulons, défendent très expressément à tous nos sujets de faire dorénavant aucunes cotisations et levées de deniers sans nostre permission, fortifications, enrolemens d'hommes, congrégations et assemblées, autres que celles qui leur sont permises par nostre présent édict et sans armes, ce que nous leur prohibons et défendons sur peine d'être punis rigoureusement et comme contempteurs et infracteurs de nos mandemens et ordonnances. »

(2) Art. 85 de l'édit.

§ 2. — Rétablissement des situations précédentes.

Ce rétablissement s'étendait aux personnes et aux villes, et en même temps aux ecclésiastiques et à la religion catholique.

Les personnes et les villes étaient ainsi remises dans leur ancien état. Les prisonniers, même ceux qui avaient été condamnés aux galères par suite des troubles de religion, devaient être élargis et remis en liberté (1). Les enfants des émigrés réformés depuis la mort de Henri II, bien que nés hors du royaume étaient déclarés français et régnicoles sans lettres de naturalisation, à la condition de revenir en France dans les dix ans. Enfin l'on devait se restituer de part et d'autre, les titres, papiers et documents divers que l'on s'était pris (2).

Les seigneurs, chevaliers et gentilshommes, tant protestants que catholiques, ayant suivi le parti protestant et dont les biens avaient été saisis et les personnes condamnées, étaient rétablis dans tous leurs biens et les jugements rendus contre eux étaient annulés. Les personnes précitées étaient conservées dans la jouissance de tous leurs biens, droits et actions, nonobstant tout jugement contraire (3).

----

(1) **Art. 73 de l'édit** : « S'il y a encore quelques prisonniers qui soient détenus par autorité de justice ou autrement mesme ès galères, à l'occasion des troubles ou de la dite religion, seront élargis et mis en pleine liberté ».

(2) **Art. 60 de l'édit.**

(3) **Art. 89 de l'édit.**

Les villes démantelées pouvaient être réédifiées et réparées par les habitants à leurs frais et dépens (1). L'on rétablissait dans leurs libertés, franchises et immunités les provinces, villes et places qui avaient pris part aux mouvements et on leur rendait leurs foires, marchés et juridictions (2).

De tous ces rétablissements les plus importants étaient ceux qui étaient faits de la religion catholique dans tout le royaume et des ecclésiastiques dans tous les biens qui leur avaient été enlevés (3).

L'Édit proclamait le rétablissement de la religion catholique d'une façon solennelle dans son article 3 : « Ordonnons que la religion catholique apostolique et romaine sera remise et rétablie en tous lieux et endroits de cestuy nostre royaume et pays de notre obéissance, où l'exercice d'icelle a esté intermis pour y estre paisiblement et librement exercée sans aucun trouble ou empeschement ; défendant très expressément à toutes personnes de quelque estat, qualité ou condition qu'elles soient, sur les peines que dessus, de ne troubler, molester, ny inquiéter les ecclésiastiques en la célébration du divin service, jouissances et perception des dixmes,

(1) Art. 88 de l'édit.
(2) Art. 5 de l'édit.
(3) Art. 72 de l'édit: « Toutes places, villes et provinces de nostre royaume, pays, termes et seigneureries de notre obéissance useront et jouyront des mêmes privilèges, immunités, libertés, franchises, foires, marchés, juridictions et sièges de justice qu'elles faisoient auparavant, les troubles commencés au mois de mars l'an 1515 et autres précédens, nonobstant toutes lettres à ce contraire et les translations d'aucuns desdits sièges, pourvu qu'elles aient été faites seulement à l'occasion des troubles, lesquels sièges seront remis et rectables ès villes et lieux où ils étaient auparavant. »

fruits et revenus de leurs bénéfices et tous autres droits et devoirs qui leur appartiennent ; et que tous ceux qui durant les troubles se sont emparés des **églises**, maisons appartenant auxdits ecclésiastiques et qui les détiennent et occupent, leur en délaissent l'entière possession et paisible jouissance, en tels droits, libertés et sûretés qu'ils avoyent auparavant qu'ils en fussent dessaisis : défendons aussi très expressément à ceux de ladite religion prétendue réformée de faire presches, ni aucun exercice de ladite religion ès églises, maisons et habitations desdits ecclésiastiques » (1).

Cet article décidait trois choses principales :

1° Que l'exercice de la religion catholique était rétabli dans tout le royaume ;

2° Que l'on rendrait aux ecclésiastiques leurs églises, maisons, biens, revenus et qu'ils seraient rétablis dans tous leurs droits ;

3° Qu'il était défendu spécialement aux protestants de faire des presches ou exercices dans les églises, maisons ou habitations desdits ecclésiastiques, ceci pour éviter les froissements.

Au sujet des biens remarquons que les églises, maisons, biens, revenus, appartenant aux ecclésiastiques, devaient leur être rendus dans l'état où ils se trouvaient avant la spoliation (1). Dans le cas où l'on aurait bâti durant les troubles sur les places ou fonds profanes appartenant à ces ecclésiastiques, ceux-ci auraient pu contraindre les possesseurs des bâtiments à acheter le

______

(1) Cpr. art. 3 de l'édit de 1570, 3 de l'édit de 1576, 3 de l'édit de 1577.

(2) Art. 4 de l'édit.

fonds sur une estimation faite soit par experts, et dans les conditions de l'article, soit par les juges du lieu, à moins qu'ils ne préférassent acheter les maisons ou bâtiments en payant leur estimation.

Une exception était faite pour le cas où les fonds et places occupés par les ecclésiastiques avaient été occupés pour des réparations ou fortifications de villes. Tant que ces fortifications existaient en vertu des ordonnances, ni les places, ni les matériaux employés ne pouvaient être revendiqués par les ecclésiastiques (1).

Les ecclésiastiques profitèrent de l'article 4 pour vouloir faire démolir les temples et couvents réformés, édifiés pendant les troubles avec les matériaux des biens ecclésiastiques démolis ; le roi le leur interdit par sa réponse aux cahiers du 21 février 1618.

Quant aux immeubles ecclésiastiques vendus sans la permission du roi, ces biens devaient être rendus à leurs possesseurs sans qu'ils eussent à payer le prix de leur achat. Le roi permettait simplement aux réformés de s'imposer pour rembourser aux acquéreurs dépouillés le prix d'achat de leurs biens. Ils devaient demander cette autorisation de s'imposer au roi qui leur délivrait des lettres patentes (2).

Il était important d'examiner ces amnisties et ces rétablissements, car jusqu'à l'édit de grâce de 1629, l'on peut dire que les réformés furent continuellement sous le coup d'amnisties semblables à la suite de leurs révoltes.

(1) Art. 5 de l'édit.
(2) Décisions royales, p. 117.

Mais une question se pose à nous. Le rétablissement complet et solennel de la religion catholique, comme religion d'État n'allait-il pas entraver la liberté de conscience dont nous avons parlé précédemment.

Nous allons voir que non, et quelles mesures le roi avait prises pour arriver à ce résultat.

SECTION II. — **Rétablissement de la religion catholique et la liberté de conscience.**

Il faut distinguer le droit individuel de choisir une religion et le droit collectif de l'exercer en public.

Le second était limité par l'Edit ; le premier au contraire était pleinement reconnu aux réformés, si bien que l'Edit n'établissait entre eux et les catholiques que cette différence, tandis que l'exercice du culte catholique était libre partout, celui de la religion réformée était limité.

A part cette différence entre les deux religions et qui se ramenait à ceci, que le catholicisme restait toujours seule religion d'État, tandis que le calvinisme n'était que toléré, la liberté de conscience la plus complète régnait et était sauvegardée par une série de mesures donnant aux réformés le droit de demeurer dans tout le royaume sans subir de vexations dans leur conscience ou dans leurs intérêts.

Voyons ces différentes mesures :

____

(1) Art. 90 de l'édit.

§ 1er. — Droit des réformés de demeurer dans tout le royaume.

Comme individus les catholiques et les réformés étaient mis sur le pied d'égalité. Il était décidé que les réformés pourraient demeurer dans tout le royaume sans être vexés ni molestés (2), et l'article 1er des secrets étendait cette faveur aux ministres et pédagogues protestants même étrangers.

Sur le premier point, il n'y eut guère de difficultés. Une restriction fut toutefois apportée à la suite de la dernière guerre de religion par l'édit de 1629 (2), qui défendait aux réformés de demeurer dans les villes de la Rochelle et de Privas. La même interdiction fut faite aux habitants de Pamiers. Ces défenses furent observées un moment, puis peu à peu les anciens habitants revinrent dans ces lieux, sans que cela pût porter le moindre ombrage à personne.

Lors de la persécution de Louis XIV, on n'oublia pas de faire revivre ces articles. Des arrêts du conseil du 11 novembre 1661 et du 16 octobre 1662 enjoignaient

(1) Art. 6 de l'édit :

« Et pour ne laisser aucune occasion de trouble et de différends entre nos sujets, avons permis et permettons à ceux de ladite religion prétendue réformée, vivre et demeurer par toutes les villes et lieux de cesluy notre royaume et pays de nostre obéissance sans estre enquis, vexez, molestez ny adstreints à faire chose pour le faict de la religion contre leur conscience, ne pour raison d'icelle estre recherchés es maisons et lieux où ils voudront habiter, un se comportant au reste selon qu'il est convenu en notre présent édict.

(2) Art. 9.

à Tonvers, Bernon et autres réformés de sortir de la Rochelle ; d'autres arrêts des 22 février et 30 septembre 1664 enjoignaient aux réformés de sortir de Privas. Un arrêt du conseil du 29 mars 1682 (1) ordonnait aussi aux religionnaires de Dijon de se retirer de cette ville dans les six mois, sous prétexte que l'exercice ne leur était plus permis dans cette ville. La même injonction fut adressée par un autre arrêt du 24 mai 1683 aux religionnaires habitant Autun (2).

A part ces restrictions, il n'y eut jamais de grandes difficultés sur la permission accordée à tout réformé de demeurer dans un lieu quelconque du royaume.

Il y en eut une très considérable en fait lorsqu'en mai 1685 Louvois imagina de pratiquer des conversions en masse, en dirigeant des troupes dans les villes et villages qu'habitaient les religionnaires. C'est alors qu'eurent lieu les fameuses dragonnades. Les dragons ne cessaient de vexer et de tourmenter les réformés jusqu'à ce que, par la crainte ou par la violence, ils eussent obtenu une abjuration (3). En fait, la liberté de conscience était supprimée et cela de la façon la plus inhumaine, mais en droit elle subsistait.

Il en fut autrement de la permission de demeurer partout, accordée aux ministres. C'est en vain qu'elle avait été reconnue par l'édit et maintenue dans les réponses aux cahiers des 15 mai 1620 et 26 juillet

(1) Isambert, XIX, p. 342.
(2) Isambert, XIX, p. 428.
(3) Voir de nombreux détails sur les dragonnades, dans Benoit, III, p. 844 et s. ; Michelet, XV, p. 261 et s.

1625 (1) ; lorsque Louis XIV voulut supprimer la religion réformée, il commença par supprimer l'exercice, mais comme les ministres restaient dans les anciens lieux d'exercice et empêchaient les conversions, en faisant des assemblées secrètes, un arrêt du conseil du 13 juillet 1682 décida que les ministres réformés ne pourraient rester ou venir habiter dans les lieux où la religion était interdite à peine de : « désobéissance, trois mille livres d'amende, d'être privés pour toujours de faire aucune fonction de leur ministère dans le royaume et d'être prononcé contre eux extraordinairement » (2).

Pour éluder la défense les ministres s'établirent dans les environs : un arrêt du conseil du 17 mai 1683 leur interdit « de faire leur demande plus près des dits endroits que de six lieues (3) ».

Un autre arrêt du 30 avril 1685, étendit la rigueur des premiers aux lieux où l'interdiction de l'exercice n'était pas encore définitivement prononcée, mais où l'on était en prévention pour l'obtenir (4), les ministres dans ce cas devaient s'éloigner à trois lieues. Les prescriptions précédentes furent renouvelées le 6 août 1685 à la veille de la révocation (5).

Bien éloignée de cette persécution avait été la prévoyance de l'Edit qui avait voulu au contraire faire respecter la liberté de conscience des sujets réformés, non

(1) Décisions royales, 121-130.
(2) Isambert, XIX, p. 394-395.
(3) Isambert, XIX, p. 427.
(4) Isambert, XIX, p. 507, 508.
(5) Isambert, XIV, p. 524.

seulement dans le royaume mais encore en dehors (1).

Le roi s'engageait à ce que les réformés ne fussent recherchés ni dans leur conscience, ni soumis à l'inquisition lorsqu'ils iraient en pays étranger. Il permettait aux émigrés, réformés ou catholiques du marquisat de Saluces de devenir français sans payer le droit d'aubaine. Il se chargea même d'écrire au duc de Savoie pour faire rétablir dans leurs biens confisqués et dans le droit de libre commerce et passage dans son pays, les réformés poursuivis par lui (2). Il permettait aussi d'avoir des livres d'édification partout où l'on se trouverait, à condition toutefois de ne pas les exposer publiquement en vente (3).

Ce droit de demeurer dans tout le royaume devait être réciproque. La bonne justice, l'intérêt et la liberté de conscience le voulaient. Malheureusement, les réformés n'étaient pas sur ce point en progrès sur leurs adversaires ; ils refusèrent dans nombre de leurs villes l'entrée aux ecclésiastiques et particulièrement aux

(1) Art. 53 des secrets :

« Sa dite Majesté écrira à ses ambassadeurs de faire instance et poursuite pour tous ses sujets, même pour ceux de ladite religion prétendue réformée à ce qu'ils ne soient recherchés en leurs consciences ni sujets à l'inquisition, allans, venans, séjournans, négocians et trafiquans par tous les pays étrangers, alliés et confédérés de cette commune, pourvu qu'ils n'offensent la police des lieux où ils seront ».

(2) Réponse aux cahiers du 18 sept. 1610, décisions royales, p. 78.

(3) Rép. aux cahiers, 31 août 1602, Décis. roy., p. 30.

moines et aux jésuites ; l'historien Benoit nous en cite
de nombreux exemples (1).

§ 2. — Garantie contre les actes pouvant opprimer la conscience.

C'eût été un vain mot que cette liberté de conscience
si elle eût permis simplement aux réformés de demeurer partout sans être inquiétés, mais les eût laissés
soumis à mille obligations, à mille usages pouvant bles-
ser leur conscience ou leurs intérêts.

L'Édit avait prévu ces cas, et plein de bienveillance,
il veillait à ce que les réformés ne fussent pas obligés
de tendre leurs maisons les jours de fêtes catholiques (2),
d'afficher devant la porte des églises dans les cas de
vente par décret (3), à ce que les réformés ne fussent
pas, à moins d'obligation personnelle, tenus à contribuer aux dépenses du culte catholique (4). Cette dernière disposition eut de la peine à se faire admettre et
le roi fut souvent obligé d'intervenir ; nous le voyons
dans les réponses aux cahiers du 19 août 1606 (5) et du
26 juillet 1625. C'est aussi pour le même motif que le
roi défendit de contraindre les réformés à prendre des
charges contraires à leurs consciences, telles que celle
du trésorier de l'hôpital St-André à Bordeaux, telles

(1) Benoit, II, p. 70, 126, 233.
(2) Art. 3 des secrets.
(3) Art. 68 de l'édit
(4) Art. 2 des secrets.
(5) *Décisions royales*, 58, 59.

que celles de séquestres de biens ecclésiastiques saisis par les décimes (1). Une sollicitude encore plus grande était due à ceux qui, par suite de maladies, se trouvaient dans des hôpitaux dirigés par des personnes d'une autre religion, ou qui par suite de condamnations, se trouvaient dans des prisons (2). L'Edit avait également veillé à ce que les malades ne fussent pas à leur dernière heure, tourmentés par des personnes voulant leur faire abjurer leur foi et le roi dans ses réponses aux cahiers de 1606 permettait aux ministres de visiter les malades. Dans ses réponses du 31 avril 1602, il défendait également de faire, malgré leur volonté, accompagner par des prêtres catholiques les condamnés à mort réformés (3).

Etablissez la plus parfaite égalité et la plus grande liberté de conscience légale, mais laissez en même temps la majorité, insulter à sa guise la minorité, la railler à tout propos, lui susciter mille de ces petites vexations de détail qui rendent la paix impossible entre les partis, vous n'aurez pas vraiment la liberté de conscience. Les haines seront toujours ravivées et l'on ne pourra jamais espérer voir entrer dans les mœurs une tolérance réciproque.

Ceci est surtout vrai dans les questions de religion, et ce l'était à une époque où les armes étaient encore dans les mains des adversaires.

Ceci nous fait comprendre que l'Edit ait veillé à ce que dans des sermons haineux l'on ne cherchât pas de

(1) Rép. au cahier, 17 avril 1712, *Décisions royales*, 92 et 93.
(2) Art. 4 des secrets.
(3) *Décisions royales*, p. 40.

part et d'autre à troubler la paix établie avec tant de peine (1). La même préoccupation se retrouve dans les réponses aux cahiers faites par le roi ; on veillera à ce que les enfants des écoles ne s'insultent pas (2), à ce que des anniversaires injurieux ne soient pas célébrés (3), à ce que dans les cas d'inobservation des fêtes légales, les poursuites ne soient pas faites par les curés (4), à ce que les jours de fêtes des protestants les portes de la ville soient ouvertes pour les commodités des réformés (5), à ce que les maisons ne fussent pas marquées (6), sous peine d'être considérés comme perturbateurs du repos public ; il leur enjoignait d'oublier et de faire cesser les querelles de fait ou de paroles, de vivre ensemble, comme « frères, amis et concitoyens » (7).

Sur tous ces points lors de la persécution, on viola ouvertement l'Edit.

Il déclarait que les protestants ne seraient pas obligés de subvenir aux dépenses du culte catholique et aux réparations des églises ; l'on chercha un biais pour tourner l'Édit. On voulut distinguer entre les réparations des églises paroissiales et les autres contributions qui se font pour le service divin à cause de

(1) Art. 17 de l'édit.
(2) Réponses aux cahiers du 13 mai 1604, *Décisions royales*, p. 49.
(3) Réponses aux cahiers du 8 avril 1609, *Décisions royales*, p. 65.
(4) Réponses aux cahiers du 13 juillet 1411, *Decisions royales*, . 84.
(5) Réponses du 17 février 1604, *Décisions royales*, p. 14 et 15.
(6) Réponses du 31 août 1602, *Décisions royales* p. 29 et 30.
(7 Art. 2 de l'édit.

confréries. Les réformés étaient exempts, en principe, des secondes, parce qu'on levait les contributions par capitation et sur les personnes; ils ne l'étaient pas des premières parce que ces dépenses étaient levées par les corps et communautés et réparties suivant la quantité de fonds possédés, sans qu'on s'occupât des possesseurs. C'est pour le même motif que l'on avait enlevé la compétence du contentieux dans ce cas aux Chambres de l'édit (1).

Il promettait aux malades et aux condamnés à mort les secours de leur religion, on y mit des entraves ridicules. L'arrêt du conseil du 4 mai et du 5 octobre 1663 et ceux des 18 et 22 septembre 1664 stipulèrent qu'il ne serait fait aucune assemblée, prière ni exhortation à haute voix qui puisse être entendue des autres malades ou prisonniers. D'autres arrêts du conseil du 11 janvier 1657 et du 25 janvier 1661, défendaient aux ministres et aux autres réformés, de chanter des psaumes dans les rues lors de l'exécution des criminels ; les ministres ne pouvaient que consoler à voix basse les condamnés à mort sans faire prières ni exhortations. Ce n'était rien encore, un arrêt du conseil du 12 mai 1665 autorisa les curés à se transporter chez les religionnaires malades assistés d'un magistrat, qui était chargé de demander au malade s'il voulait mourir ou non dans la religion réformée (2). Naturellement les curés faisaient des exhortations aux malades, aussi le roi le 19 novembre 1680, décréta que les magistrats

(1) Arrêt du 17 nov. 1664.
(2) Isambert, XVIII, p. 55.

iraient seuls. Deux déclarations du 7 avril et du 5 juillet 1681 décidèrent en outre que là où il n'y aurait pas de juges, les marguilliers se transporteraient chez les malades pour recevoir leur abjuration (1).

Il défendait les violences de langage. Sous prétexte et en arguant de ce que l'Édit rétablissait partout la religion catholique dans ses articles 17 et 3, on voulut interdire aux ministres réformés, prêcheurs et lecteurs, de procéder en leurs prêches par convices contre la messe et contre les cérémonies de l'Église catholique. Les arrêts du Conseil d'État du 11 janvier 1657, du 5 octobre 1663 et du 22 septembre 1664 leur défendaient de parler avec irrévérence des choses saintes et cérémonies de l'Église et d'appeler les catholiques dans leurs prêches d'un autre nom que celui de catholiques. Un arrêt du conseil du 30 septembre 1661 cassait une délibération prise au synode des Cévennes, déclarant que la religion réformée ne pouvait avoir de communication avec la catholique, la vérité ne pouvant avoir de communication avec le mensonge, et bannissait du Languedoc le modérateur du synode. Nous avons vu par contre avec quelle vigueur on leur ordonnait de se nommer eux-mêmes prétendus réformés, et l'on écartait le nom de réformés, d'orthodoxes, etc. C'est aussi par suite de ces principes que par arrêt de la Chambre de l'édit de Rouen du 28 juin 1663, Pierre Viger, sieur de la Blondelière, fut condamné à faire amende honorable et à payer cinq cents livres pour avoir proféré des blasphèmes contre l'honneur et

(1) Isambert, **XIX**, p. 265 et 272.

la pureté de la Vierge et avoir appelé les catholiques idolâtres et papistes.

En outre, on voulait faire revivre l'article 10 d'un vieil édit de 1561 et obliger les ministres à promettre de ne prêcher une doctrine qui contrevînt à la pure parole de Dieu contenue dans le symbole de Nicée et aux livres de l'Ancien et du Nouveau Testament (1).

On défendait aussi aux ministres de faire prêter serment au peuple de vivre dans la réformation. Le synode des Cévennes du 23 mai 1663, qui avait décidé ce nouveau serment, vit casser sa délibération comme séditieuse par arrêt du 9 juillet 1663.

Il était en outre, sous le même prétexte, par les arrêts du conseil des 23 octobre et 2 janvier 1644 (2), enjoint aux protestants, lorsqu'on portait le saint sacrement, de se retirer promptement au son de la cloche, ou de se mettre en état de respectet de révérence.

Un arrêt du 17 février 1632 condamnait aussi à faire amende honorable et à payer une amende pécuniaire des écoliers réformés qui, par dérision, étaient allés communier le jour de Noël (3).

Ces arrêts en eux-mêmes n'étaient pas blâmables. S'il était très injuste d'empêcher les réformés de jurer de rester fidèles à leur croyance, il était, à notre avis, très admissible d'empêcher les excès de langage et les provocations qui auraient pu résulter dans les rues d'attitudes indécentes observées pendant les processions.

(1) Sur ces points, Bernard, 91-96.
(2) Sur ces points, Bernard, p. 247-248.
(3) Isambert, XVI, 309.

Mais ce qui rendait odieux tous ces arrêts et leur donnait la couleur de mesures de persécution, c'était le parti pris de tout tolérer de la part des catholiques et de ne rien souffrir de la part des protestants.

Si l'on peut à la rigueur, défendre ces premières décisions, il est impossible d'excuser un édit comme celui d'août 1585 (1), qui défendait aux religionnaires : « de prêcher et de composer aucuns livres contre la foi de la religion catholique, apostolique et romaine, et de se servir de termes injurieux ou tendant à la calomnie, en imputant aux catholiques des dogmes qu'ils condamnent, et même de parler directement ou indirectement, en quelque manière que ce puisse être, de la religion catholique. » C'était empêcher les réformés d'exposer leur propre religion.

On alla plus loin, on permettait aux catholiques, d'entrer dans les temples, de prendre la parole, de réfuter ou d'injurier le prédicateur, et il était même décidé par la déclaration du 22 mai 1683 que les temples devraient « contenir un lieu à ce réservé aux catholiques » (2). Un arrêt du parlement de Rouen, n'interdisait cette discussion dans les temples des réformés, « qu'aux écoliers, domestiques et autres non capables de discuter sur la religion (3). »

Et encore nous ne parlons pas des petites vexations, telles que l'interdiction aux ministres réformés de porter des soutanes et robes à manches (arrêt du conseil

(1) Isambert, XIV, p. 527.
(2) Isambert, XIX, p. 428.
(3) Isambert, XIX, p. 430.

du 30 juin 1664) (1), le refus de leur laisser la parole dans les députations (arrêt du conseil du 16 février 1671) (2), la défense d'avoir dans leurs temples, des sièges et bancs élevés pour les magistrats (3) (arrêt du conseil du 9 février 1672), des fleurs de lys et armes du roi, des villes et communautés, des marques de magistrature ou de consulat.

Toutes ces vexations disparaissent devant les grandes que nous avons déjà vues et que nous verrons dans la suite.

C'était là autant d'infractions à l'esprit de l'Edit et aux ordres du roi qui avait refusé de comprendre les réformés parmi les hérétiques qu'il avait juré d'exterminer dans le serment de son sacre, et qui avait pris des mesures pour empêcher que les réformés ne fussent appelés hérétiques comme nous le montre la réponse aux cahiers du 31 août 1601 qui déclare que « les procureurs généraux et substituts devront informer d'office contre les prédicateurs qui appelleront les réformés hérétiques » (4), et celle du 13 mai 1604 donnant une commission au sénéchal de Bazas pour faire effacer d'une inscription de l'église, les mots *ab hereticis huguenotis* (5).

Cette préoccupation de ne pas être appelés hérétiques peut nous paraître étrange chez des gens qui voyaient dans leurs adversaires des papistes et des idolâtres et

(1) Isambert, XVIII, p. 38.
(2) Isambert, XVIII, p. 426.
(3) Isambert, XIX, p. 45.
(4) *Décisions royales*, p. 28, 29.
(5) *Décisions royales*, p. 48 et 49.

qui semblaient ne pas faire grand cas de leur censure ; mais il faut remarquer que non seulement le roi jurait d'exterminer les hérétiques par le serment de son sacre, ce qui fait comprendre le désir des réformés de sortir de cette catégorie, mais qu'aussi il y avait une série de mesures portées contre les hérétiques et rappelées en particulier au concile de Trente contre lequel les réformés protestèrent. L'une de celles qui le préoccupaient le plus était l'exclusion des charges dont l'Edit au contraire leur donnait l'accès.

Des questions de la nature la plus délicate furent suscitées à l'occasion du mariage des prêtres et des personnes entrées en religion. Ces mariages étaient particulièrement odieux aux catholiques, et en même temps, ils mettaient en jeu l'intérêt des familles. Le droit canon les considérait comme nuls, les biens de chacun des époux devaient revenir à leurs familles respectives ; en outre l'entrée en religion entraînant la mort civile, le religieux ne pouvait recueillir aucune succession en ligne soit directe, soit collatérale.

L'Edit admit cependant la validité de ces mariages (1), mais ne permit aux enfants issus de ces mariages que de recueillir les meubles, acquêts et conquêts, c'est-à-dire les biens dont leurs parents auraient pu librement disposer à l'exclusion des propres qui restaient aux familles. En outre il fut décidé que les religieux mariés ne pourraient recevoir aucune succession en ligne directe ni collatérale ; de la sorte les droits des familles étaient pleinement sauvegardés. L'Edit ne statuait que

____

(1) Art. 39 des secrets.

pour le passé, aussi l'on comprend l'arrêt de la Chambre de l'édit de Paris du 22 août 1640 qui déclarait nul le mariage d'un prêtre converti et le punissait.

Ceci nous amène à parler de la question des conversions qui fut l'une des plus brûlantes lors de la persécution sous Louis XIV.

L'Edit permettait-il aux catholiques de se convertir? on aurait pu la discuter si l'Edit n'avait nullement traité la question. Il semble bien en effet que le roi désirait la cessation de la dualité religieuse et la confusion des deux doctrines ; on aurait donc pu si on s'en était tenu uniquement à ces considérations dénier aux catholiques le droit de se convertir. On aurait pu ajouter d'autres arguments juridiques : que la religion catholique étant d'ordre public l'on ne pouvait l'abandonner sans permission expresse : que l'article 19 de l'Edit exemptait bien de toute obligation les abjurations passées mais nullement celles à venir (1).

Malgré ces raisons le contraire paraît certain. L'article 1er des secrets parle de la liberté de conscience et du droit de demeurer partout en France à ceux qui sont ou seront de la religion réformée.

Or il ne peut y avoir de liberté de conscience sans droit de changer et d'opter librement. Les mots sont et seront indiquaient en outre que la religion protes-

_____

(1) Article 19 de l'édit : « Ceux de ladite religion prétendue réformée ne seront aucunement adstraints ny demeureront obligés pour raison des abjurations, promesses et sermens qui sont cy devant faits ou cautions par eux baillées, concernant le faux de ladite religion, et n'en pourront être mobiles ni travailler en quelque sorte que ce soit ». Bernard, p. 102-105.

tante pouvait faire de nouvelles recrues. Cet argument était si décisif que l'on essayait de le tourner en refusant d'accorder aux articles secrets la même force que ceux de l'Edit. Malgré cela, sous prétexte que les articles 19 de l'Edit et 39 des secrets ne touchaient que le passé, une déclaration d'avril 1663 (1) menaçait des peines des ordonnances ceux qui se convertiraient au protestantisme ou après une conversion au catholicisme retourneraient à leur première religion. Une autre déclaration du 20 juin 1665 déclarait les relaps et les apostats bannis à perpétuité (2). Une autre du 2 avril 1666, leur enlevait les Chambres de l'édit et les déclarait justiciables des parlements (3). Il leur était interdit de solliciter leurs domestiques à changer de religion s'ils étaient catholiques, par un arrêt du conseil du 16 février 1671. Un autre arrêt du 15 juillet 1677 punissait de mille livres d'amende ceux qui suborneraient les catholiques (4).

A ce moment les fausses conversions se multipliant, le roi, pour fixer les réformés dans la religion catholique, déclara, le 13 mars 1679, que les relaps feraient amende honorable outre le bannissement (5), enfin ils étaient soumis à la confiscation des biens. On défendit en outre aux ministres et aux consistoires de les admet

(1) Isambert, XVIII, p. 24, 25.
(2) Isambert, XIX, p. 256, nous n'avons pas trouvé l'ordonnance citée.
(3) Isambert, XVIII, p. 75.
(4) Isambert, XIX, p. 174.
(5) Isambert, XIX, p. 184.

tre dans les temples (1). L'édit de mars 1683 porta à l'amende honorable et au bannissement la peine des ministres qui permettraient de faire profession de foi réformée aux nouveaux convertis et à leurs enfants (2). La déclaration du 9 juillet 1685 interdisait même aux religionnaires d'avoir des domestiques catholiques par crainte de conversions. L'interdiction de se convertir au protestantisme fut même étendue aux mahométans et aux idolâtres qui ne pouvaient être instruits que dans la religion catholique (3).

§ 3. — Garantie contre les actes pouvant léser les intérêts pécuniaires.

Une chose était à craindre, c'est que les particuliers ou les corps, ou communautés ne respectassent pas la liberté de conscience et usassent d'exhérédations ou de surcharges d'impôts pour témoigner leur mécontentement à la nouvelle religion.

L'Édit avait prévu les deux cas (4).

Il déclarait nulles toutes les exhérédations passées ou à venir basées sur le motif religieux.

Les dispositions de l'article 26 étaient claires et n'admettaient pas de double sens ; la mauvaise foi des lé-

(1) Isambert, XIX, p. 217.
(2) Isambert, XIX, p. 428.
(3) Déclarat. 25 janvier 1683, Isambert, XIX, p. 414.
(4) Art. 26 : Les exhérédations et privations soit par dispositions d'entre vifs ou testamentaires faites seulement pour cause de religion, n'auront lieu tant pour le passé que pour l'advenir entre nos sujets.

gistes trouva moyen de la déformer complètement. On
prétendit expliquer (1) l'article par une novelle de Justinien visant les hérétiques. Dans cette loi on distin-
gue entre les enfants hérétiques d'un père catholique
qui ne peuvent lui succéder et les enfants catholiques
d'un père hérétique qui lui succèdent au contraire
et auxquels le père est tenu de fournir des aliments.
« Notre article, dit le procureur Bernard, suivant cette
disposition, veut que les exhérédations faites en haine
et pour cause de religion, soit par disposition d'entre
vifs ou testamentaires soient nulles, en quelque manière
et en quelque temps qu'elles puissent être faites ; ce qui
doit estre entendu au cas que les enfants des pères de la
religion protestante réformée se soient faits catholiques. Car si les enfants des pères catholiques se sont
faits de la religion protestante réformée ils peuvent
sans doute estre déshérités suivant la disposition de
ces lois ».

Avec cette belle interprétation l'on faussait complètement la lettre et l'esprit de l'Édit.

On avait veillé aussi à empêcher que les réformés
fussent accablés d'impositions arbitraires. Aussi l'Édit
défendait que les réformés fussent surchargés et les
autorisait dans ce cas à se pourvoir devant le juge (2).
En outre il déchargeait les catholiques et les réformés
de toutes charges qui avaient été imposées de part et
d'autre sur les adversaires non consentants. Enfin il les
déchargeait des dettes créées et non payées et des frais
faits sans le consentement des débiteurs.

(1) Bernard, p. 121-123.
(2) Art. 74 de l'édit.

C'est par application de cette maxime générale que l'article 12 de l'édit de 1629 déclarait que les consuls et les particuliers qui s'étaient obligés pour les affaires des villes et communautés durant les mouvements des années 1621, 1622, 1626 et 1629 étaient déchargés du paiement des dites obligations sauf aux créanciers à poursuivre les consuls de la religion réformée pour les faire condamner à ces sommes et les départir sur eux. L'article 14 du même édit fixe le principe en déclarant que les dettes contractées par les catholiques seraient acquittées par eux seuls et que les dettes contractées par les protestants seraient acquittées par eux seuls également. Il était naturel de rendre chacun responsable de ses actes.

Il était par contre injuste de vouloir soustraire à l'obligation de payer ces dettes, les protestants qui s'étaient convertis depuis, comme cela fut décidé par l'arrêt du 23 avril 1663 (1) et du 11 janvier 1665 (2) ; on finit pour favoriser ces conversions par leur donner pour toutes leurs dettes un délai de trois ans à compter de leur abjuration, pourvu qu'ils servissent les intérêts (3).

Par contre, il n'était pas permis aux réformés de profiter de leur religion pour faire en quelque sorte une concurrence déloyale aux catholiques en travaillant les jours fériés (4). C'était là une prescription que nous avons rencontrée dans les précédents édits et qui était

(1) Bernard, p. 207.
(2) Isambert, p. 22.
(3) Isambert, XIX, p. 256.
(4) Art. 20 de l'édit.

très souvent violée par les protestants. Nous attribuons même en partie à cet abus que faisaient les réformés du travail des jours fériés, l'hostilité violente qui sembla s'être manifestée contre eux dans les corporations et les milieux travailleurs. Étant donné le nombre excessif des jours fériés existant sous l'ancien régime, les réformés avaient en travaillant ces jours-là un avantage considérable sur leurs concurrents.

L'égalité était ici établie comme elle l'avait été pour la liberté de conscience et la liberté du domicile. Cette garantie des intérêts pécuniaires des réformés nous amène à parler d'une autre garantie du même ordre qui leur fut donnée, garantie tellement importante que nous voulons en parler dans une section particulière, qui traitera du droit des réformés aux charges et aux offices.

SECTION III. — Accès des charges et offices aux réformés. — Égalité politique.

Des mesures destinées à protéger la liberté de conscience nous détachons, pour en faire une étude spéciale, celles qui concernent la libre admission aux charges.

En évitant le nom d'hérétiques, les réformés n'échappaient pas seulement à l'extermination jurée lors du sacre par le roi, mais aussi à l'incapacité de tenir aucune charge.

Cette incapacité de tenir aucune charge, le roi l'avait levée en leur faveur et les déclarait capables de toutes sortes de charges et d'affaires. Les réformés en vertu d'une décision générale, étaient déclarés capables d'exercer tous états, dignités, offices et charges publiques, royales, seigneuriales ou municipales (1). Ils pouvaient être admis également dans tous les conseils, délibérations, assemblées.

Duplessis-Mornay, l'un des chefs principaux des réformés auraient préféré une clause plus nette, donnant droit aux réformés au tiers et au quart des places (2).

C'eût été beaucoup trop étant donné le nombre des réformés et de plus on eût été entraîné de la sorte à bien des complications. Une réglementation spéciale

(1) Art. 27 de l'édit : « Afin de réunir d'autant mieux les volontés de nos subjets comme est nostre intention et oster toute plainte à l'advenir déclarons tous ceux qui font ou feront profession de la dite religion prétendue réformée, capables de tenir et exercer tous estats, dignités, offres et charges publiques quelconques royales, seigneuraïles ou des villes en nostredit royaume, pays terres et seigneuries de nostre obéissance, nonobstant tous sermens à ce contraire et d'estre indifféremment admis et reçus en iceux, et se contenteront nos cours de parlement et autres juges d'informer et enquérir sur la vie, mœurs, religion et honnestes conversations de ceux qui sont ou seront pourvus d'offices, tant d'une religion, que d'autre, sans prendre d'eux d'autre serment que de bien et fidèlement servir le roi en l'exercice de leurs charges et garder les ordonnances comme il a esté observé de tout temps. Advenant aussi vacation desdits estats, charges et offices pour le regard de ceux qui seront en nostre disposition, il y sera par nous pourvu indifféremment et sans distinction de personnes, capables comme chose qui regarde l'union de nos subjets.

Entendons aussi que ceux de ladite religion prétendue réformée puissent estre admis et receus en tous conseils, délibération, assemblées et fonctions qui dépendent des choses dessus dites sans que pour raison de ladite religion ils en puissent estre rejetés ou empêchés d'en jouir. »

(2) Benoit, p. 237.

eût été nécessaire pour chaque bailliage, aussi préféra-t-on la réglementation générale.

Ce qui marque bien à quel point le roi tenait à cette admission générale aux charges c'est qu'il ne se permit pas d'y déroger dans ses traités particuliers tandis qu'il s'était permis de déroger aux clauses générales fixant les lieux d'exercice. En un mot il semble avoir tenu davantage à faire accorder aux réformés les charges que l'exercice. Les réformés tenaient aussi énormément aux charges ; cela leur permettait de se placer et de transformer un peu l'esprit des différents corps où ils entraient.

Ce fut sur cette question d'admission aux charges que les parlements firent la plus grande opposition à l'Edit. Cette opposition fit même penser qu'ils pourraient essayer de tourner l'Edit par une fraude facile : admettre les protestants aux charges, mais les obliger à prononcer des serments ou à assister à des cérémonies contraires à leurs consciences. L'Edit l'avait prévu et ordonnait que les réformés reçus aux offices paieraient les droits d'entrée et ne seraient tenus d'assister à aucune cérémonie contraire à leur religion, telles que messes et processions (1). En outre en justice ils ne pouvaient être astreints à faire d'autre serment que de jurer devant Dieu.

C'est par application de cette maxime que « les écholiers pouvaient entrer indifféremment dans toutes les universités sans être astreints de faire aucun serment

____

(1) Art. 24 de l'édit.

à leur réception ni promotion au préjudice de leurs consciences (1) ».

C'est aussi pour cela que le roi défendait expressément d'inscrire dans les lettres d'office la clause de religion catholique, apostolique et romaine (2), et interdisait de faire prêter aux juges, avocats, procureurs, sergents, notaires et artisans à Orléans le serment de vivre selon la religion catholique, apostolique et romaine (3).

Cette admission aux charges fut utilisée par les réformés qui en profitèrent largement, en achetant les charges que créait le roi, en en demandant la création de nouvelles, en se soutenant puissamment les uns les autres, comme le font toujours les membres d'une petite minorité au milieu d'une majorité hostile. Cela leur attira l'inimitié et la haine de ceux auxquels ces charges nouvelles faisaient tort; haine d'autant plus profonde qu'elle cachait un intérêt d'argent sous un masque religieux !

Nous les voyons réclamer l'exécution d'une promesse faite par le roi le 2 avril 1598 et demander deux offices de maistres de requêtes de son hôtel (4). Le roi ne voulut pas créer deux de ces offices à nouveau, mais promit d'accéder à leur demande lorsqu'il y aurait des

(1) Réponse aux cahiers du 19 novembre 1616, *Décisions royales*, p. 112.

(2) Réponse aux cahiers, 21 août 1599, *Décisions royales*, n° 18.

(3) Réponse aux cahiers, 18 septembre 1601, *Décisions royales*, p. 22.

(4) Réponse aux cahiers du 23 juillet 1611.

vacations par suite de mort. La même demande suivie de la même réponse fut renouvelée en 1616 (1).

Dans leurs cahiers, répondus le 23 juillet 1611, nous les voyons réclamer deux nouvelles charges d'offices de conseillers à la chambre de Nérac, deux nouveaux offices de sergents royaux protestants dans chaque bailliage et sénéchaussée du ressort des parlements de Provence, Bourgogne et Bretagne, deux offices de notaires royaux à Paris et dans toutes les villes, pour recevoir les actes des réformés.

Le roi ne pouvait accorder toutes ces demandes manifestement exagérées, il déclarait lui-même que le nombre des officiers de son royaume était déjà trop grand et qu'il n'était pas besoin de l'accroître.

Pour lutter contre l'envahissement des réformés on limita d'abord, en fait, puis en droit leur nombre dans chacune des différentes fonctions et assemblées. Puis on finit par les exclure en fait complètement sous prétexte que l'Édit les déclarait capables seulement sans dire qu'il était nécessaire d'en admettre. Enfin on les exclut en droit lors de la persécution finale sous Louis XIV.

Les réformés avaient la majorité dans les villes de consulat, aussi ils ne tenaient pas à partager les places de consuls. Nous les voyons demander au roi : « de déclarer son intention estre qu'il fût procédé à l'élection des charges consulaires et autres desdites villes par les formes ordinaires anciennes et accoutumées et que tous ceux de l'une ou l'autre religion y seroient indif-

(1) Réponse du 19 novembre 1616.

féremment admis quand ils y seroient appelés par les
dites voyes ordinaires, sans adstraindre ceux qui les ont
droict d'élire et créer aux dites charges de les faire my-
parties ou en autre telle proportion de nombre de l'une
et de l'autre religion ». Le roi dans sa réponse du
31 août 1602 accéda à leur demande (1). Nous trouvons
la même demande et la même réponse faite aux cahiers
le 26 juillet 1625, le roi maintenait « les villes en leurs
privilèges, franchises et libertés de faire leurs élections
consulaires et du conseil des villes en la forme ancienne
et accoutumée (2) ».

Des modifications furent apportées pour l'élection
des consuls de la mer par un arrêt de la Chambre de
l'édit de Castres que le roi refusa d'annuler.

Toutefois les catholiques protestèrent, contre le mode
d'élection générale ; aussi une déclaration du 19 octobre
1631, enregistrée en la Chambre de Castres le 25 novembre suivant, obligea les réformés à rendre aux catholiques la moitié des consulats, et il y était dit que
dans les villes où il n'y avait que quatre consuls tous
réformés, le premier et le troisième seraient catholiques. L'arrêt disait qu'une semblable distribution devait
être faite dans toutes les autres charges politiques.

Pour tourner la déclaration de 1631, les réformés
élisaient pour premier consul catholique des incapables ou des étrangers, parfois des domestiques de
second consul réformé. Contre les étrangers un arrêt du
parlement de Toulouse du 15 décembre 1663 ordonna

(1) *Décisions royales*, p. 38.
(2) *Décisions royales*, p. 130, 133.

que les premiers consuls seraient contraints de résider dans la ville et d'assister à toutes les assemblées ; contre les incapables et les domestiques un arrêt du conseil du 7 décembre 1657 avait ordonné de mettre au consulat (de la ville d'Alais dans l'espèce) des personnes de la qualité et du rang qui devaient l'occuper.

Pour empêcher l'envahissement de réformés dans les bailliages et sénéchaussées, l'on déclara que l'on ne recevrait plus les procureurs et notaires sur les résignations qu'on faisait des offices et sur les contrats d'acquisition. En conséquence un arrêt du conseil du 28 avril 1637 défendait aux baillis et sénéchaux de recevoir aucun postulant en leur siège sans avoir obtenu des lettres de provision de Sa Majesté, et avoir justifié qu'ils avaient les qualités requises par lesdites lettres, et sur ces lettres l'on apposait la clause de religion catholique. Un autre arrêt du conseil d'Etat, du 29 mars 1664, ordonnait qu'il ne serait plus reçu à Montpellier que des notaires catholiques jusqu'à ce que ceux-ci eussent atteint un nombre égal à celui des réformés.

Pour les charges uniques, on les réserva aux seuls catholiques, ainsi les charges d'avocats du roi, greffiers de justice, sergents et huissiers, etc. (1).

On voulut empêcher aussi les seigneurs justiciers d'avoir des juges réformés.

Un arrêt du parlement de Toulouse du 29 octobre 1664, ordonnait que les seigneurs justiciers qui avaien

(1) Arrêts du 16 mai 1656 ; arrêts du 5 octobre 1663, art. 18 ; arrêts du 18 septembre 1664, art. 14.

établi des juges protestants dans leurs justices, devaient procéder à la nomination de juges catholiques dans le mois à peine de privation de leur justice (1). Le 2 décembre 1680 nous trouvons un arrêt du parlement de Paris ordonnant aux greffiers, notaires, procureurs et sergens de la religion réformée, dans les justices des seigneurs hauts justiciers, de se défaire de leurs charges (2).

A ce moment, du reste, l'on était en plein moment de la persécution et une série de mesures avaient été et devaient être prises pour expulser les protestants des offices qu'ils possédaient près des tribunaux.

En 1675, un arrêt du parlement de Rouen avait déclaré que dans la Cour de Rouen le nombre des avocats réformés ne pourrait dépasser dix, et dans les cours subalternes ne pourrait dépasser deux (3). Le 23 avril 1680, l'on va plus loin, un arrêt du parlement de Paris ordonne la destitution des officiers subalternes faisant profession de la religion réformée (4). Le 28 juin 1681, arrêt du conseil portant que les notaires, procureurs, huissiers et sergens religionnaires, réservés par les états arrêtés au conseil, seraient tenus de se démettre de leurs offices dans les six mois (5).

Un autre arrêt du 3 février 1685 enjoignait aux anciens notaires réformés de déposer leurs minutes aux greffes des justices royales (6). Une déclaration du roi

(1) Bernard, p. 50.
(2) Isambert, XIX, p. 258.
(3) Isambert, XIX, p. 151.
(4) Isambert, XIX, p. 252.
(5) Isambert, XIV, p. 273.
(6) Isambert, XIX, p. 489.

du 15 juillet 1682 avait exclu les réformés de toutes charges de notaires, procureurs, huissiers et sergens, on ne leur laissait que les fonctions d'avocats et les charges de judicature.

Un autre arrêt du conseil du 18 avril 1683 enjoignait aux procureurs réformés du parlement de Paris, de se démettre de leurs offices en faveur des catholiques dans le délai de six mois et déclarait qu'à défaut de ce fait, leurs offices seraient réputés vacants. Les actes de ces procureurs étaient désormais déclarés nuls et leurs auteurs passibles des peines du faux (1).

La même prohibition, mais plus étendue, est portée par deux arrêts du 15 juin et du 29 septembre 1682. On défendait dans le premier à tous juges d'appeler pour assesseurs ou opinans les avocats religionnaires à peine de nullité du jugement et d'interdiction de leurs fonctions, et l'on enjoignait aux seigneurs de n'établir pour juge aucun religionnaire et aux notaires, procureurs et huissiers de cesser leurs fonctions. Dans le second, on leur ordonnait de se démettre de leurs offices.

Une déclaration du 24 août 1684 complétait la disposition de juin en défendant de nommer les réformés experts dans les procès (2).

Même ordre est donné par un autre arrêt du conseil du 29 janvier 1684 qui ordonnait que les titulaires réformés des charges de conseillers-secrétaires du roi seraient tenus de se défaire dans les trois jours de leurs charges en faveur des catholiques (3).

(1) Isambert, XIX, p. 388.
(2) Isambert, XIX, p. 453.
(3) Isambert, XIX, p. 440.

Nous avons vu que la déclaration du 15 juillet 1682 ne laissait aux réformés que les fonctions d'avocat et les charges de judicature ; une autre déclaration (juillet 1685) les leur retira et déclara vouloir « qu'à l'avenir, ceux de la R. P. R. ne soient plus reçus docteurs ès lois, ès universités de notre royaume, ni au serment d'avocat en nos cours (1) ».

Les réformés se trouvèrent exclus de toute fonction judiciaire.

On les excluait en même temps des autres fonctions. Un arrêt du conseil du 17 août 1680 défendait aux receveurs généraux des finances, de traiter du recouvrement des tailles des élections avec aucune personne de la religion réformée, ni d'employer audit recouvrement aucun commis de la dite religion (2).

Une mesure particulièrement impie, fut même prise le 15 juillet 1685 : les veuves protestantes d'officiers de la maison du roi étaient déclarées déchues des privilèges attribués aux charges de leurs maris (3).

Les réformés ne pouvaient échapper à l'oppression royale en se réfugiant dans le commerce et l'industrie. Depuis l'ordonnance de 1531 de Henri III, le système des corporations avait été généralisé et tous les artisans et gens de métiers étaient tenus de prêter le serment de maîtrise devant le juge ordinaire. Henri IV en avril 1597 avait étendu le même système aux marchands et Colbert l'avait complété par une suite de règlements minutieux qui donnèrent d'abord une certaine

(1) Isambert, XIX, p. 520.
(2) Isambert, XIX, p. 252.
(3) Isambert, XIX, p. 521.

force à notre industrie, mais qui succomba bientôt comme toute création artificielle.

Sous ce système, le travail était un monopole royal et le roi pouvait intervenir dans les corporations pour en exclure qui bon lui semblait (1), comme il pouvait y introduire qui bon lui semblait par la création d'offices et des lettres de maîtrise. Il ne se fit pas faute d'user de cette arme contre les réformés. Il se contenta d'abord de leur empêcher l'accès des maîtrises puis annula leurs lettres, puis limita leur nombre, enfin il leur interdit le métier. Un arrêt du 5 octobre 1663 portait que les assemblées des maisons de ville et « des maistres jurés des mestiers, ne pourraient estre tenues, que les catholiques y étant en pareil nombre que ceux de la religion réformée ». Un arrêt du conseil du 15 août 1660 déclarait que les artisans catholiques de Montpellier devaient élire un conseil catholique du métier.

Pour les lettres de maîtrise un arrêt du conseil du 21 juillet 1664 déclarait nulles toutes les lettres de maîtrise dans lesquelles ne se trouvait pas la clause de religion catholique ; un autre arrêt du 28 juin 1665 se contentait d'annuler les lettres de maîtrise créées en faveur du mariage du roy, de la paix générale et de la naissance du Dauphin. Un arrêt du conseil du 24 octobre 1664 décida qu'à l'avenir il n'y aurait plus en la ville de Rouen que deux ouvriers monnayers réformés. Par décret du conseil d'État en date du

(1) Sur ces points, voir Esmein. Gauthier, *Précis de l'histoire du droit français*, p. 528 à 533.

21 août 1655 on défendait aux filles et femmes réformées d'exercer l'état de marchandes lingères.

A partir de ce moment les mesures de persécution se précipitent et l'on ne compte plus d'années sans en avoir à enregistrer de nouvelles.

En 1666, on défend aux protestants de tenir académie pour les exercices de la noblesse. Le 16 juillet 1669, il est défendu aux maîtres brodeurs de la religion réformée de faire des apprentis. En 1680, l'on décide que nulle femme protestante ne peut désormais être sage-femme. On défend en 1674 aux compagnies des colonies d'y envoyer des réformés. En 1685 les mesures violentes redoublent, l'on sent qu'on est à la veille de la révocation de l'Edit. Les marchands religionnaires privilégiés doivent vendre leurs privilèges. Le 22 juin, un arrêt du conseil défend de recevoir aucun maître apothicaire ou épicier religionnaire. Les libraires et imprimeurs protestants ne peuvent plus exercer leur profession. L'exercice entier de la médecine est interdit aux réformés, de même les pharmaciens et les chirurgiens ne peuvent plus exercer leur art.

Les malheureux étaient placés entre l'abjuration et la famine. On ne leur permettait pas de quitter le royaume et on ne leur permettait aucune fonction dans le royaume.

Nous avons vu le système organisé par l'Edit, et nous avons dit qu'il accordait aux réformés la liberté de conscience dans tout le royaume et l'exercice seulement dans certains lieux.

C'est cet exercice que nous voulons examiner dans le chapitre qui va suivre.

CHAPITRE III

ÉTUDE DE L'EXERCICE DE LA RELIGION RÉFORMÉE. — LIEUX OU IL ÉTAIT PERMIS.— LIEUX OU IL ÉTAIT INTERDIT. — DROITS COMPRIS DANS L'EXERCICE.

La question de l'exercice est une question des plus délicates. Les passions étaient d'une telle violence encore à l'issue des guerres de religion, que l'exercice du culte de l'adversaire de la veille n'était possible que dans les lieux où celui-ci était en forces et capable de le faire respecter.

Ce fut en partie d'après cette idée que l'on fixa les lieux d'exercice et qu'on décida de s'en rapporter aux anciennes possessions.

Une autre difficulté fut de fixer les droits compris dans l'exercice ; le culte intégral enveloppe, en effet, une partie de l'existence et comprend non seulement les hommages directs rendus à la divinité, mais une foule d'actes de la vie courante ou se rattachant par un lien plus ou moins souple au culte proprement dit.

Nous nous proposons d'étudier séparément dans les deux sections de ce chapitre, les lieux d'exercice et les droits compris dans l'exercice.

SECTION 1. — Les lieux d'exercice.

Au sujet de l'exercice un principe général domine la matière : c'est que l'exercice ne pourra avoir lieu que dans les lieux octroyés par l'Edit, par conséquent qu'il ne pourra s'étendre et se fixer en dehors de ces lieux : « Défendons très expressément à ceux de la dite religion, faire aucun exercice d'icelle, tant pour le ministère, règlement, discipline ou instruction publique d'enfans et autres en cesluy nostre royaume et pays de notre obéissance, en ce qui concerne la religion fors qu'ès lieux permis et octroyez par le présent édict » (1).

Toute manifestation de l'exercice est donc défendue, dans les lieux où l'exercice est interdit (2).

Par contre, dans ces lieux, l'exercice leur était pleinement permis. Ce droit d'exercice, accordé par l'Edit, fut fréquemment renouvelé.

Nous allons examiner successivement les lieux où l'exercice était interdit, et ceux où il était permis.

§ 1.—Les lieux où l'exercice était interdit.

Les réformés avaient demandé qu'on accordât la liberté de l'exercice dans tous les lieux du royaume. Ils furent obligés de se restreindre parce qu'il y avait des villes où l'on ne rencontrait pas de réformés, d'autres

____

(1) Art. 13 : Confirmation dans la réponse du 26 juillet 1625. *Déc. roy.*, p. 130.
(2) Bernard, p. 64.

comme Toulouse et Bordeaux où les passions catholiques étaient très surexcitées, et qui n'auraient pas souffert sans troubles une installation de réformés, d'autres enfin avec qui l'on avait des traités contraires.

Il faut dire un mot sur ces points.

Le roi, dans les articles 12, 14 et 15 de l'Edit (1), déclarait que l'exercice ne pourrait avoir lieu ni à la cour, ni au delà des monts, ni aux armées, ni dans les villes avec lesquelles il avait fait des traités contraires.

L'on tira comme conséquence forcée de ce que l'exercice était défendu à la cour, que l'exercice devait cesser dans toutes les villes où se trouverait le roi, ses sujets devant ce respect au prince de ne pas professer devant lui d'autres religions que la sienne.

Pour les armées, il y avait une exception ; l'exercice

(1) Art. 12 de l'Edit : « N'entendons par le présent édict déroger aux édicts et accords cy-devant faits pour la réduction d'aucuns puinés, seigneurs, gentilshommes et villes catholiques en nostre obéissance en ce qui concerne l'exercice de ladite religion, lesquels édicts et accords seront entretenus et observés pour ce regard selon qu'il sera porté par des instructions des commissaires qui seront ordonnés pour la vérification du présent édict. »

Art. 14 : « Comme aussi de faire aucun exercice de ladite religion en nostre cour et suite, ny pareillement en nos terres et pays qui sont au delà des monts, ny aussi en nostre ville de Paris, ny à cinq lieues de ladite ville ; toutefois ceux de ladite ville demeurant esdites terres et pays au-delà des monts et en nostre dite ville et cinq lieues autour d'icelle, ne pourront estre recherchés en leurs maisons ni adstreints à faire chose pour le regard de leur religion contre leur conscience en se comportant au reste selon qu'il est contenu en nostre présent édict. »

Art. 15 : « Ne pourra aussi l'exercice public de ladite religion estre fait aux armées sinon aux quartiers des chefs qui en feront profession, autres toutefois que celuy où sera le logis de nostre personne.

pouvait se faire dans le quartier des chefs à moins que ce quartier ne fût le logis du roi.

Les villes et les pays, dans lesquels on ne peut point exercer la religion réformée, sont pour la plupart énumérés dans les articles secrets. L'Edit ne parlait que de Paris et défendait de faire l'exercice en cette ville et à cinq lieues des environs, défense renouvelée par les articles secrets (1). C'était une longue distance puisque l'édit de 1577 (art. 10) se contentait de deux lieues et que dans l'accord fait pour la réduction de la ville, il était simplement dit qu'il ne serait fait d'exercice ni dans la ville, ni dans ses faubourgs, ni à trois lieues à la ronde.

Les articles secrets énumèrent les autres lieux, c'est-à-dire les villes et lieux dans lesquels, par suite des édits et accords intervenus au moment de la réduction des villes, il ne pouvait y avoir d'exercice (2). Ce sont les villes et faux-bourgs de Rheims, Rocroy, St-Dizier, Guise, Joinville, Fismes, Montcornet en Ardennes et la banlieue des dites villes ; les villes ramenées à l'obéissance du roi par le maréchal de Bois-Dauphin ; la ville, faubourgs et château de Morlais et son ressort, l'évêché de Cornouaille, la ville de Beauvais et les trois lieues à la ronde, la ville de Toulouse et les quatre lieues à la ronde jusqu'aux villes de Ville-mur, Carmaux et l'Isle-en-Jourdain, les villes d'Alet, Auriac, Montesquieu, Dijon et les quatre lieues à la ronde ; les villes de Châlons et le bailliage, les villes de Soissons, Agen, Périgueux, Sens, Nantes et trois lieues

(1) Art. 33 des secrets.
(2) Art. 11 à 32 des secrets.

à la ronde ; les bailliages et sénéchaussées dont le siège principal avait été ramené au roi par le duc de Joyeuse. Toutefois l'exercice pouvait être continué là où il existait déjà dans les manoirs des fiefs. Les bailliages d'Orléans et de Bourges ne devaient avoir qu'un lieu de bailliage, de même la sénéchaussée de Poitiers.

Les protestants ne pouvaient donc songer à réclamer une liberté complète d'exercice dans tous les lieux du royaume. Ils se contentèrent de demander la liberté de résider partout, comme nous l'avons vu plus haut, et l'exercice dans les lieux où ils l'avaient jusqu'alors, d'une façon plus étendue toutefois.

On s'était demandé s'il fallait mieux ou non désigner nommément les lieux d'exercice ou les fixer par une clause générale. L'on s'arrêta à ce dernier parti (1). On considéra que l'exercice devrait être accordé dans les lieux où les protestants le possédaient déjà, cette possession leur étant reconnue comme un droit. En outre pour permettre l'exercice général dans tout le royaume, l'on accordait deux lieues pour chaque bailliage.

Tous ces exercices étaient des exercices réels. Ils furent quelque peu augmentés par la suite, ainsi la réponse aux cahiers du 18 septembre 1604 déclarait que le droit d'exercice était concédé au pays de Gex (2).

A côté se trouvaient des droits d'exercice personnels accordés aux seigneurs protestants sur leurs fiefs et leurs justices.

(1) Benoit, I, p. 232.
(2) *Décisions royales*, p. 24.

Nous examinerons successivement l'exercice réel et l'exercice personnel.

§ 2. — Lieux où l'exercice était permis. — Exercice réel. — Exercice personnel.

L'exercice réel était le droit d'exercice attaché à certains lieux définitivement et qui ne pouvait disparaître par une aliénation de ces lieux à une personne catholique (1).

L'exercice personnel était un exercice attaché à certains lieux à raison de la qualité des personnes qui le détenaient, et du titre en vertu duquel elles le détenaient, droit d'exercice qui pouvait disparaître par une aliénation.

L'exercice réel conférait des droits beaucoup plus étendus que l'exercice personnel ; nous examinerons ces droits dans la suite de ce chapitre.

Nous ne nous occuperons dans ce paragraphe que des lieux où était permis l'exercice réel. Ces lieux étaient fixés de deux façons différentes : par la possession et par la concession.

La possession indiquait les lieux où, l'exercice ayant été déjà établi, il n'y avait aucun danger à le continuer à nouveau.

La concession fixait certains lieux indépendamment de toute possession ; cela permettait l'exercice principalement pour les pays où les réformés étaient disséminés et en petit nombre.

(1) Art. 10 de l'Edit.

Voyons d'abord les exercices fondés sur la possession.

Ils étaient de deux sortes et comprenaient les exercices fondés sur la possession actuelle exercée en quelque sorte au moment de la préparation de l'Edit, pendant les années 1596 et 1597, et en outre, les exercices fondés sur une possession passée qui avaient été reconnus par les traités de Nérac et de Fleix, et n'avaient point été mis en œuvre ou avaient été supprimés depuis.

L'on permit d'abord (1) aux protestants de continuer leur exercice dans toutes les villes et lieux où ils l'avaient établi depuis les édits de la ligue jusqu'à la trêve conclue entre les deux rois, et depuis la trêve ; cela fut indiqué par la clause générale des lieux où l'exercice devait être fait et continué pendant les années 1596 et 1597 jusqu'au mois d'août.

On fondait donc l'exercice sur la possession acquise pendant les années 1596 et 1597. Cette possession devait réunir tous les caractères requis pour qu'une possession pût fonder un droit. Ce devait être une possession non équivoque : l'exercice devait avoir été établi. Ce devait être une possession continue : l'on exigeait que l'exercice eût été fait par plusieurs et diverses fois. Enfin, c'est là le caractère essentiel de la possession qui veut pouvoir être invoquée comme légitime, cette possession

(1) Article 9 de l'Edit. « Nous permettons aussi à ceux de ladite religion faire et continuer l'exercice d'icelle en toutes les villes et lieux de nostre obéissance où il estait par eux establi et faict publiquement par plusieurs et diverses fois, en l'année 1596 et en l'année 1597 jusqu'à la fin du mois d'août, nonobstant tous arrêts et jugements à ce contraires. »

devait avoir été publique. Quant a la preuve, elle devait se faire selon les preuves de droit commun. Le droit concédé était en réalité considérable, car la discussion de l'Edit ayant traîné très longtemps, les réformés en profitèrent pour établir les lieux d'exercice partout où cela leur fut possible.

Nous en trouvons la preuve dans les plaintes mêmes des réformés ; ils réclamèrent parce que l'on exigeait d'eux outre la preuve de la possession de 1597, la preuve de la possession de 1596 ; ils disaient que l'Edit voulait leur accorder outre l'exercice de 1596, celui de 1597, de sorte que les exercices qui ne s'étaient établis qu'en 1597, n'auraient pas dû avoir besoin de preuves plus anciennes (1).

Les commissaires royaux exigeaient au contraire qu'il y eût une possession ayant duré les deux années de 1596 et 1597.

La possession non plus actuelle mais passée donnait un autre droit d'exercice encore plus étendu ; c'était la possession sanctionnée auparavant par l'édit de pacification de l'année 1577 et les articles particuliers et conférences de Nérac et de Fleix. Les articles 7 de l'édit de 1577 et 10 de Fleix permettaient aux protestants de continuer l'exercice, en toutes les villes, bourgs et lieux où il se trouverait publiquement fait le dix-septième jour du mois de septembre 1577.

Il y eut encore discussion. Les commissaires interprétant étroitement les termes de l'Edit demandaient une preuve d'exercice au 17 septembre 1577 et n'ad-

____

(1) Benoit, I, p. 228, 229, 257.

mettaient point d'autres preuves d'exercice accompli à d'autres jours du même mois de septembre. Les réformés réclamèrent avec d'autant plus d'énergie que le 17 septembre était un mercredi et qu'il y avait peu d'églises faisant leur exercice ce jour-là. L'on se plaignit au roi qui décida que l'on se contenterait de voir si l'exercice avait eu lieu d'une façon continue pendant le mois de septembre (1).

Voyons maintenant les droits d'exercice fondés sur la concession.

Ils étaient de deux sortes et parallèles aux droits fondés sur la possession. Ils comprenaient les droits d'exercice fondés sur la concession ancienne faite par l'édit de 1577 et les droits fondés sur la concession nouvelle faite par l'édit de 1598. Comme ces concessions ont de nombreuses ressemblances, nous pouvons les étudier en même temps.

L'article 8 de l'édit de 1577 avait accordé dans chaque bailliage, sénéchaussée, un lieu d'exercice fixé aux faubourgs d'une ville ou dans un bourg ou village. Ce lieu était accordé quand bien même il n'y aurait pas eu de possession par ailleurs. Il fut donné par les commissaires exécuteurs de cet édit et ceux des articles de Nérac et Fleix. Quelquefois il se confondait avec les endroits où la possession était acquise par des moyens que nous avons mentionnés plus haut. Ce lieu était nommé *premier lieu de bailliage*.

A ce premier lieu l'édit de Nantes en ajouta un se-

(1) Rép. du 30 avril 1602, *Déc. roy.*, p. 27 et 28.
Benoit, I, p. 383.

cond (1) en permettant aux protestants de faire l'exercice de leur religion en chaque bailliage, sénéchaussée ou gouvernement tenant lieu de bailliage, ou faubourg d'une ville et où il n'y avait point de ville en un bourg ou village. Peu importait que dans ces bailliages il y eût déjà plusieurs lieux où l'exercice était établi.

Ainsi les protestants avaient, outre les lieux où ils avaient l'exercice en vertu de la possession actuelle ou ancienne, deux lieux dans chaque bailliage. On n'en permettait point l'établissement dans les villes, mais seulement dans les bourgs ou villages ; en outre on ne permettait point l'exercice dans les faubourgs des villes où il y avait un archevêché ou un évêché. Cette prohibition fut renouvelée par une disposition de 1656 (2).

(1) Art. 11 de l'Edit. « Davantage en chacun des anciens bailages, sénéchaussées et gouvernemens tenans lieu de baillage ressortissans nulment et sans moyen ès cours de parlement, nous ordonnons qu'ès faux-bourgs d'une ville outre celles qui leur ont esté accordées par ledit édict, articles particuliers et conférences, et où il n'y auroit des villes en un bourg et village, l'exercice de ladite religion prétendue réformée et pourra faire publiquement pour tous ceux qui y voudront aller, encore qu'esdits baillages, sénéchaussées et gouvernements y ayt plusieurs lieux où ledit exercice soit à présent establi fors et excepté pour ledit lieu de baillage nouvellement accordé par le present édict, les villes esquelles il y a archevêché et éveschè sans toutefois que ceux de la dite religion prétendue réformée soient pour cela privés de ne pouvoir demander et nommer, pour ledit dudit exercice, les bourgs et villages proches des dites villes, excepté aussi les lieux et seigneureries appartenans aux ecclésiastiques, esquelles nous n'entendons que ledit second lieu et baillage puisse estre establi, les en ayans de grâce spéciale exceptés et réservés. Voulons et entendons sous le nom d'anciens baillages parler de ceux qui estoient du temps du feu roy Henry nostre honoré seigneur et beau-père, tenus pour baillages, sénéchaussées et gouvernemens ressortissans sans moyen en nosdites cours. »

(2) Isambert, XVII, p. 339 non cité.

Remarquons que, tandis que le premier lieu de bailliage pouvait être installé en tous lieux, le second ne pouvait être mis « dans les lieux et seigneureries appartenant aux ecclésiastiques ». Ce fut déclaré expressément dans la réponse aux cahiers du 19 août 1606 (1). Enfin cette permission du roi n'était donnée que pour les anciens bailliages, sénéchaussées et gouvernements existant du temps d'Henri II et ressortissant sans moyen ès cours des Parlements. Les nouveaux bailliages avec l'interprétation stricte, ne devaient pas y être compris.

Sur ces points, il y eut différents arrêts : l'un du Conseil d'État, du 5 août 1665, qui supprimait les lieux d'exercice des sénéchaussées de Fontenay, Montmorillon, le Dorat et Chatellerault, comme n'étant pas compris dans les anciennes sénéchaussées du temps de Henri II ; c'était sévère, mais au moins conforme à la loi prise dans le sens étroit. Un autre article du 5 octobre 1663 déclara contre les protestants que l'établissement de l'exercice des bailliages, étant une espèce de servitude imposée contre l'Église et au préjudice des catholiques, n'ayant plus été demandé par ceux de la religion prétendue réformée, ni établi dans le temps, ou ayant depuis été perdu, le droit qui pouvait leur appartenir était éteint, comme n'ayant pas été mis en usage, *non utendo* (2) ; ce qui nous semble contraire à l'esprit de l'Edit qui fixait une fois pour toutes dans les lieux de concessions les endroits où les réformés pouvaient exercer. Le raisonnement précédent eût

(1) *Décisions royales*, p. 54.
(2) Bernard, p. 74.

pu s'expliquer davantage pour les lieux d'exercice fondés sur la possession, encore qu'on eût dû soutenir qu'ils avaient été arrêtés une fois pour toutes par l'Edit et ne pouvaient plus être perdus.

Mais ce ne fut pas par le non-usage que les réformés perdirent le plus de lieux d'exercice, ce fut par les conditions que l'on imposa à la preuve des lieux d'exercice et des interprétations abusives que l'on fit des articles de l'Edit.

Cette preuve des exercices, comment pouvait-elle être difficile ? Tous les exercices n'étaient-ils pas fixés par l'Edit, et n'étaient-ils pas suffisamment déterminés par la possession ?

Sans doute, mais il fallait qu'il y eût reconnaissance de cette possession ; c'est à cette mission que furent employés les commissaires du roi aussitôt après la rédaction de l'édit de Nantes, comme nous allons le voir.

Ces commissaires mirent beaucoup d'exactitude dans l'accomplissement de leurs fonctions (1), de l'aveu de l'historien Benoit lui-même qui pourtant est difficile. Pour établir un droit d'exercice ils faisaient des enquêtes, des informations, faisaient déposer des témoins, examinaient les titres et les actes, et s'en tenaient avant tout à la possession. Ils furent occupés pendant près de deux ans.

Dans sa réponse aux cahiers du 31 août 1602 le roi avait permis que, dans le cas où les commissaires subdélégueraient des officiers et magistrats des lieux pour

____

(1) Benoit, p. 362.

l'exécution de l'Edit, ces subdélégués seraient tenus de prendre un adjoint de ladite religion qui leur serait nommé à cet effet (1). Cette décision eut de la peine à être observée, car dans la réponse aux cahiers du 19 août 1606 et dans celle du 11 août 1611 nous voyons rappeler que, dans le cas où l'exécution serait laissée aux baillis, sénéchaux ou leurs lieutenants, ils devraient prendre un adjoint de la religion, réponse confirmée le 23 juillet 1611 (2).

Quelques dispositions ont été aussi fixées en dehors de l'Edit pour permettre l'achat facile de lieux d'exercice et leur remplacement le cas échéant.

Une réponse du roi aux cahiers du 13 mai 1601 décidait que, dans les cas où les lieux assignés aux protestants par les commissaires viendraient à tomber dans les mains des catholiques par achat ou succession, les réformés pourraient en acheter d'autres dans les mêmes paroisses ou villages pour y continuer leur exercice (3).

Certains seigneurs qui cédaient leurs places aux réformés auraient voulu en user avec eux comme avec les établissements ecclésiastiques et se faire bailler un homme vivant et mourant, le roi déclara que « les seigneurs des places qui ont estés ou seront cy-après achetées par ceux de la dite religion prétendue réformée, suivant l'article 16 de l'édit de Nantes, tant pour faire l'exercice de la dite religion que pour les cimetières et collèges qui leur seront permis, seront satisfaits pour une seule fois au dire d'experts dont les parties con-

(1) *Décisions royales*, p. 26 et 27.
(2) *Décisions royales*, p. 81 et 82.
(3) *Décisions royales*, p. 50.

viendront ; autrement on sera pris d'office sans pouvoir obliger les acquéreurs à bailler homme vivant et mourant : et sera ladite estimation faite des fonds seulement tels qu'ils estaient auparavant qu'on y eust basti pour l'effect que dessus (1) ». La même réponse avait été donnée sur la même réclamation le 31 août 1602 (2).

Tout alla bien tant qu'il y eut de part et d'autre une sorte de tolérance réciproque. Mais, lors de la persécution légale, l'on essaya de réduire le plus possible les lieux d'exercice réel.

Pour arriver à ce but l'on employa différents moyens. L'on rendit très difficile la preuve de l'exercice réel ; l'on étendit arbitrairement les règles de l'Edit pour prohiber des exercices dans les lieux où ils étaient déjà établis, enfin l'on inventa des règles nouvelles. On résolut de limiter considérablement les moyens de preuves, et l'on décida que c'est seulement par actes que les protestants pourraient prouver que l'exercice avait été fait pendant ces années (3).

Déjà dans leurs cahiers du 15 mai 1620 les protestants se plaignaient qu'on exigeât arbitrairement la preuve par témoins ou par écrit (4), suivant que l'une ou l'autre leur était défavorable. L'on résolut de ne plus recourir qu'aux écrits depuis 1662, trouvant que c'était un mode de preuves plus défavorable aux réformés. Ceux-ci protestèrent encore en réclamant le droit commun. Ils arguaient que dans beaucoup de lieux les

(1) Rép. aux cahiers du 10 février 1607. *Déc. roy.*, p. 13 et 14.
(2) *Décisions royales*, p. 28.
(3) Arrêt du conseil du 7 août 1662.
(4) *Décisions royales*, p. 119 et 120.

titres et les actes avaient été perdus, et que dans ce cas la preuve tant par actes que par témoins est conforme aux règles de droit et à la pratique judiciaire.

Cet argument nous semble incontestable et l'on n'y répondait que par des échappatoires et de mauvaises querelles, en prétendant qu'il était inutile de justifier de la perte des titres puisqu'on ne savait pas ce qu'ils contenaient et s'ils étaient suffisants pour l'établissement de l'exercice ; que quant aux témoins, quand même leur témoignage serait sincère et non suspect, ils ne devaient pas être entendus parce qu'ils n'auraient pas pu distinguer la véritable nature de l'exercice « s'il eût été réel ou personnel (1) ». Les juges royaux se refusaient de l'admettre en disant que l'Edit ne parlait que d'un droit d'exercice spécial fondé sur la possession des deux années 1596 et 1597 ; que le titre des protestants étant l'Edit qui fixait leur possession en 1596 et 1597 et qu'une prescription alléguée au delà, eût été une prescription contre leur titre ; que le droit d'exercice était un droit spirituel qui ne pouvait être prescrit.

Ce n'était pas tout. Une fois les actes présentés l'on se montrait aussi exigeant sur leur contenu. On exigeait que l'exercice eût été établi dans la forme officielle protestante, qu'un ministre eût été élu et qu'on lui ait donné la main d'association dans le synode provincial ; que deux ministres se fussent transportés au lieu où l'on voulait établir l'église ou l'exercice et que là, en présence de tout le peuple, ces députés lui eussent imposé les mains et prononcé un sermon, enfin que l'on

(1) Bernard, p. 55.

ait tenu acte de ces formalités tant dans le procès-verbal du synode que dans le livre du consistoire de l'église. On exigeait en outre que les élus au ministère aient signé la confession de foi et la discipline des églises où ils avaient été élus et enfin que la députation faite aux synodes d'un ministre ou de deux anciens eût été faite par un synode tenu en présence d'officiers royaux suivant l'article 7 de l'édit de 1561 et l'article 4 de l'édit de 1576.

C'était une dérision que de demander aux protestants, pour les temps troublés où ils étaient en guerre avec le roi, de prouver que leurs assemblées avaient été autorisées et avaient eu lieu en présence d'officiers royaux.

Les autres exigences n'étaient pas moins arbitraires ni moins injustes.

Pour prouver l'existence de l'exercice, les réformés apportaient les délibérations des consistoires, des extraits de baptême et de mariage, des délibérations de synodes et des quittances de ministres. Les exigences des persécuteurs furent ici aussi vexatoires. Ils voulaient que les actes des consistoires pour être pris en considération aient été passés en présence de juges royaux et que sur ces livres, les censures, les suspensions aient été mises de suite pendant deux ans.

Enfin on arguait que dans certains cas il y avait des consistoires tenus en vertu d'un droit personnel et des consistoires clandestins qui ne pouvaient fonder aucune église ; on en profitait pour refuser toute valeur aux livres des consistoires en général, sous prétexte de manque de critérium pour les distinguer.

On refusait aussi d'attribuer une valeur aux actes des synodes et aux quittances des ministres parce que les protestants appelaient églises tous les endroits où ils avaient constitué un culte à tort ou à raison et que les quittances des ministres pouvaient avoir été données dans des cas semblables. C'est pareillement parce qu'ils pouvaient avoir eu lieu dans des endroits où il n'y avait pas d'exercice ni d'église que l'on refusait toute valeur probante aux actes de baptême et de mariage.

Enfin l'on exigeait un exercice fait sans discontinuation et sans interruption pendant les années 1596 et 1597 (1).

C'est ainsi que l'on arriva à réduire à rien les lieux d'exercices autorisés pour les réformés.

Pour achever l'œuvre de suppression du protestantisme l'on recourut encore à d'autres moyens : à l'interprétation étroite des termes de l'Edit et à la création de règles nouvelles.

L'Edit avait encore montré son caractère de large tolérance et son souci d'éviter les froissements inutiles. Les réformés pour exciter les catholiques installaient volontiers leur culte dans les anciennes églises ou dans les maisons et habitations des ecclésiastiques. Le roi, pour couper court à toutes ces provocations, interdit dans l'article 3 l'exercice dans ces endroits. Le simple énoncé de l'article montre à l'évidence qu'il s'agissait ici des biens occupés en propriété par les ecclésiastiques, de leurs propres demeures et habitations. La pré-

____

(1) Sur tous ces points, Bernard, 54 à 64.

tention que l'on eut d'étendre l'effet de l'article aux biens qui se trouvaient simplement dans les fiefs des ecclésiastiques et même dans les fiefs des seigneurs catholiques était contraire à l'Edit et à la réponse que le roi avait faite à l'article 3 des cahiers de l'Assemblée de Châtellerault le 21 août 1599. Les réformés craignaient précisément que l'on n'arguât du mot « maisons » contenu dans l'article 3, pour les empêcher de faire l'exercice dans les fiefs et seigneuries ecclésiastiques et dans les autres terres appartenant à telles personnes ; le roi leur donnait l'assurance qu'ils pouvaient exercer dans ces fiefs et seigneuries pourvu que les édifices appartenant aux ecclésiastiques ou ceux où ils demeuraient fussent exempts de cet exercice (1). Malgré cela des arrêts nombreux se rangèrent à l'avis contraire. L'interprétation de l'article 10 fut tout aussi fausse. Au lieu de se contenter de la preuve d'une possession pendant le mois de septembre comme le voulait la réponse aux cahiers faite par le roi en 1602, l'on exigea une preuve de possession le jour même du 17 septembre.

Les persécuteurs ne voulurent point tenir compte de la réponse faite aux cahiers de 1602 sous prétexte que les réponses à cahiers non enregistrées ne devaient pas être observées (2), et qu'à plus forte raison si les réponses aux cahiers des réformés devaient être effectuées,

_____

(1) *Décisions royales*, p. 17, 18.

(2) On se fondait sur l'article 5 de l'édit de 1629 et sur la déclaration du 21 mai 1652 qui déclaraient que les édits, déclarations, articles non enregistrés ne devaient pas être effectués.

l'on devait effectuer celles des cahiers du clergé (1). Ils allaient même jusqu'à interpréter faussement les termes de la réponse du roi. « La réponse n'était pas contraire, disait-on, aux termes de l'Edit, il faut que l'exercice ait été au mois de septembre et en outre le 17. »

Enfin, l'on prétendait que le droit d'exercice cessait dans certains cas.

Pour les villes prises par force (2). C'est ainsi qu'un arrêt du 31 août 1682 (3) interdisait l'exercice dans la ville de Réalmont.

Pour les lieux contestés pendant le temps de la contestation.

Pour les lieux où il y avait moins de dix familles protestantes (4).

Nous n'avons pas l'intention de relever toutes les interprétations que l'on fit pour empêcher l'exercice réel ; l'une des plus fréquentes, consista à voir dans les exercices réels, de simples lieux d'exercice personnel, ce qui nous amène à étudier ceux-ci.

Les droits d'exercice dont nous allons parler, ressortissent plutôt aux droits personnels qu'aux droits réels. Ils consistent en des permissions d'exercice accordées à certaines personnes à raison de leurs fiefs ou de leur justice. Tandis que les lieux d'exercices réels sont accordés à certains endroits, une fois pour toutes et

(1) C'est là une raison que le procureur Bernard affectionne et qu'il reprend plusieurs fois. V. p. 67.

(2) Bernard, 224-225.

(3) Isambert, XIX, p. 408.

(4) Déclaration du 20 décembre 1684, Isambert, XIX, p. 466.

pour toujours, les lieux d'exercice personnel ne sont, comme nous l'avons vu, accordés qu'en raison de la qualité et du titre de la personne ; ils sont limités et disparaissent lorsque le lieu cesse d'être occupé par la personne à laquelle est accordé l'exercice (1).

Pour plus de commodité, nous étudierons ici les droits que donnait l'exercice personnel en même temps que les lieux de cet exercice.

Cet exercice personnel n'était pas une création de l'Édit, c'était en quelque sorte un vieux reste de la souveraineté des princes et des seigneurs.

Nous allons voir les personnes à qui était accordé cet exercice, ainsi que son étendue et les moyens de preuve.

L'exercice personnel était accordé aux justiciers et aux possesseurs de fiefs.

Pour les justiciers, ce droit avait été reconnu avant l'Édit. Déjà auparavant, l'édit du 19 mars 1562 avait accordé aux hauts justiciers le droit de faire prêcher dans leurs châteaux ou maisons pour leur famille, sujets ou vassaux ; l'édit de 1570 (art. 5) étendait cette faculté à tous les gentilshommes et à tous ceux qui avaient haute justice ou fief de haubert en tout ou partie. Ils pouvaient faire l'exercice non seulement pour eux, leur famille et sujets, mais aussi pour tous ceux qui y voudraient aller. L'article 4 de la conférence de Nérac réduisit cette faveur aux justiciers qui avaient la justice en tout, par moitié ou pour la troisième partie.

L'article 7 de l'Édit reproduisait cette disposition. Il

(1) Arrêt du conseil du 11 janvier 1657, Isambert, XVII, p. 346.

accordait à ceux qui ont la haute justice en tout, moitié ou tiers, en vertu d'un droit de propriété ou usufruit, l'exercice pour eux, leur famille ou sujets, à la condition que cet exercice fût réduit au lieu de leur principal domicile, lieu qu'il devait déclarer au bailliage ou à la sénéchaussée. L'exercice durait tant qu'ils y restaient « eux, leur femme, leur famille ou partie d'icelle ». Les droits d'exercice étaient moins considérables que ceux qui étaient accordés en cas d'exercice réel ; il y avait des limites aux droits d'exercice et au nombre des personnes pouvant assister à cet exercice. On ne permettait aux justiciers de faire l'exercice que dans leurs maisons et en conséquence, il leur était interdit de bâtir des temples dans leurs châteaux (1), de faire célébrer d'offices dans la cour ou dans une grange, de faire établir une porte spéciale permettant au public de venir à l'exercice (2), d'appeler le peuple à son de cloches. Toutes les autres marques extérieures de l'exercice public leur étaient aussi retirées ; il leur était défendu d'avoir dans la salle où ils faisaient l'exercice bancs attachés à la muraille et chaises de ministre (3). Quant aux ministres qu'ils avaient, ce devaient être des ministres particuliers ; l'on se fondait sur la déclaration du roi du 11 décembre 1534 défendant aux ministres de prêcher hors de leur

(1) Arrêt de la Ch. de l'édit de Paris du 11 août 1635 défend à la dame de la Lande Blanche de faire l'exercice dans un temple. Bernard, p. 44.

(2) Arrêt du conseil du 24 mars 1661. Isambert, XVIII, p. 400.

(3) *Id.* Voir aussi l'arrêt du conseil du 3 juin 1682 rendu contre le marquis de Vera. Isambert, XIX, p. 390.

demeure et résidence (1) ; les ministres ne pouvaient être reçus aux synodes provinciaux.

Le caractère personnel de l'exercice amenait aussi comme conséquence : que les petites écoles ne pouvaient être tenues dans les châteaux, puisque l'article 37 des secrets ne les admettait que dans les lieux d'exercice public : que les synodes provinciaux ou nationaux ne pouvaient être tenus chez les justiciers et que les ministres des justiciers n'en pouvaient faire partie ; que c'étaient les justiciers et non les habitants qui devaient payer les ministres, parce qu'ils ne pouvaient s'imposer d'après l'article 15 des secrets que pour leur exercice et qu'ici ils participaient non pas à leur exercice, mais à l'exercice du seigneur ; enfin, que ces habitants, n'étant pas dans un lieu d'exercice public, ne pouvaient faire leurs enterrements que dans les formes fixées pour les lieux non publics (2).

Quant aux personnes, l'article 7 semblait donner un droit général en accordant la permission d'assister aux exercices aux justiciers, à leurs familles, leurs sujets et autres qui y voudraient aller ; en restreignant ces mots aux cas où le seigneur, n'ayant que le tiers ou la moitié de la justice, ils auraient signifié seulement les habitants de la justice compris en dehors de leur fraction et pas les autres.

On se fondait sur ce qu'il n'y avait d'exercice public que celui qui était permis par les articles 9 et 10 de l'édit de Nantes et qu'interpréter l'article 7 dans le sens

(1) V. un arrêt du conseil du 5 octobre 1663. Ch. de l'Ed., 23 juin 1657 ; Bernard, p. 44, 45, 54.

(2) Bernard, p. 51.

large eût été établir en fait un nouvel exercice public (1).

C'est sur ce motif que la déclaration du 4 septembre 1684 défendait à ces seigneurs d'admettre à l'exercice d'autres personnes que leurs familles et vassaux (2) habitant au moins depuis un an dans la justice (3).

Il est probable que les réformés se servirent d'abord des droits d'exercice personnel comme un moyen d'arriver à l'exercice réel comme le témoignent les plaintes des officiers catholiques et du clergé, mais par la suite ceux-ci usèrent du même moyen en le retournant. Ils prétendirent que les réformés n'avaient qu'un droit d'exercice personnel là où ils avaient en réalité un droit d'exercice réel. Ils usèrent en outre des vexations accoutumées pour réduire le nombre des droits d'exercice personnel.

Pour démêler l'exercice personnel de l'exercice réel il fallut établir un certain nombre de présomptions.

On décida qu'il y avait marque de l'exercice personnel :

1° Quand le seigneur avait payé ou fait payer le ministre, ou si c'était au seigneur que les synodes et colloques s'adressaient pour le faire payer ;

2° Quand l'exercice s'était fait dans le château, si c'était dans l'enclos du château qu'avait été construit le temple, faits les baptêmes, prêches, etc.

Il y avait là un ensemble de règles plausibles, mais on les faussait en les appliquant avec un esprit trop rigoureux et en considérant qu'il y avait exercice per-

(1) Bernard, p. 47.
(2) Isambert, XIX, p. 457.
(3) Isambert, XIX, p. 490.

sonnel lorsqu'il y avait « la moindre présomption (1) ».

A cela s'ajouta la rigoureuse fixation des cas où l'exercice était permis.

On déclara que la résidence actuelle était nécessaire pour permettre l'exercice, que la présence des domestiques ne suffisait pas (2), en outre que les officiers aux cours et parlements qui avaient leur domicile légal en la ville où ils étaient en fonctions ne pouvaient faire l'exercice de leurs terres (3).

Il y eut discussion aussi sur le sens du mot justice et quelques-uns voulaient que le justicier, pour exercer non comme seigneur de fief, mais comme justicier, eût la justice du lieu principal, du chef de paroisse.

On déclarait que dans les cas où la justice relevait d'un autre seigneur il fallait l'assentiment de celui-ci, sinon on ne pouvait qu'exercer dans les conditions de l'article 8 (4), et qu'en réalité l'article 7 ne s'appliquait qu'aux fiefs relevant du roi (5).

On chercha aussi à diminuer le nombre des hautes justices qui pouvaient user du privilège de l'article 7, en écartant le privilège pour les hautes justices ou fiefs de haubert acquis des ecclésiastiques (6) et en faisant mentionner dans les aliénations faites de la haute justice par le domaine du roi que l'exercice de la religion ne pouvait y être exercé (7).

(1) Bernard, p. 49.
(2) Arrêt du conseil, 20 juin 1636, Bernard, p. 40.
(3) Arrêt de la Chambre de l'édit de Paris, 30 juillet 1642, Bernard, p. 40.
(4) Arrêt du 22 sept. 1664, Bernard, p. 43.
(5) Arrêt du conseil du 5 janvier 1665, Bernard, p. 42.
(6) Arg., art. 1 de l'édit de 1563.
(7) Arrêt du conseil, 11 janvier 1657.

Enfin on déclara qu'il n'y avait que ceux qui possédaient la haute justice du temps de l'édit de Nantes, ou leurs successeurs, qui pouvaient user du privilège de l'article 7 et faire l'exercice chez eux. On déclarait que ce privilège cessait dès qu'il y avait abjuration (1).

Il y eut en outre quelques petites vexations. L'on obligea les seigneurs justiciers réformés à avoir des juges catholiques dans le ressort de Toulouse (2). Cette défense fut étendue à tout le royaume par un arrêt du conseil du 6 novembre 1679 (3).

La même faculté de l'exercice personnel avait été accordée à tous les possesseurs de fiefs. Ils pouvaient faire l'exercice dans les maisons contenues dans l'étendue de leurs fiefs et formant leur domicile. Mais il y avait deux limitations qui rendaient ce droit d'exercice moins important que le précédent.

1° Cet exercice ne pouvait être fait dans les villes, bourgs ou villages appartenant à des seigneurs justiciers autres que le roi sans l'assentiment de ce seigneur justicier (4).

2° Cet exercice n'était en principe ouvert qu'aux familles des possesseurs de fiefs ; on permettait toutefois dans des circonstances extraordinaires aux amis de venir jusqu'au nombre de trente.

(1) Arrêt du conseil, 14 janvier 1657, cité par Bernard et arrêt du 4 septembre 1684, Isambert, XIX, p. 458.

(2) Arrêts du Parlement de Toulouse des 29 octobre 1664, 25 mai 1667, 28 février et 28 juillet 1669.

(3) Isambert, XIX, p. 220.

(4) Art. 8 de l'Édit.

L'arrêt du conseil d'État du 5 août 1665 déclara que cet exercice ne pourrait se faire qu'une fois le jour. On ne permit point aux paysans ni aux autres personnes du lieu de venir à ces exercices.

Enfin certains demandaient les mêmes limitations que dans le cas de l'article précédent : l'on exigeait que ce fussent les descendants des acquéreurs de fiefs du temps de l'édit de Nantes qui possédassent ces fiefs et que ces fiefs eussent été érigés du temps de l'édit de Nantes. Des arrêts des 27 décembre 1675 et 15 avril 1676, voulurent faire cesser complètement cet exercice en défendant aux synodes de donner des ministres aux seigneurs de fiefs (1),

A part cela, les mêmes règles s'appliquaient à l'exercice des possesseurs de fiefs et à celui des justiciers.

Nous en avons fini avec l'exercice personnel, nous n'y reviendrons plus ; les autres règles que nous examinerons dans la suite de ce chapitre, se rapportent à l'exercice réel.

SECTION II. — **Droits compris dans l'exercice.**

L'Edit n'énumérait pas les droits compris dans l'exercice ; sur ce point il y avait une lacune regrettable. En effet les actes religieux comprennent, outre les actes du culte proprement dits et les actes se référant à la discipline ecclésiastique, des actes susceptibles de se reproduire très fréquemment, et pour lesquels, il eût été bon d'introduire une réglementation, tels que

(1) Isambert, XIX, p. 157, 160.

les baptêmes, mariages et enterrements. Sans doute l'on aurait pu facilement trouver un *modus vivendi* en s'inspirant du principe de la liberté de conscience. Mais ce n'était pas là une garantie aussi sûre qu'un texte de loi, surtout à une époque violente et intolérante.

Nous examinerons dans cette section les actes qui se rattachent au culte et à la discipline ; ce sont souvent des actes exercés à l'intérieur du temple, et des actes religieux extérieurs accomplis en dehors du temple. A propos de ces derniers nous indiquerons, quelles mesures étaient prises dans les lieux où il n'y avait pas d'exercice.

« En tous les lieux où l'exercice de ladite religion se fera publiquement, on pourra assembler le peuple, même à son de cloches, et faire tous actes et fonctions appartenans tant à l'exercice de ladite religion, qu'au règlement de la discipline, comme tenir consistoires, colloques et synodes provinciaux et nationaux par la permission de Sa Majesté », disait l'article 34 des secrets. L'article 13 de l'Edit énonçait les principales prérogatives auxquelles donnait lieu l'exercice en défendant aucun exercice « tant pour le ministère, règlement, discipline ou instruction publique d'enfans ou autres » en dehors des lieux permis et octroyés par le présent Edit.

L'exercice comprenait donc :

1° Le culte proprement dit dans le temple et la liberté du ministère des pasteurs ;

2° Tous les actes religieux se rattachant à l'exercice, tels que baptêmes, mariages, enterrements ;

3° Les assemblées pour le règlement ou la discipline, tels que les consistoires, synodes, etc. ;

4° Les mesures prises pour l'instruction publique d'enfants.

Nous n'étudierons ici que les deux premières manifestations de l'exercice, en réservant les deux dernières pour des chapitres distincts.

§ 1. — Exercice du culte dans le temple et liberté du ministère des pasteurs.

Pour l'exercice d'un culte, il faut habituellement un pasteur et un temple ; nous allons examiner successivement ces deux conditions.

Le pasteur pouvait être français ou étranger en principe. En permettant à tout ministre français ou étranger de demeurer dans le royaume, l'Édit avait suffisamment indiqué ses intentions. Il pouvait exercer non seulement dans le lieu où il résidait, mais dans tout lieu d'exercice. Il pouvait naturellement prêcher dans le temple la doctrine réformée et il ne lui était défendu qu'une chose : employer des termes séditieux ; en un mot il devenait le maître à l'intérieur du temple.

C'est une condition de l'exercice d'un culte et l'Édit n'y ayant pas dérogé, l'avait admis sans qu'il fût besoin d'autres déclarations.

Les adversaires de l'Édit profitèrent de son silence et s'efforcèrent d'empêcher les ministres étrangers d'exercer en France et d'entraver le plus possible le service des ministres français.

Le premier point fut abordé de bonne heure ; on reprochait et quelquefois avec raison (c'était au moment des guerres civiles) aux ministres étrangers d'être l'occasion de troubles ; aussi une déclaration d'avril 1627 (1) interdisait aux ministres protestants étrangers d'exercer en France aucune fonction et à ceux qui étaient nés en France d'en sortir sans permission. En 1629, nous trouvons l'interdiction aux ministres étrangers de prêcher en France (2). En 1662, cette défense n'avait plus d'objet, on la maintint néanmoins. Un arrêt du Conseil d'État du 16 janvier 1662 défendait aux étrangers d'être ministres, de prêcher, dogmatiser et enseigner dans le royaume (3).

Les ministres pouvaient, avons-nous dit, faire l'exercice en dehors du lieu de leur résidence, c'était indiqué par l'Edit qui leur permettait de résider partout et de faire l'exercice en certains endroits. Il est possible qu'au début les ministres réformés aient un peu abusé de la permission et aient fait l'exercice non seulement dans les lieux où celui-ci était toléré, mais encore dans d'autres lieux annexes rapprochés des premiers. C'était un moyen d'étendre de beaucoup les lieux d'exercice et de donner un aliment au zèle des ministres. D'habitude, on réserva ce nom d'annexe à des lieux d'exercice autorisés qui étaient desservis par un même ministre. Cela faisait une économie pour les fidèles dans les lieux où ils étaient peu nombreux ; plusieurs églises pauvres entretenaient un seul pasteur. Quand on voulut abolir le culte réformé, on visa la suppression de ces annexes ; l'on exigea que le ministre donné à un lieu par le synode

(1) Isambert, XVI, p. 201.
(2) Isambert, XVI, p. 259.
(3) Bernard, p. 242.

pour y prêcher et y faire l'exercice y demeurât et en fît sa résidence ordinaire (1). Le ministre ne pouvait donc prêcher qu'au lieu de sa résidence, l'on ne lui permettait point d'aller parler dans les annexes.

L'arrêt du conseil du 21 mai 1652 sembla vouloir abandonner cette jurisprudence et déclara que les ministres de la religion réformée pourraient prêcher dans des lieux différents ; ce fut une indignation chez les persécuteurs (2).

« En 1652, dit le procureur Bernard (3), le roi heureusement régnant, donna une déclaration le 21 du mois de may par laquelle ceux de la R. P. R. estaient maintenus et gardés en la puissance de l'Edict de Nantes, autres édicts, déclarations, arrêts, règlements, articles et brevets expédiés en leur faveur, enregistrés au Parlement et Chambre de l'Edict. Et bien que cette déclaration fût conçue presque en mesmes termes que l'article 5 de l'Edict de juillet 1629, néanmoins ceux de la R. P. R. establirent plusieurs exercices à main armée, érigèrent des hôpitaux, dressèrent des collèges et s'emparèrent des consulats et administration des villes, comme si cette déclaration leur eût donné la licence de tout entreprendre. »

L'on revint à la première interprétation par suite de la déclaration du 18 juillet 1656, des arrêts des 11 janvier 1657 (4), 22 janvier 1664 (5).

(1) Déclaration du 11 décembre 1634, Isambert, XVI, p. 412.
(2) Isambert, XVII, p. 286.
(3) Bernard, p. 18, 19.
(4) Isambert, XVII, p. 346.
(5) Cités par Bernard, p. 19, 76 et 79.

Les protestants réclamèrent et obtinrent un arrêt sur requête du 24 avril 1665 par lequel le roi permettait « aux ministres de faire leur demeure et résidence avec leurs familles en telle des villes, bourgs ou villages voisins de lieux de leur établissement qu'ils voudraient choisir ». Ils s'appuyaient sur l'article 6 de l'Edit qui permettait aux ministres de demeurer en tous lieux et qui manifestement leur donnait raison.

Ce ministre si bien enchaîné au lieu d'exercice pouvait tomber malade. Dans ce cas, l'exercice devait cesser, car on ne permettait les assemblées des protestants ni en particulier, ni en public, pour faire des prières, lecture des psaumes, etc., qu'en présence de ministres. Cela fut décidé par plusieurs arrêts du conseil des 20 juin 1636, 23 juin 1637, 27 janvier 1665 (1) et par les déclarations des 21 et 30 août 1682 (2). La sanction de ces prohibitions était l'interdiction de l'exercice dans les lieux, trois mille livres d'amende, la punition corporelle des contrevenants ; cette peine corporelle fut portée à neuf ans de bannissement par la déclaration du 26 juin 1684 (3).

En outre, un arrêt du conseil du 6 novembre 1665 défendait aux consistoires de fournir la subvention d'un autre ministre que celui qui desservait le lieu d'exercice (4).

Un autre arrêt du 24 novembre 1681 défendait aux synodes d'augmenter le nombre des ministres auxiliaires là où l'exercice était permis (5).

(1) Cités par Bernard, p. 90.
(2) Isambert, XIX, p. 407 et 408.
(3) Isambert, XIX, p. 447
(4) Isambert, XVIII, p. 65.
(5) Isambert, XIX, p. 139.

Les visites des évêques dans une ville interrompaient aussi l'exercice (1), les ministres ne pouvaient faire de prêches, ni les réformés s'assembler dans le temple pendant ce temps.

Enfin pour empêcher les ministres d'acquérir de l'influence sur leurs ouailles, un édit d'août 1684, appliqué aux lieux d'exercice personnel par une déclaration du 13 juillet 1685 (2), leur interdisait d'exercer plus de trois ans dans le même lieu et même d'y demeurer ensuite ou dans les six lieues de pourtour sous des peines sévères (3).

Pour l'exercice du culte, outre un pasteur il faut un temple ; les réformés s'assemblaient volontiers en plein air, mais dans nos climats un abri couvert est nécessaire à toute réunion périodique.

En donnant l'exercice, l'Edit donnait donc le droit d'avoir des temples.

C'était sous-entendu dans l'article 34 qui permettait de convoquer les fidèles même à son de cloches, ce qui semble bien indiquer un lieu spécial ; enfin c'était dit expressément par l'article 16 de l'Edit qui se reportait à l'article 2 de la conférence de Nérac.

Dans les lieux où les protestants avaient l'exercice réel, ils avaient le droit de construire des temples suivant l'article 2 de la conférence de Nérac, qui portait que les réformés pourraient acheter, faire édifier et construire les lieux pour faire leur exercice aux faubourgs des villes ou dans les bourgs ou villages qui

(1) Isambert, XVIII, p. 204.
(2) Isambert, XIX, p. 521.
(3) Isambert, XIX, p. 353.

leur seraientdonnés dans chaque bailliage, sénéchaussée
et gouvernement.

Ce point ne fut d'ailleurs pas discuté.

Quant aux temples on voulut qu'ils fussent sans
élévation et capables seulement de contenir les religionnaires. On défendait surtout qu'ils fussent faits en
forme d'églises et possédassent des tours et clochers.
Une chose embarrassait les persécuteurs, c'était la permission que l'article 34 avait donnée aux protestants
d'avoir des cloches ; on décida qu'ils ne pourraient at-
tacher leurs cloches qu'à des piliers posés sur les temples, et que dans les villes où il y avait citadelle et
garnison ils ne pourraient se servir de cette cloche à
cause des inconvénients qui pourraient en résulter (1).

Au sujet de l'emplacement des temples, il faut rappeler que les réformés, pour narguer les catholiques,
les avaient souvent fixés près des églises.

L'historien Benoit avoue que les protestants choisi-
rent autant que l'Edit le pouvait permettre « des lieux
où le clergé eut le regret de les voir (2) ».

Des réclamations furent faites et nous voyons, dans
l'article 13 de l'édit de décembre 1606 (3), qu'il est interdit à l'avenir aux réformés de construire des temples
près des églises.On défendit par arrêt du Parlement de
Bordeaux du 25 février 1645 de les appuyer sur les murailles des villes, de les conserver trop près des églises ;
on arguait qu'ils gênaient dans ce cas le service des

(1) Arrêt du conseil du 5 octobre 1663, art. 22, cité par Bernard,
p. 266.

(2) Benoit, 1, p. 361 et 364.

(3) Isambert, XV, p. 307.

églises. C'est ainsi que le temple de Faugères en Languedoc fut démoli par ordonnance des commissaires du 19 mars 1662 et l'on ne permit aux réformés d'en emporter seulement les matériaux (1).

L'on ordonna aussi la démolition des temples dans les villes où il y avait archevêché ou évêché, même quand il s'agissait des premiers lieux de bailliage (2).

On alla plus loin, l'on démolit les temples sous n'importe quel prétexte.

Nous avons un arrêt du conseil du 13 mars 1679, ordonnant la démolition du temple de St-Hyppolyte dans les Cévennes en punition de l'insulte faite au curé portant le Saint Sacrement à un malade (3). Une déclaration du 16 juin 1605 ordonnait que les temples où seraient célébrés des mariages entre catholiques et réformés, ou même simplement tenus des discours séditieux seraient démolis (4), de même les temples où seraient reçus des catholiques convertis à la réforme ou des enfants de convertis au-dessous de 14 ans (5).

Par contre en même temps qu'on démolissait les temples on défendait aux réformés d'aller à l'exercice hors du bailliage, où de la sénéchaussée où ils étaient domiciliés (6) ou de se réunir dans un autre lieu, sous peine d'interdiction d'exercice, de trois mille livres d'amende et de neuf ans de bannissement (7).

(1) Bernard, p. 85, 87, 90.
(2) Arrêt du conseil du 30 juillet 1685, Isambert, XIX, p. 521.
(3) Isambert, XIX, p. 187.
(4) Isambert, XIX, p. 540.
(5) Isambert, XIX, p. 490.
(6) Isambert, XIX, p. 514.
(7) Isambert, XIX, p. 447.

Ceci nous amène à étudier la question des actes accomplis en dehors des temples, c'est-à-dire des actes autres que ceux du culte, mais se rattachant néanmoins à l'exercice.

§ 2. — Actes se rattachant à l'exercice, autres que le culte.

Cette permission d'exercice comprenait celle d'exposer en vente les livres de la religion réformée, d'aller en cortège par les rues, places et lieux publics, de produire, en un mot, publiquement la religion non seulement dans les matières du culte proprement dit, mais encore dans une foule d'actes que nous nommons actes de la vie civile, particulièrement quand on veut leur donner une forme religieuse et associer en quelque sorte la divinité à leur accomplissement, ce qui se passe ordinairement lors des baptêmes, mariages et enterrements.

Il ne semble pas que l'on ait fait au début des difficultés sur ces points, mais on arriva à en soulever par la suite et très probablement on fut amené à vouloir appliquer à ces actes lorsqu'ils étaient accomplis dans des lieux d'exercice, des règles analogues à celles auxquelles ils étaient soumis lorsqu'ils étaient accomplis dans d'autres lieux.

L'on défendit aux réformés de faire l'exercice dans les rues, « sous prétexte de peste, ou autre que puisse être » dit le procureur Bernard (1). Un arrêt du conseil

____

(1) Arrêts du conseil des 30 octobre 1640 et 4 mai 1663, Bernard, p. 84.

du 23 octobre 1663 leur faisait défense de faire l'exercice à la campagne sous les arbres et il fut ordonné que l'arbre sous lequel les habitants de Privas faisaient l'exercice, serait coupé et remplacé par une croix (1).

Les articles premiers des règlements du 2 avril 1666 (2) et du 1er février 1669 (3) défendaient également les prêches aux lieux et places publiques.

En outre, l'on interdit aux protestants de chanter les psaumes dans les rues, sur les places publiques, dans les promenades, et même dans les maisons ou aux fenêtres à moins qu'à voix si basse qu'ils ne pussent être entendus des passants et des voisins. Les protestants firent sur ce point une résistance désespérée.

Ils furent condamnés par arrêts du conseil du 6 mai 1659 (4) et du 17 mars 1664 (5). L'arrêt de la Chambre de l'édit de Castres du 19 mai 1682 défendait en outre aux ministres réformés de faire des exhortations ou consolations dans les rues, à l'occasion des enterrements des religionnaires ni sous aucun prétexte.

Sous le bénéfice de ces observations générales nous allons examiner successivement :

1° Comment se faisaient les baptêmes et les mariages ;

2° Les enterrements ;

3° La question des cimetières.

Pour les degrés de consanguinité et d'affinité, l'édit de Nantes obligeait les réformés à observer les lois de

(1) Bernard, p. 85.
(2) Isambert, XVIII, p. 77.
(3) Isambert, XVIII, p. 200.
(4) Isambert, XVII, p. 369.
(5) Isambert, XVII, p. 400.

l'Église (1). Il s'agissait de questions de parenté et nullement des autres lois de l'Église, ce fut un abus manifeste de vouloir obliger les réformés à s'abstenir de célébrer leurs mariages pendant le carême et les autres temps prohibés (2).

Les consistoires avaient entrepris de juger les oppositions formées auxdits mariages. Ce leur fut interdit par l'arrêt du Conseil d'État du 16 janvier 1662 qui leur enjoignait de renvoyer ces oppositions aux juges royaux, devant les baillis et sénéchaux (3).

Les réformés n'admettaient pas de prohibitions aussi rigoureuses que les catholiques, aussi l'article 40 des secrets leur accorda la permission de contracter mariage « au tiers et quart degré ». La prohibition n'exista plus qu'au second degré et du second au tiers. Pour contracter à ces degrés les réformés avaient coutume de demander des dispenses par lettres du grand sceau.

Quant à la question de savoir quels juges devaient connaître de la validité des mariages, les articles 40 et 41 des secrets décidaient que si le défendeur était catholique, la connaissance en appartiendrait à l'official ou juge ecclésiastique ; quand le défendeur ou les deux parties étaient réformées, la connaissance appartiendrait aux juges royaux.

Par application des canons des conciles condamnant le mariage des catholiques avec les hérétiques, un édit de novembre 1680 portait que les catholiques ne pour-

(1) Article 23 de l'édit.
(2) *Contrà*, Bernard, p. 118.
(3) Bernard, p. 8 et 295.

raient contracter mariage avec les religionnaires et que
les enfants provenant de ces mariages seraient illégiti-
mes et incapables de succéder à leurs père et mère (1).
Une déclaration du 18 juin 1685 porta même que,
dans ces cas, les temples où auraient été célébrés les
mariages seraient démolis (2).

Jusqu'en 1579, le mariage se célébrait d'habitude par
devant notaire. Souvent même il était considéré parfait
par simple cohabitation, c'était là la coutume générale
qui régissait même les catholiques (3) ; il en résultait
quelquefois des difficultés de preuves, aussi pour s'assurer une preuve les parties avaient l'habitude de
s'adresser à un notaire qui recevait leur déclaration
qu'elles se prenaient pour mari et femme. A défaut
d'acte notarié, les époux pouvaient recourir à la preuve
testimoniale (4).

Le concile de Trente rompit en 1563 avec cette doctrine qui était pourtant celle de tous les États ecclésiastiques de l'époque et exigea la présence du prêtre. Il

(1) Isambert, XIX, p. 257.
(2) Isambert, XIV, p. 510.
(3) V. M. Beauchet, *Les formes de la célébration du mariage dans
l'ancien droit français, Nouvelle Revue historique*, 1882, p. 351 et ss.
Pour l'Église le mariage est avant tout un contrat, elle reconnaît
même le concubinage (p. 352), il faut distinguer le contrat d'avec le
sacrement : « la validité du premier a pour fondement la loi même de
l'institution du mariage, et le sacrement n'a d'autre but que de
sanctifier un contrat préexistant et valide par lui-même » (p. 366).
Cette doctrine est celle des six premiers siècles de l'Église (p. 376),
c'est aussi avec quelques oscillations sous les Carolingiens la doctrine du VI° au XII° siècle (p. 385, 392).
(4) M. Beauchet, *loc. cit.*, p. 391.

déclare *irritos et nullos esse* les mariages contractés autrement qu'en présence du curé et de deux ou trois témoins (1).

Ce concile ne fut pas reçu en France et les mariages continuèrent à s'y célébrer comme auparavant. Toutefois la royauté fit siennes un certain nombre des dispositions du concile et l'ordonnance de Blois de 1579 ordonna dans son article 40 que les mariages se feraient dorénavant en présence du prêtre et de quatre témoins (2). Dans l'article 44, elle défendait en outre aux notaires de passer et de recevoir sous peine de punition corporelle aucune promesse de mariage par paroles de présent. Cependant les anciens errements continuèrent, on le voit, entre autres par la multiplicité des ordonnances qui, en vain, réclamèrent l'application des dispositions de l'ordonnance de Blois (3). L'ordonnance de 1629, article 29, prononça même la nullité de ces mariages (4) ; mais cette ordonnance connue sous le nom de Code Michau ne fut pas suivie. L'ordonnance de 1639 (5) n'eut pas plus de succès, on en trouve les preuves dans les remontrances qu'adressa le clergé à plusieurs reprises à la royauté, notamment en 1680 (6). Louis XIV essaya d'enrayer ce mouvement par son édit et ordonnance de 1697 ; l'ancien usage n'en persista pas moins jusque dans le XVIIIe siècle (7).

(1) M. Beauchet, *loc. cit.*, p. 633.
(2) Isambert, XIV, p. 391.
(3) M. Beauchet, *loc. cit.*, p. 637 et ss.
(4) Isambert, XVI, p. 234.
(5) Isambert, XVI, p. 520.
(6) Voir les documents cités par M. Beauchet, *loc. cit.*, p. 643.
(7) Sur ces points, M. Beauchet, p. 644-648.

Cette législation n'avait jamais été appliquée aux protestants. L'édit de St-Germain de 1561 et les édits qui suivirent ne leur avaient imposé aucune forme spéciale ; ils se mariaient à la façon accoutumée.

L'usage persista, car l'ordonnance de Blois ne leur était pas applicable ainsi que l'a démontré avec tant de force M. Beauchet (1). Nous trouvons la preuve de cette persistance dans un arrêt du 5 septembre 1680, défendant aux notaires, sous peine d'interdiction, de passer à l'avenir aucuns actes par lesquels les contractants déclaraient se prendre pour mari et femme (2).

Cependant ce n'était pas là l'usage habituel ; les religionnaires recouraient aux témoignages et à la possession publique. Les registres que pouvaient tenir les ministres étaient dénués de toute force probante ; toutefois les tribunaux en tenaient compte en fait et sous Louis XIV on finit même par leur accorder la même force probante qu'aux registres tenus par les curés. Un arrêt du conseil du 22 septembre 1664 enjoignait aux ministres de tenir les actes de baptème et de mariage des réformés et d'en fournir de trois mois en trois mois un extrait au greffe du bailliage (3). Cela fut confirmé par les déclarations du 2 avril 1666 et du 1er février 1669 (4).

On avait pris soin à ce que ces cérémonies eussent lieu sans pompe ; un arrêt du conseil du 9 novembre 1670 défendait aux religionnaires d'être plus de douze

(1) M. Beauchet, *loc. cit.*, p. 653 et ss.
(2) Isambert, XIX, p. 253.
(3) Bernard, p. 274.
(4) Cités par M. Beauchet, p. 655.

aux cérémonies de leurs noces et baptêmes y compris les parents (1).

Un mois avant la révocation, un arrêt du conseil du 15 septembre 1685 déclarait que les baptêmes et mariages des religionnaires dans les pays où l'exercice était interdit seraient célébrés par des ministres choisis par les intendants, à charge par ces ministres de ne faire ni prêches, ni exercices autres que ceux marqués dans leurs livres (2).

Cet arrêt, comme le remarque M. Beauchet, est très important; il fut rendu au conseil des dépêches, Sa Majesté y étant, il est probable en effet que le roi avait l'intention d'en faire une application générale, et de faire venir après que l'interdiction fut étendue à tout le royaume, un nombre suffisant de ministres pour remplir la même fonction sous le contrôle des intendants et sous la garantie du choix des officiers royaux (3).

Nous verrons dans notre troisième partie qu'il ne fut pas donné suite à ce projet.

Nous allons examiner successivement la question des enterrements et celle des cimetières à laquelle nous rattacherons le cas des protestants enterrés dans les cimetières catholiques.

Pour les enterrements, l'Edit ne traitait aucunement de la question des cérémonies et de la forme de ces enterrements ; il se contentait d'enjoindre aux officiers des lieux de veiller à ce qu'il ne fût commis aucun scan-

<hr>

(1) Isambert, XVIII, p. 424.
(2) Isambert, XIX, p. 529.
(3) M. Beauchet, p. 657.

dale aux enterrements des morts de la religion réformée, recommandation déjà faite par l'article 6 de l'édit de 1573 et 20 de celui de 1577 (1). L'Édit défendait aux officiers de ne rien exiger pour la conduite des corps morts sous peine de concussion. Cette dernière recommandation n'était pas inutile, le cahier des doléances répondu par le roi du 18 septembre 1601 nous montre en effet qu'à Lyon, le chevalier du guet exigeait que ses archers accompagnassent le corps et demandait des salaires tellement excessifs que les pauvres gens ne pouvant les fournir étaient contraints de conserver leurs morts, trois jours et plus sans sépulture ; les mêmes abus étaient faits par les gardiens de l'hôpital du pont du Rhône par lequel il fallait passer pour arriver au cimetière.

Le roi y mit bon ordre (2).

Il y eut partage entre les commissaires exécuteurs du Languedoc sur le point de savoir si la forme des enterrements des réformés était libre, ou s'ils devaient avoir lieu suivant les mesures imposées par les édits qui précèdent celui de Nantes, entre autres l'édit de 1563 (art. 10) qui permettait des convois de vingt-cinq ou trente personnes et l'édit de 1570 (art. 13) qui décidait que les juges des lieux commettraient quelque ministre de justice pour enlever le corps de nuit et le porter au cimetière ; le convoi ne pouvait comprendre plus de dix personnes. Ce partage fut vidé au conseil par un arrêt du 7 août 1662 (3) ; il y était ordonné que les enterre-

(1) Article 29 de l'édit.
(2) *Décisions royales*, 23, 24.
(3) Isambert, XVIII, p. 20.

ments des protestants, même dans les lieux d'exercice, seraient faits dès le matin à la pointe du jour ou le soir à l'entrée de la nuit sans qu'il pût y assister plus de dix personnes.

Sur les humbles remontrances du député réformé, ayant supplié « Sa Majesté d'accorder considération au fait que les protestants étaient en possession de tous temps de faire leurs enterrements à toute heure du jour, sans limitation de compagnie, principalement dans les lieux où l'exercice public était accordé », il fut rendu un arrêt au conseil le 19 mars 1663. Le roi mitigeait un peu les rigueurs des premiers arrêts et décidait que, dans les lieux où l'exercice public de la religion réformée serait admis, les convois et enterrements se feraient « depuis le mois d'avril jusqu'à la fin du mois de septembre à six heures précises du matin ou à six heures précises du soir, depuis le mois d'octobre jusqu'à la fin de mars à huit heures du matin ou à quatre heures de l'après-midi. Il y permettait l'assistance des proches parents jusqu'au nombre de trente eux compris. » Pour les autres lieux l'on devait exécuter les arrêts des 7 août et 13 novembre 1661.

Le règlement de 1669 dans son article 29 apporta un petit adoucissement pour les enterrements à la campagne : depuis avril jusqu'à fin septembre les convois purent partir aux mêmes heures que dans les lieux d'exercice. On défendait en outre de faire des exhortations dans la rue à l'occasion des enterrements. De même un arrêt de la chambre de l'édit de Rouen du

(1) Isambert, XVIII, p. 201.

22 février 1664 défendit que l'on portât à ces enterrements les coins du drap et que l'on fît aucune pompe
ni cérémonie funèbre. Un arrêt du conseil du 16 décembre 1642 et le règlement de 1666 (1), défendit d'exposer en public les corps morts. Enfin un arrêt de la
chambre de l'édit de Paris du 17 juin 1643 défendait
que les morts eussent des tombeaux élevés.

Cette question des tombeaux nous mène à parler de
celle des cimetières qui souleva aussi de graves difficultés.

L'Edit dans son article 28 enjoignait aux officiers des
lieux, magistrats et commissaires de procurer aux protestants dans les quinze jours de la réquisition qui leur
en serait faite, des endroits commodes pour les sépultures sans user de longueurs ni remises. Il était en outre décidé que les cimetières qui leur avaient été pris
leur seraient rendus et que dans le cas où l'on aurait
élevé sur leur emplacement des édifices ou bâtiments,
on leur donnerait gratuitement d'autres cimetières.

La délivrance devait être faite soit « aux lieux publics appartenant à Sa Majesté ou bien aux corps des
villes, bourgs, villages et communautés ; et au défaut
d'iceux, en sera achepté aux dépens dudit corps et communauté, à quoi ceux de la dite religion contribueront
pour leur part comme les autres » (2). La même décision avait déjà été donnée en réponse aux cahiers du

(1) Art. 23.
(2) Réponse aux cahiers du 23 juillet 1611 ; *Décisions royales*,
pp. 81, 85.

31 août 1602 (1) et renouvelée le 10 février 1607 (2). Le roi décidait en outre que les officiers devraient procéder à la fixation des cimetières sans prendre salaire.

Dans quelques lieux d'après l'historien Benoit, il y aurait eu des partages (3).

L'arrêt du 5 octobre 1663 (art. 40) décidait que des réformés ne pourraient établir leurs cimetières qu'à leurs dépens. En outre on fit revivre l'article 10 de l'édit de 1563 et l'on décida que les cimetières des réformés devraient être hors des villes, bourgs et villages (4) particulièrement dans les lieux où il n'y avait pas d'exercice (5). Au sujet des cimetières voisins des églises catholiques on renouvela les mêmes chicanes qu'on avait faites pour les temples. Un arrêt du conseil du 16 décembre 1642 décidait que les réformés ne pourraient avoir de cimetières près des églises. Cette défense fut derechef portée par d'autres arrêts du conseil du 22 mars 1661 et 16 janvier 1662 qui décidaient que la distance devait être de trois cents pas (6). On alla même jusqu'à la spoliation pure et simple en déclarant que les cimetières réformés tenant aux églises catholiques seraient rendus à ces églises sans aucun remboursement, quoiqu'ils aient été acquis par vente, transaction ou autre-

(1) *Décisions royales*, 16.
(2) *Décisions royales.*, 31, 32.
(3) Benoit, p. 365.
(4) Arrêt du 5 octobre 1663, art. 40 cité par Bernard, p. 134.
(5) V. arrêt du 9 juillet 1685, Isambert, XIX, p. 517.
(6) Bernard, p. 135.

ment (1). Quant aux lieux qui ne possédaient qu'un cimetière, il fut présumé que ce cimetière était aux catholiques, à charge de la preuve contraire.

La question qui souleva le plus de difficulté fut celle des enterrements faits ou à faire aux cimetières catholiques. Avant l'Édit, les protestants enterraient leurs morts dans les cimetières ordinaires (2). L'Édit ne leur permettait point de continuer, mais décidait qu'on ne pourrait les rechercher pour les enterrements faits auparavant.

Cette prohibition fut particulièrement pénible aux protestants qui, dans leurs cahiers répondus en 1606, demandaient à être ensevelis dans les cimetières ordinaires et réclamaient contre les catholiques qui faisaient dans ce cas déterrer les corps inhumés. Le roi défendait de déterrer ces corps pour le passé, mais renouvelait pour les protestants l'ordre de l'Édit (3), ordre que nous retrouvons dans l'édit de décembre 1606, donné sur les plaintes et remontrances du clergé rassemblé à Paris (4).

Une question délicate s'élevait quand les protestants avaient des droits de patronage sur une église catholique. Fallait-il, alors qu'ils étaient successeurs des fondateurs, les exclure eux et leurs tombeaux de ces églises ?

La réponse fut toujours sur ce point l'exclusion.

(1) V. Règlement de 1666, art. 25 ; Isambert, XVIII, p. 80 ; Cpr. Rég. de 1669, art. 23 ; Isambert, XVIII, p. 202.
(2) Art. 45 des secrets.
(3) *Décisions royales*, p. 55 et 56.
(4) Art. 10. Isambert, XV, p. 306.

« Le Roi ne peut approuver que les gentilshommes et autres qui ont droit de sépulture dans les églises y soient conservés, puisque les constitutions canoniques le défendent, et que ce serait chose préjudiciable à la religion catholique, apostolique et romaine, dont Sa Majesté fait profession : joint qu'il ne pourrait estre sans grande occasion de scandale et mécontentement aux catholiques », disait la réponse aux cahiers du 18 septembre 1611 (1). Cette exclusion se trouvait déjà dans l'édit de décembre 1606 (2).

Des arrêts du parlement de Paris du 10 août 1618 et 1er août 1620, corps toujours extrême dans ses décisions, avait décidé que les églises souillées par des enterrements protestants seraient réconciliées et le service divin rétabli (3), et nous voyons par les cahiers répondus le 23 juillet 1625 que les protestants se plaignaient que l'évêque de Chartres ait fait jeter à la rivière le corps du seigneur de Téligny, huit ans après avoir été enterré dans la chapelle de sa maison (4). On refusait, à plus forte raison, tous les autres droits honorifiques attribués aux patronages dans les églises.

Quant au droit de patronage dans ce cas, il n'était pas aboli par le fait que les successeurs des premiers fondateurs étaient des réformés, on le considérait simplement comme suspendu ; on ne permettait aux réformés que de nommer un procureur catholique chargé de présenter pour eux.

(1) *Décisions royales*, p. 85.
(2) Art. 10. Isambert, XV, p. 306.
(3) Bernard, p. 310.
(4) *Décisions royales*, p. 140 et 141.

Les arrêts du conseil des 15 juillet 1659 et 23 octobre 1663 firent un pas de plus et décidèrent que les seigneurs protestants ne pourraient ni présenter eux-mêmes, ni nommer de procureurs dans ce cas et qu'il serait pourvu au bénéfice par l'évêque pendant le temps où la possession du droit de patronage resterait entre les mains des réformés. Une décision semblable fut rendue par le parlement de Paris le 6 février 1648 (1).

(1) Bernard, p. 312, 313.

CHAPITRE IV

Le droit d'exercice comprenait outre les actes du culte et les actes extérieurs, le droit de s'organiser pour les règlements et la discipline, le droit d'instruire les enfants et de secourir les pauvres ; droits que l'on rattachait à la religion puisqu'elle était le but de toute organisation, de toute instruction et le motif de tout secours.

Nous étudierons séparément les droits qui se rattachaient au règlement et à la discipline et ceux qui visaient l'instruction et l'assistance.

SECTION I. — **Organisation politique et disciplinaire.**

Les réformés avaient deux organisations bien différentes : une organisation politique et une organisation disciplinaire.

Par la première, ils veillaient à l'ensemble des intérêts du parti, négociaient les traités avec le roi, constituaient une sorte de démembrement du souverain.

Par la seconde, ils assuraient d'une façon plus spéciale l'ordre et le fonctionnement du culte et des actes religieux.

Nous étudierons séparément ces deux organisations en commençant par l'organisation politique qui disparut la première.

§ 1. — Organisation politique.

Les assemblées générales étaient chargées de veiller plus spécialement à l'intérêt politique du parti réformé. Elles se tenaient au courant de la situation extérieure et entretenaient des correspondances avec l'étranger : Provinces-Unies, Angleterre, Allemagne. A l'intérieur elles veillaient d'une façon plus spéciale à l'exécution et à l'observation de l'Édit ; à la réparation des contraventions qu'on y pouvait faire ; à la sollicitation des procès qui naissaient de différents côtés ; à la conservation des places de sûreté, à la propagation générale de la religion. Elles constituaient une sorte de tribunal suprême auquel dans leurs conflits les organisations inférieures devaient se référer. Elles entretenaient des correspondances avec toutes les provinces réformées. En un mot elles exerçaient une sorte de souveraineté sur l'état protestant (1).

Ces assemblées étaient composées de délégations des différentes provinces, ce qui exigeait avant leur réunion d'autres assemblées, les assemblées provinciales, où l'on nommait les députés suivant des modes qui varièrent.

(1) Sur les pouvoirs de ces assemblées, Benoit, I, p. 367

La première assemblée de Ste-Foy en 1594 comprenait trente députés. Une des plus importantes fut celle de Châtellerault ; il s'y trouva un gentilhomme, un ministre et un homme d'affaires de chaque province et en outre plusieurs seigneurs de la qualité requise par le règlement de Ste-Foy (1). Une des plus nombreuses fut celle de Saumur en 1611 où il se trouva soixante-dix personnes, dont trente députés de la noblesse, vingt ministres et seize anciens (2). Les députés du Béarn et de Metz, ne faisaient point partie à l'origine de ces assemblées pour sauvegarder leurs privilèges spéciaux (3), ils y furent admis plus tard (4).

Comme ces assemblées ne pouvaient rester en permanence, l'assemblée de Ste-Foy avait créé un conseil général permanent qui était en quelque sorte une réduction de l'assemblée générale et comprenait un député par province. Ces députés devaient comprendre : quatre gentilshommes, quatre personnes du tiers-état et deux ministres (5). Les deux lieutenants généraux et personnes qualifiées avaient voix dans cette assemblée.

Un conseil était aussi installé dans chaque province, composé de cinq ou sept personnes des trois états où il devait entrer au moins un ministre et un gouverneur de places (6). Ce conseil prenait, comme nous l'avons

(1) Benoit, I, p. 188.
(2) Benoit, II, p. 22, 23.
(3) Benoit, I, p. 285, 286, II, p. 22, 137, 138.
(4) Rép. aux cah., 6 mars 1616, *Décisions royales*, 207-209.
(5) Benoit, I, p. 127-128.
(6) Benoit, I, p. 128.

vu, des mesures pour conserver les places de sûreté, répartissait les indemnités à attribuer aux places et aux églises, recevait les avis et les communications de celles-ci. Ces conseils, réorganisés par l'assemblée de Saumur, furent interdits par la royauté et ne fonctionnèrent jamais bien (1).

Les principales assemblées furent celles de *Ste-Foy*, en 1594, où l'on élabora le règlement général du parti ; celle de *Saumur*, en 1595, qui, transférée à Loudun l'année suivante, reparut à *Châtellerault* en 1597, où elle reçut l'Edit ; celle de *Saumur* en 1611 ; celles de *la Rochelle* en 1616 et en 1620 ; enfin, la dernière assemblée de *Nîmes*, en 1629 (2).

La royauté vit toujours avec défaveur ces assemblées et chercha le plus souvent des prétextes pour les remettre à une date ultérieure (3). Elle craignait surtout l'autorité des seigneurs et leurs cabales qui tendaient à faire intervenir sans cesse les réformés dans leurs intrigues. Le duc de Sully fit même proposer, en 1605, aux réformés de renoncer à ces assemblées. Ils n'y voulurent pas consentir et la royauté fut obligée de de recourir à d'autres moyens pour s'en rendre maîtresse.

Elle pouvait refuser aux assemblées l'autorisation de se réunir et fixer en même temps le lieu de leur réunion. Ce lieu pouvait être incommode ou défavorable à

______

(1) Benoit, II, p. 58 et s., 81, 94, 114.
(2) Sur ces assemblées, V. Benoit, I, p. 138, 165, 177, 188, 223 ; II, 216, 311, 498, 499.
(3) Benoit, I, p. 138, 165, 367, 425.

l'assemblée. C'est ainsi qu'en 1614 le roi ayant fixé Grenoble comme lieu de réunion, les réformés ne s'y jugeant pas en sûreté, refusèrent le brevet (1). L'année suivante le roi leur ayant fixé Gergeau, ils lui demandèrent de préférence Grenoble (2). La royauté pouvait même refuser l'autorisation de la réunion (3).

Pour mieux s'assurer du contrôle, elle ordonna qu'aucune assemblée ne pourrait avoir lieu qu'en présence d'officiers royaux ; ces officiers étaient nommés par le gouverneur. Toutefois les assemblées eurent lieu de trois ans en trois ans, et dans sa réponse du 26 juillet 1625 le roi admettait toujours la possibilité de réunion (4).

Mais l'institution qui lui servit le plus à rendre inutiles ces assemblées fut celle des députés généraux. Le roi, en 1601, avait permis que l'on nommât, pour se tenir auprès de lui, des députés généraux au nom de toutes les provinces. Il payait ces députés en même temps que les assemblées.

En 1611 nous voyons que le brevet défendait aux assemblées de se mêler d'autre chose que de la nomination des députés (5).

Ces députés remplacèrent en partie les assemblées et celles-ci ne furent plus nécessaires que pour les nommer.

Quant au mode d'élection il fut contesté.

(1) Benoit, II, p. 134.
(2) Benoit, II, p. 165.
(3) Rép. aux cahiers de 1602, *Décisions royales*, p. 42.
(4) *Décisions royales*, p. 139.
(5) Benoit, II, p. 18.

L'assemblée voulait avoir trois députés représentant
en quelque sorte les trois états : un de la noblesse, un
du tiers état et un ministre ; mais la Cour ne voulut
pas du ministre. D'un autre côté on aurait voulu que
ces députés ne fussent nommés que pour un an. Le roi
voulait un terme plus long (1). L'on décida finalement
que le roi choisirait deux députés sur une liste de six
et qu'ils seraient nommés pour trois ans. Cette commission exista pendant toute la durée de l'Edit.

Ces députés s'occupaient spécialement de la remise
au roi des cahiers des assemblées et de veiller au respect de l'Edit. Louis XIII après l'abolition des assemblées générales en transféra la nomination aux synodes nationaux par brevet exprès, et il se chargea de
payer toute la pension. Puis le roi nomma directement
l'un des députés, l'on négligea de remplacer l'autre
et la commission devint perpétuelle (2). Elle ne fut
abolie que lors de la révocation.

Ces différentes assemblées n'étaient point totalement
en dehors des assemblées disciplinaires et elles formaient souvent par rapport à celles-ci comme une
juridiction supérieure. Un exemple intéressant nous en
est donné par l'historien Benoit.

« L'Église de Pujols dans le colloque d'Agen qui faisait partie de la province de Basse-Guyenne, avait
refusé de se soumettre aux résolutions d'un conseil de
Basse-Guyenne. On en avait porté plainte au colloque,
qui après avoir entendu les parties avait assuré la désobéissance de cette Église, quoy qu'elle justifiât assez

(1) Benoit, I, p. 368.
(2) Benoit, I, p. 369, 370 ; II, p. 18, 70, 82.

bien qu'elle avait eu de bonnes intentions. Elle en appela au synode qui confirma le jugement du colloque. La raison était que la résolution ayant été prise à la pluralité des voix, c'était rompre l'union que de ne pas vouloir s'y soumettre et ouvrir une grande porte aux divisions. Au reste on peut reconnaître par cette affaire comme par plusieurs autres qu'encore que la compétence des assemblées politiques et des ecclésiastiques fût bornée à certaines choses, les unes devant se mêler de la police et de la sûreté, les autres de la discipline et de la doctrine, il y avait néanmoins entre elles, une espèce de subordination mutuelle, en vertu de laquelle il arrivait quelquefois à l'une de réformer les règlements de l'autre ou de connaître par appel de ses jugemens (1). »

§ 2. — Organisation disciplinaire.

Les différentes assemblées politiques dont nous avons parlé n'étaient pas prévues par l'Edit et ne constituaient que des réunions simplement tolérées par la royauté pour la raison qu'elle ne pouvait pas les empêcher.

Les assemblées visant le règlement de la discipline et les questions de foi étaient au contraire admises par l'Edit.

L'article 34 des secrets promettait aux réformés « de tenir consistoires, colloques et synodes provinciaux par la permission de Sa Majesté ».

(1) Benoit, II, p. 133.

L'organisation protestante en France était calquée sur l'organisation presbytérienne que Calvin avait érigée à Genève avec cette différence que, tandis qu'à Genève elle disparut dès la mort de Calvin, elle se maintint chez nous.

Chaque église avait un consistoire, composé d'ecclésiastiques, d'anciens de la commune et de diacres. Chaque consistoire envoyait un ecclésiastique et un ancien aux colloques, réunions bisannuelles d'une province déterminée, ainsi qu'aux synodes, assemblées annuelles de la province, et à son tour chaque synode de province députait de son sein deux ecclésiastiques et deux anciens au synode général, qui primitivement se réunissait aussi chaque année, mais depuis 1598 ne revint plus que tous les trois ans.

La subordination entre ces différentes assemblées avait été strictement déterminée. Les consistoires étaient subordonnés aux colloques, ceux-ci aux synodes provinciaux et ces derniers aux synodes généraux.

Ces différentes assemblées devaient s'occuper du règlement et de la discipline.

Les actes des consistoires, colloques ou synodes touchant ce qui s'était passé dans ces assemblées étaient réputés actes authentiques et l'on y ajoutait foi jusqu'à inscription de faux (1).

Si ces assemblées avaient une pleine et entière liberté au point de vue religieux, par contre, on leur défendait expressément de s'occuper de politique et d'admettre des personnes autres que des anciens.

(1) Rép. aux cahiers du 15 mai 1620, *Décisions royales*, 121, 122.

Nous trouvons cette défense très expresse dans la réponse aux cahiers de 1606 (1), et pour veiller à l'exécution de ces prescriptions il avait été décidé que les assemblées auraient lieu en présence d'officiers royaux ; c'étaient des mesures de précautions, mais point des mesures vexatoires. Le roi avait veillé à ce que la présence de ses officiers ne gêna point les assemblées (2). Ces officiers royaux pouvaient être réformés d'après la déclaration du 17 août 1623, en fait depuis la persécution ils étaient toujours catholiques.

Ces officiers devaient dresser un procès-verbal exact de tout ce qui se faisait ou se délibérait au synode et ne devaient permettre à aucune assemblée de colloque ou de synode de se tenir hors de leur présence (3).

La même mesure fut prise vis-à-vis des consistoires ; on leur défendit de comprendre d'autres personnes que les ministres anciens et diacres (4) ; on exigea la présence d'un officier royal nommé par le roi ou les gouverneurs, qui devait parapher les délibérations, ce qui était une entrave très importante et très sérieuse à la liberté de réunion.

Les colloques furent supprimés en fait, car on ne leur permit de se réunir que pendant les synodes et non dans les intervalles (5) avec la présence d'un commissaire du synode.

(1) *Décisions royales*, 57.
(2) Rép. aux cahiers de 1606, *Décisions royales*, 57.
(3) Arrêt du 15 sept. 1560, Isambert, XVII, p. 380 ; Arrêt du conseil du 17 nov. 1664, Bernard, p. 272.
(4) Arrêt du conseil, 11 janvier 1657 cité par Bernard, p. 267.
(5) Arrêts, 26 juillet 1657, 17 mars 1661, Isambert, XVII, p. 346, 400.

Ce fut particulièrement sur les synodes que s'exerça la surveillance royale.

Ils avaient hérité d'une partie des fonctions des assemblées et c'étaient eux qui maintenant nommaient les députés généraux et présentaient les cahiers de réclamations.

Il était à craindre que le zèle des gouverneurs ne mît obstacle à leur réunion. Ils avaient pour cela un moyen bien simple : refuser de leur accorder les officiers royaux dont la présence était nécessaire à la réunion des assemblées.

Sur ce point on voulut un moment empêcher ces abus. Un arrêt du conseil du 22 août 1626 permettait aux réformés de s'assembler et de tenir des synodes quand bon leur semblerait avec l'obligation toutefois de prévenir le gouverneur ou le lieutenant général de la province dans le mois précédant la convocation afin qu'il y envoyât un commissaire. Dans le cas où ce commissaire ne venait pas, l'assemblée devait attendre trois jours après lesquels elle pouvait se réunir librement (1). Richelieu ne fut pas du reste contraire aux synodes comme on le vit au synode de Charenton du 1er septembre 1631 (2) à la suite duquel les députés furent reçus gracieusement par le roi et harangués par Richelieu.

Avec la persécution les choses changèrent ; on voulut empêcher les synodes de se réunir et, quand ils étaient

(1) *Décisions royales*, 147, 148.
(2) Isambert, XIV, p 367

parvenus à se réunir, on les empêchait de délibérer utilement.

Pour en arriver là, l'on attaqua cet arrêt de 1626 qui leur donnait la faculté de se réunir après avoir avisé le gouverneur ; l'on prétendait qu'il était contraire aux termes de l'Edit qui parlait de la permission de Sa Majesté, à l'article 11 de l'édit de mars 1626 qui défendait aux réformés de tenir aucune assemblée générale ni particulière sans une permission expresse donnée par lettre ou brevet signé du roi et contresigné de l'un de ses secrétaires d'Etat. C'est sur ce principe qu'un arrêt du conseil du 20 décembre 1675 cassait ce qui avait été fait dans les synodes des religionnaires de la Basse-Guyenne en l'absence du commissaire du roi (1). En outre certains voulaient que les synodes ne pussent se réunir dans les villes pour lesquelles le lieu de bailliage avait été donné, mais seulement dans le lieu de l'exercice (2). Les synodes généraux furent complètement prohibés en 1660. Le dernier fut tenu à Loudun en 1659 (3).

On avait étendu aux consistoires, les entraves savantes mises déjà autour des délibérations des synodes. On ne leur permettait que de traiter les affaires politiques, c'est pourquoi l'on interdit les assemblées de notables regardant la discipline ecclésiastique, qui se réduisait à presque rien puisqu'on avait découvert que les consistoires n'ayant ni ordre, ni juridiction ne pouvaient suspendre, ni excommunier. Cameron, ministre

(1) Isambert, XVIII, p. 157.
(2) Bernard, p. 72.
(3) Isambert, XVII, p. 375.

de Bordeaux, qui avait suspendu Saint-Augel et Lauvergnac, vit sa procédure cassée comme abusive par un arrêt du parlement de Bordeaux du 9 juillet 1616. Un autre arrêt du conseil d'Etat du 5 octobre 1663 défendait de censurer les pères ou mères qui envoyaient leurs enfants dans les collèges catholiques.

Nous étudierons les motifs qui finirent à amener les réformés à retirer leurs enfants des collèges catholiques, dans la section suivante et qui traite de l'instruction et de l'assistance chez les réformés.

SECTION II. — Organisation de l'instruction publique et de l'assistance chez les réformés.

C'était, sous l'ancien régime, à l'Eglise que l'on avait abandonné le soin de l'instruction des enfants et de l'assistance des malades, et ceci est facile à concevoir. L'instruction était avant tout l'instruction religieuse, et le soin donné au malade n'était que l'accomplissement du précepte de charité de la loi évangélique.

Lorsque les réformés s'organisèrent, ils durent songer à avoir des écoles et une assistance distincte, sinon complètement, du moins dans une mesure suffisante pour sauvegarder leur conscience. Les soins qu'ils donnèrent à l'instruction et à l'éducation des enfants nous occuperont en premier lieu.

§ 1. — Instruction et éducation des enfants réformés.

L'éducation des enfants comprend deux phases : dans

la première, le soin d'inculquer les premières notions
religieuses et morales ainsi que les premiers aperçus
sur les choses, est laissé à la famille ; dans une seconde,
il est ordinairement confié à des maîtres spéciaux qui
enseignent les sciences et parfont l'éducation nécessaire
dans les écoles et les collèges. Une liberté de conscience
complète exigeait qu'il y eût respect de l'enseignement
dans les deux cas ; c'est ce qu'avait admis l'Edit de Nantes ; c'est ce qu'il s'efforçait de mettre en pratique dans
une série d'articles garantissant aux parents leurs droits
sur la conscience de leurs enfants, leur procurant le
droit d'établir des écoles et des collèges, enfin leur ouvrant des collèges déjà fondés.

Nous allons examiner ces trois moyens successivement.

Par l'article 18 (1), l'Edit traitait de la première question de l'éducation des enfants, il défendait aux catholiques d'enlever par force ou induction et contre le gré
des parents les enfants des protestants pour les faire
baptiser ou confirmer en la religion catholique ; et réciproquement il faisait les mêmes défenses aux protestants.

Cette prescription ne faisait que reconnaître le droit
de liberté de conscience sous une autre forme et était
d'autant plus fondée que l'on considérait le droit d'édu-

---

(1) Art. 18 de l'édit: Défendons aussi à tous nos subjets, de
quelque qualité et conditions qu'ils soient, d'enlever par force ou
induction contre le gré de leurs parents, les enfants de la dite religion pour les baptiser ou confirmer en l'église catholique, apostolique et romaine, comme aussi mesmes défenses sont faites à
ceux de la dite religion prétendue réformée, le tout à peine d'être
puni exemplairement.

cation des parents sur les enfants comme un droit na
turel.

Des applications de cet article furent faites par l'arrêt du conseil de mars 1662 (1), par ceux des 18 septembre et 22 septembre 1664, ordonnant que les enfants seraient élevés dans la religion en laquelle leurs pères seraient morts et à cet effet seraient mis entre les mains des mères, tuteurs et autres personnes faisant profession de la même religion. Les enfants dans le cas de différence de religion entre les parents devaient suivre la religion du père.

Une infraction grave fut faite lors des persécutions par la déclaration du 12 juillet 1685 ordonnant que les enfants dont les pères seraient morts religionnaires, et dont les mères seraient catholiques, seraient élevés dans la religion catholique (2).

L'Edit poussait sa sollicitude plus loin encore ; il permettait aux pères et mères de pourvoir à l'éducation de leurs enfants après leur mort et d'indiquer les curateurs et éducateurs qu'ils devraient avoir (3).

La persécution ordonna tout le contraire, la déclaration du 4 avril 1685 portait que les enfants dont les

(1) Isambert, XVIII, p. 23.
(2) Isambert, p. XIX, p. 521.
(3) Art. 38 des secrets.
Sera loisible aux pères faisant profession de ladite religion, de pourvoir à leurs enfants de tels éducateurs que bon leur semblera et en substituer une ou plusieurs par testament, codicille ou autre déclaration passée par devant notaire, ou écrite et signée de leurs mains, demeurant les lois reçues en ce royaume, ordonnances et coutumes des lieux, en leur force et vertu pour les dations et provisions des tuteurs et curateurs.

pères et mères étaient morts dans la religion réformée ne pourraient avoir pour tuteurs que des catholiques à peine d'amende et de bannissement pour neuf ans (1).

Les dispositions de l'Edit furent des plus mal observées ; lors des persécutions et suivant l'habitude l'on prétendit l'appliquer rigoureusement en ce qui concernait les obligations imposées aux protestants, tandis qu'on ne l'appliquait point aux catholiques et qu'on leur laissait toute licence. L'on y contrevint principalement : en abaissant l'âge auquel les enfants étaient censés capables d'agir eux-mêmes ; en présumant dans de nombreux cas la volonté des parents de faire élever leurs enfants dans la religion catholique ; en empêchant tout changement d'éducation de la part des catholiques.

L'on déclara que l'article défendait bien d'enlever par force ou induction les jeunes protestants pour les élever dans la religion catholique contre le gré de leurs parents, mais que cette défense n'était point perpétuelle et devait cesser lorsque l'enfant arrivait en âge de se gouverner lui-même. Cet âge pouvait se trouver après sept ans, âge où l'on admettait la confirmation comme possible, c'était encore discuté, mais à onze ans il n'y avait plus de doute, l'enfant était alors *pubertati proximus, doli capax,* il pouvait, s'il n'était suborné de personne, librement choisir la religion catholique. C'est ainsi que par arrêt du conseil du 12 septembre 1665, visant un partage fait par les commissaires exécuteurs de l'Edit en Guyenne, il fut ordonné que Jacques Lamouroux, âgé de dix ou onze ans, qui s'était

(1) Isambert, XIX, p. 523-524.

fait catholique, et dont le père était mort protestant serait remis aux mains de son aïeule pour continuer à s'instruire dans la religion catholique. Par autre arrêt du conseil donné le même jour, il fut ordonné que Jean Labat, converti de dix à onze ans, malgré la requête de sa mère, protestante, demeurerait en la maison et collège des Prêtres de l'Oratoire de Vendôme pour être instruit en la religion catholique et que son entretien et sa nourriture seraient réglés par le bailli de Vendôme. Un autre arrêt du conseil du 22 août 1637 défendait au bailli de St-Germain de retirer de la maison de la Propagation de la Foi, au faubourg St-Germain, les demoiselles de la Tramerie dont l'une avait onze ans et l'autre treize. Le bailli les en avait retirées sur la requête de leur mère protestante (1).

Les réformés réclamèrent et obtinrent trois arrêts du conseil, deux des 19 mai et 18 septembre 1663 et l'un du 23 avril 1665 (2), défendant d'enlever les enfants de la religion protestante réformée, de les induire, et de leur faire faire aucune déclaration de changement de religion avant l'âge de quatorze ans pour les garçons et douze ans pour les filles. C'était encore un âge dérisoire. L'arrêt de 1665 décidait que les enfants convertis pourraient à leur choix demeurer chez leurs parents, ou demander une pension alimentaire.

Ces arrêts ne furent pas observés. Les enlèvements d'enfants continuèrent. On défendit même aux parents de les voir lorsqu'ils seraient entrés dans une maison de Propagation de la Foi avant leur abjuration.

(1) Ces arrêts sont cités par Bernard, p. 100 et 101.
(2) Isambert, XX, p. 64.

En 1681, l'on abaissa à sept ans l'âge des conversions d'enfants et l'on déclara que les parents ne pourraient les élever à l'étranger. On alla plus loin, on autorisa les sages-femmes à ondoyer les enfants ; on prenait l'enfant au moment même de sa naissance (1).

Un autre moyen très communément employé pour violer l'article fut la présomption de volonté que l'on attacha à certains des actes des pères et mères protestants.

Il fut décidé que si un père de la religion réformée avait témoigné, en quelque manière que ce fût, approuver un changement de religion chez ses enfants, il ne pouvait plus changer de religion, ni faire élever ses enfants dans la religion protestante.

L'une de ces présomptions était le fait de laisser aller ses enfants dans l'église catholique. Dans ce cas l'on ne permet plus au père de changer d'avis et dans le cas où le père le voudrait on lui enlèverait ses enfants et on l'obligerait à payer leur pension dans un collège catholique.

Ce n'était rien encore, l'on déclara que le fait par un père d'avoir mis ses enfants dans un collège catholique indiquerait une volonté suffisante de la part du père. L'on contrevenait ainsi à l'article 37 de l'Edit qui permettait aux parents réformés d'envoyer leurs enfants dans les écoles publiques. Un arrêt du parlement de Paris de 1623 fut, sur ce motif, rendu contre un père protestant qui avait mis ses enfants dans le collège de Clermont à Paris.

(1) V. arrêt du Parlement de Rouen, 22 avril 1681 ; Isambert, XIX, p. 267.

Si l'on se montrait si facile à admettre des présomptions de volonté de changement de religion chez les réformés, l'on refusait par contre d'en admettre aucun chez les catholiques.

Nous avons vu qu'on ne permettait pas à un père catholique qui épousait une protestante de faire élever ses enfants dans la religion réformée. De même l'on défendait à un père catholique de faire baptiser ses enfants au prêche. Ce fut entre autres décidé par un arrêt du conseil du 26 février 1663.

Bien plus, pour les catholiques on présumait la subordination quand ils voulaient changer de religion, et l'on déclarait par exemple qu'en cas de mariage, les catholiques qui changeaient de religion ne pourraient se marier qu'après avoir pendant un mois professé et exercé la religion catholique. Ce fut décidé par un arrêt du conseil du 3 novembre 1664.

Nous avons vu d'ailleurs une partie de ces questions en traitant des conversions.

Une question se pose : Qu'advenait-il des enfants qui n'avaient ni père, ni mère, des bâtards, des exposés ?

Ceux-là étaient élevés dans la religion commune, dans la religion catholique. On ne permettait pas aux protestants de les recueillir, et un arrêt du conseil du 5 octobre 1662 ordonnait que les bâtards et les exposés seraient portés aux hôpitaux des catholiques pour être nourris et élevés dans leur religion.

Ceci était conforme au droit commun (1).

Il est bon, avant d'aborder la question des collèges et

____

(1) Sur ces points et sur les arrêts cités, v. Bernard, p. 96-102.

écoles, de retracer en quelques mots la façon dont était comprise l'instruction publique sous l'ancien régime.

Pour répondre à l'instruction du premier degré, à l'instruction que nous nommons l'instruction primaire, il y avait des écoles dans les paroisses. Ces écoles étaient en partie sous la direction du clergé, c'est la puissance ecclésiastique qui était en possession d'établir des maîtres et maîtresses d'écoles dans les paroisses (1) ; cette surveillance était tantôt dans la main de l'évêque, tantôt dans celle de l'archidiacre. Les maîtres devaient avoir des lettres d'institution de la personne susdite ; ils donnaient leur instruction gratuitement. On y apprenait à lire, écrire et compter.

Au-dessus de ces écoles, il y avait les collèges proprement dits, dont l'érection appartenait au roi seul ; les particuliers pouvaient les bâtir, les doter, non les ériger (2).

L'élection du principal était souvent remise entre les mains des supérieurs ecclésiastiques ou des municipalités. Ils pouvaient destituer le principal qu'ils avaient nommé, car sa charge était une commission et non pas un office. Au point de vue de l'enseignement, l'on distinguait les collèges de plein exercice où l'on enseignait les humanités, des autres collèges où l'on enseignait seulement la philosophie.

L'article 37 (3) des secrets permettait d'une façon

(1) Denizart dit ne pas savoir pourquoi, v° *École*.

(2) Denizart, v° *Collège*.

(3) Art. 37 des secrets :

« Ne pourront ceux de ladite religion, sinon écoles publiques, sinon ès-villes et lieux où l'ennemi public d'icelle leur est permis générale d'enseigner dans les écoles publiques, aux villes et lieux où les protestants avaient l'exercice.

Pour étendre leur privilège, les protestants s'efforcèrent d'un côté d'obtenir le droit d'avoir des écoles dans toutes les villes du royaume, et d'un autre côté, ils cherchèrent à augmenter le programme de ces écoles et à en faire des sortes de petits collèges.

Dans un cahier présenté au roi et répondu le 23 juillet 1611, les protestants demandaient d'avoir des « petites escholes » en toutes les villes et bourgs du royaume pour y apprendre aux enfants à lire, à écrire et les premiers rudiments de la grammaire. Le roi ne leur accorda point ; il ne leur permettait d'avoir de petites écoles que dans les villes et faubourgs où ils avaient l'exercice « et ce pour un maître en chacune d'icelles pour apprendre à lire, à escrire seulement avec défense aux maîtres d'escholes de dogmatiser, recevoir en chaque lieu plus de dix ou douze escholiers du voisinage (1) ».

Cette réduction à dix ou douze élèves lésait les protestants qui réclamèrent et l'année suivante, le 17 avril 1612, le roi faisait droit à leur demande. « Les petites escholes sont accordées aux supplians dans les villes, aux faux-bourgs desquelles l'exercice de leur religion leur est permis sans restriction de nombre, pourvu que ce ne soit qu'enfants de la ville ou faux-bourgs ; et pour les villages circonvoisins ou estrangers, se contenteront de les tenir aux faux-bourgs (2) ».

et les provisions qui leur ont été cy-devant accordées pour l'érection et l'entretiennement des collèges, seront vérifiées où besoin sera ».

(1) *Décisions royales*, 86.
(2) *Décisions royales*, 91.

Les protestants réclamèrent encore le droit d'avoir des petites écoles dans toutes les villes du royaume, mais ce fut sans succès (1). L'arrêt de 1683 les obligea même à les établir à l'endroit de l'exercice et non à l'intérieur des villes (2).

Battus sur ce point, les réformés essayèrent d'étendre le cercle des choses enseignées dans les écoles. Ils admettaient bien que dans les petites écoles, on ne pouvait enseigner qu'à lire, à écrire et à compter, mais ils prétendaient que l'article 38 des secrets leur avait accordé non pas des petites écoles, mais des écoles publiques. Le conseil du roi refusa d'admettre cette prétention. Pour tourner la prohibition, les réformés essayèrent d'installer soit chez leurs ministres, soit dans des maisons particulières, des sortes d'écoles clandestines. Ce leur fut défendu par arrêt du conseil d'État du 22 septembre 1664, qui interdisait aux ministres de la R. P. R. d'avoir plus de deux pensionnaires.

Lors de la persécution on leur défendit d'avoir dans les lieux où ils avaient l'exercice, plus d'une école et plus d'un maître (3).

Dans les écoles publiques que l'édit de Nantes autorisait, fallait-il comprendre les collèges ? Les réformés pouvaient-ils, à l'instar des catholiques, sur l'autorisation du roi, bâtir, doter des collèges et y enseigner leur religion ?

(1) Rép. du 19 nov. 1616, *Décisions royales*, 111, 112.
(2) Isambert, XIX, p. 412.
(3) 4 déc. 1671, Isambert, XVIII, p. 442.

Cela découlait naturellement de la permission de tenir des écoles publiques. Cette autorisation fut largement reconnue dans les premiers temps de l'Edit.

Le roi, dans la réponse aux cahiers qu'il fit en 1602 (1) accordait à ces collèges dans les lieux fixés par l'Edit les mêmes immunités et libertés qu'aux autres universités et collèges du royaume. Le même privilège était renouvelé dans la réponse aux cahiers du 23 juillet 1611 (2). Le 12 septembre 1615, le roi accordait au collège et académie de Die les mêmes droits, privilèges et prérogatives qui avaient été accordés au collège de Montélimar (3).

A côté de leurs collèges, les réformés avaient aussi établi des académies dans lesquelles ils enseignaient la théologie à ceux qui prétendaient au ministère. Ces académies jouissaient des mêmes droits et immunités que les collèges. Dans sa réponse du 23 juillet 1611 le roi disait expressément que leur établissement était permis par l'Edit (4). C'est ce qu'on contesta néanmoins lors de la persécution légale : l'on exigea que les protestants montrassent les lettres patentes leur permettant d'établir de telles académies; en même temps on leur défendait d'y enseigner la théologie (5).

Pour les collèges l'on fit de même, on leur contesta le droit d'en avoir ailleurs qu'aux villes pour lesquelles il leur avait été donné des provisions avant l'édit de

(1) *Décisions royales*, 42-43.
(2) *Décisions royales*, 86.
(3) *Décisions royales*, 98.
(4) Rép. du 23 juillet 1611, *Décisions royales*, 86.
(5) Arrêt du conseil, 5 octobre 1663.

Nantes. Pour les autres l'on exigea des lettres patentes, c'est ainsi que l'article 9 du fameux arrêt du Conseil d'État du 5 octobre 1663 enjoignait aux consuls réformés de Nîmes de remettre au greffe du Conseil les lettres patentes, en vertu desquelles ils avaient établi leur académie ; l'édit allait jusqu'à prétendre que la nécessité des lettres d'érection pour l'établissement des collèges faisait partie des lois fondamentales du royaume (1). On refusait aussi d'admettre que ce vice pût se couvrir par la prescription. C'est en se fondant sur ces raisons que l'on supprima les collèges de Montpellier et d'Anduze.

Il y avait d'autres collèges, comme le collège de Nîmes, que les protestants avaient usurpés sur les catholiques.

Ceux-là, on les conservait comme ayant été régulièrement fondés, mais il avait été fait des transactions. Ainsi le collège de Nîmes avait été partagé entre les protestants et les jésuites. Un arrêt du conseil du 23 juillet 1633 avait porté cette décision pour tous les collèges se trouvant dans le même cas.

En tout cas un arrêt du conseil du 29 janvier 1663 défendait aux protestants de qualifier aucun de leurs collèges du nom de collège royal, « Sa Majesté n'ayant jamais entendu passer pour fondateur d'aucun collège où l'on enseigne une doctrine contraire à celle qu'elle professe » (2).

(1) Bernard, p. 280.
(2) Bernard, p. 109.

Les réformés n'avaient pas seulement le droit d'établir des écoles et des collèges distincts, ils avaient également le droit d'envoyer leurs enfants dans les autres collèges du royaume (1), et en vertu de leur droit d'admission aux charges et offices, ils pouvaient être nommés professeurs ou régents de ces collèges (2).

Sur ce dernier point ils n'obtinrent jamais une véritable satisfaction et de bonne heure ils furent exclus de ces charges. Le principal et les régents des collèges devaient être catholiques suivant l'arrêt de la Chambre de l'Edit de Paris du 7 septembre 1643.

D'un autre côté, les protestants pouvaient envoyer leurs enfants dans des collèges catholiques, l'on en conclut qu'ils devaient contribuer à l'entretien des régents et maisons d'écoles.

Pour ce qui est de l'admission des enfants dans les collèges l'on fit d'abord des difficultés. Dans sa réponse aux cahiers de 1602 le roi était obligé de prescrire aux collèges de Blois, Montargis, Saintes et autres lieux de respecter l'Edit (3). Les écoliers devaient être admis sans qu'on leur fît faire aucun serment contraire à leur religion, comme cela se faisait dans certains lieux, par exemple à Caen (4).

---

(1) Edit de Nantes, art. 22 : « Ordonnons qu'il ne sera fait différence ni distinction pour le regard de ladite religion, à recevoir les escholiers pour être instruits ès universités, collèges et escholes, et pour les malades et pauvres ès hôpitaux, maladreries et aumosnes publiques ».

(2) Benoit, I, p. 232.

(3) *Décisions royales*, 31.

(4) *Décisions royales*, 111, 112.

Les protestants eurent d'autres raisons de se repentir de cette admission de leurs enfants dans des collèges catholiques, où ils recevaient des principes contraires à leurs croyances surtout lorsqu'on tendit à regarder le fait de faire élever son enfant dans un collège catholique, comme une intention chez les parents de lui faire changer de religion. Aussi essayèrent-ils d'empêcher leurs coreligionnaires de continuer cette pratique et de censurer et de frapper de peines les contrevenants. Des arrêts royaux le leur interdirent : un arrêt du conseil du 21 avril 1637 défendait aux ministres et autres d'ôter la liberté aux parents d'envoyer leurs enfants dans des collèges catholiques et un autre arrêt du conseil du 5 octobre 1663 suivi d'un autre arrêt du 18 septembre 1664 défendait de censurer les parents qui continueraient d'envoyer leurs enfants dans des collèges catholiques.

§ 2. — L'assistance des malades et des pauvres.

Le même article 22 permettait aussi aux réformés d'envoyer leurs malades et pauvres dans les hôpitaux publics.

Examinons d'abord le droit d'entrée dans les hôpitaux.

Il paraissait encore plus facile à accorder que l'admission aux écoles, car les hôpitaux, après avoir été longtemps sous la direction des évêques à qui l'institution devait en partie sa fondation, furent laïcisés par les ordonnances de 1543 et de 1561.

Les rois se réservèrent le droit de disposer des hôpitaux qui formèrent des corps purement laïques, se formant par la seule autorité du souverain et pouvant se supprimer, s'unir, se transférer à sa volonté.

L'autorisation donnée aux réformés d'entrer dans les hôpitaux était donc facile et le contrôle ecclésiastique y ayant cessé quant à la direction, il était sans difficulté d'y faire régner la liberté de conscience.

Les réformés usèrent d'abord largement de ce droit. Ils obtinrent même la permission d'occuper certaines places spéciales.

D'un autre côté, les réformés étaient entrés en grand nombre dans ces hôpitaux pour les administrer. Lors de la persécution, une série d'arrêts veillèrent à ce que les hôpitaux fussent administrés par les catholiques (1). En même temps, on fit des misères aux réformés dans les hôpitaux, tantôt en refusant de les admettre, tantôt en les traitant mal (2).

Les protestants, reconnaissant à ces admissions les mêmes désavantages qu'aux admissions dans les écoles, voulurent fonder des hôpitaux séparés.

Un arrêt du conseil de juin 1637 ordonna qu'il serait donné avis au roi des maisons et hôpitaux établis sans son autorité. L'on déclarait, de même que pour les collèges, que les hôpitaux étaient des corps et des universités qui ne pouvaient être établis que par une permission expresse du prince. On ne permettait point de tourner ces prohibitions en faisant porter les malades

____

(1) Benoit, p. 116.

(2) V. Rép. aux cahiers, 18 septembre 1601, *Décisions royales*, 21 et 22.

dans une maison particulière, car ce lieu serait devenu public sans l'autorisation du roi (1). Il fallait, dans ce cas, que chaque malade se fît soigner à son domicile.

Quant aux pauvres réformés, ils étaient aussi admis aux distributions de nourriture, de secours de toutes sortes en nature et en argent que faisaient les hôpitaux, confréries, etc.

On fit de l'opposition à ces dispositions. L'article 30 de l'arrêt du Conseil d'État du 5 octobre 1663 ordonnait que les aumônes à la disposition des chapitres, prieurs et curés seraient faites par eux-mêmes dans le lieu de la fondation, à la porte des églises aux pauvres tant catholiques que de la religion réformée et ce en présence des consuls des lieux. Et à l'égard des aumones qui étaient à la disposition des consuls elles devaient se faire publiquement, à la porte de la maison de ville en présence des prieurs et vicaires des lieux qui en pourraient garder contrôle (2).

Les réformés avaient en outre des aumônes spéciales. Avec les biens qui leur étaient légués, les offrandes qui leur étaient faites, ils entretenaient spécialement leurs pauvres. Sous prétexte qu'ils étaient admis aux aumônes et aux hôpitaux l'on voulut dans certains endroits faire remettre entre les mains des pouvoirs publics, les aumônes recueillies pour les pauvres à la porte des temples (3).

(1) V. arrêt du conseil du 4 septembre 1684 ; Isambert, XIX, p. 460.
(2) Bernard, p. 115 et 116.
(3) Le roi avait défendu cet abus dans sa réponse aux cahiers du 18 septembre 1601 ; *Décisions royales*, 21, 22.

La persécution s'empara immédiatement de ces biens des pauvres ; des déclarations royales de 1668 et 1683 réunirent aux hôpitaux les biens légués aux consistoires pour les pauvres.

SECTION III. — **Organisation financière.**

Ce n'est pas à notre époque qu'il faut parler de l'utilité de l'organisation financière ; cela ne fait plus de doute pour personne et l'on sait combien l'argent est nécessaire pour permettre à une organisation quelconque, fût-elle religieuse, de vivre.

Malgré les grandes diminutions qu'ils avaient faites sur les dépenses générales du culte, puisqu'ils avaient proscrit le luxe et les cérémonies dispendieuses du catholicisme, les réformés avaient cependant besoin d'argent pour l'entretien de leurs ministres, la construction de leurs temples, le paiement des différents frais d'exercice, les aumônes des pauvres, le salaire des maîtres d'école et même au début les frais généraux de l'organisation du parti ; les différentes assemblées avaient certains fonds dont elles disposaient pour l'entretien des députés généraux, le salaire de certaines garnisons, les secours à donner à certaines provinces ou églises trop pauvres, la récompense de certains ministres, etc.

L'Edit avait prévu ces besoins d'argent et avait cherché à leur faire face de trois façons. En exemptant certaines personnes et certains lieux de payer les impôts, c'était une façon indirecte de diminuer leurs charges

financières, en les exemptant d'une façon générale de
faire certaines dépenses et en contribuant dans une
certaine mesure à l'entretien de leurs ministres, enfin
en leur permettant de recevoir des dons et legs et de
s'imposer eux-mêmes.

§ 1. — Exemptions de tailles accordées à certaines personnes et à certains lieux.

Les ecclésiastiques ne payaient pas la taille, les églises, les cimetières et les autres lieux religieux catholiques jouissaient également de cette exemption. Il
sembla tout naturel de l'étendre aux réformés.

Les ministres furent donc gratifiés d'un traitement
analogue à celui dont bénéficiaient avant eux les ecclésiastiques catholiques.

On exempta les ministres des gardes, rondes, logements des gens de guerre, tailles, tutelles, curatelles,
de commissions et séquestres des biens saisis par autorité de justice (1).

La plus importante de ces exemptions était celle de
la taille, aussi rencontra-t-elle des résistances.

Dans sa réponse à leurs cahiers du 12 septembre
1615 le roi promettait aux protestants d'expédier des
lettres de jussion expresse à la Cour des aides de Paris
pour la vérification de l'exemption des tailles et autres

---

(1) Art. 44 des secrets :

« Les ministres de ladite religion seront exempts des gardes et
rondes et logis des gens de guerre et autres assiettes et cueillettes
de tailles, ensemble des tutelles et curatelles et commissions pour
la garde des biens saisis par autorité de justice. »

impositions, exemption dont jouissait les pasteurs (1). Malgré cela la Cour des aides résistait toujours et nous voyons dans sa réponse aux cahiers des protestants du 28 mars 1617 et du 30 août 1617 le roi renouveler sa promesse d'envoyer des lettres de jussion (2).

La discussion roulait sur le point de savoir si l'exemption de toutes tailles visait aussi bien les tailles personnelles que les tailles réelles.

La généralité des termes de l'Edit pouvait faire croire à une exemption de tailles générale. Il est vrai qu'on ouvrait de la sorte une large porte aux fraudes.

Les protestants renouvelèrent leurs demandes, le 23 juillet 1621 et le 12 avril 1622.

Un arrêt du Conseil d'Etat du 17 juillet 1624 fixait que l'exemption ne s'étendait qu'aux tailles personnelles, ils « jouiront des exemptions de tailles et autres impositions, pour le regard de leurs meubles, pensions et gages, seulement et non autrement, avec défense à toute personne de les y troubler ni empêcher : même aux assesseurs et collecteurs de les imposer et taxer pour raison des dites pensions, gages et meubles, mais seulement à proportion de leurs héritages et autres biens (3).

Cette décision fut renouvelée par un autre arrêt du conseil du 17 novembre 1646 et par celui du conseil du 22 septembre 1664, article 13.

Par contre, conformément au droit général qui voulait que les lieux hors du commerce ne payassent pas

(1) *Décisions royales*, 96 et 97.
(2) *Décisions royales*, 213.
(3) *Décisions royales*, 148, 150.

d'impôts, les temples et les cimetières protestants étaient
exempts de la taille. Ce fut dit expressément dans la
réponse aux cahiers du 28 septembre 1601 (1) et dans
la réponse du 17 avril 1612 au sujet de cimetières (2).

Malgré ces réponses les persécuteurs de la seconde
moitié du XVIIᵉ siècle n'admirent point ces exemptions (3).

§ 2. — Exemptions générales et contributions.

Cela n'était naturellement pas suffisant. Les réformés auraient voulu être complètement déchargés de
toute contribution à faire aux catholiques et en particulier ils avaient demandé à être exemptés des dîmes (4).

C'eût été donner une prime à la Réforme. Le roi refusa d'acquiescer à cette demande ; il ne les déchargea
que de la contribution directe aux dépenses du culte
catholique, telles que l'entretien des temples (5).

Un arrêt du conseil du 9 juillet 1685 (6), rendu sur
la requête du clergé, ordonna que les religionnaires
contribueraient à la réédification et réparation des églises paroissiales et maisons curiales à proportion des
biens qu'ils possédaient dans les paroisses.

On décida qu'ils paieraient la dîme comme les autres sujets, mais qu'en échange le roi leur donnerait

(1) *Décisions royales*, 21.
(2) *Décisions royales*, 44.
(3) Bernard, p. 86.
(4) Art. 25 de l'édit.
(5) Rép. aux cah , 4 mars 1624, *Décisions royales*, 127, 129, 130.
(6) Isambert, XIV, p. 518.

une certaine somme. Cette somme ne fut jamais payée régulièrement ; de plus elle était complètement insuffisante. Pour combler la différence, il fallut accorder aux réformés une faculté des plus importantes, celle de recevoir des dons et legs et surtout celle de s'imposer.

§ 3. — Faculté de recevoir des dons et legs et de s'imposer.

L'Edit permettait en premier lieu de recevoir des dons et legs.

C'était reconnaître à la réunion des protestants dans les différents lieux la personnalité morale, en faire, comme on le disait dans le langage du temps, un corps et une communauté. C'était spécifié par l'article 42 (1) des articles secrets qui permettait les dons et legs faits par les réformés pour l'entretien des ministres, docteurs, écoliers et pauvres de la religion et autres œuvres pies. Ces dons pouvaient être faits par procureur sous le nom du corps et communauté des protestants.

(1) Art. 42 des secrets : « Les donations et légats faits ou à faire, soit par disposition de dernière volonté à cause de mort ou entre vifs pour l'entretiennement des ministres, docteurs, écoliers et pauvres de la dite religion prétendue réformée et autres causes pies, seront valables et sortiront leur plein et entier effet, nonobstant tous jugemens, arrests et autres choses à ce contraire, sans préjudice toutefois des droits de Sa Majesté et d'autruy, en cas que lesdits légats et donations tombent en mainmorte, et pourront, toutes actions et poursuites nécessaires pour la jouissance desdits légats, causes pies et autres droits tant en jugement que dehors, être faites par procureur sous le nom du corps et communauté de ceux de la dite religion qui aura intérêt, et s'il se trouve qu'il ait été cy-devant disposé desdites donations et légats autrement qu'il n'est porté par ledit article, ne s'en pourra prendre aucune restitution que ce qui se trouvera en nature. »

Cet article était confirmé dans la réponse aux cahiers du 7 février 1626 (1), et auparavant il avait été confirmé par un arrêt du conseil privé du roi du 19 mars 1624 qui reconnaissait en outre au procureur de la communauté des réformés de Xaintes le droit de percevoir ces dons et legs.

« Le roi en son conseil faisant droit sur l'instance conformément à l'article 43 des secrets de l'édit de Nantes, a permis et permet audit Guillon en la qualité de procureur de la communauté de ceux de la R. P. R. de Xainctes, de poursuivre tous dons et legs faits pour l'entretiennement de ministres, docteurs, escolliers et pauvres de ladite religion. Veut et entend néanmoins Sa Majesté que ledit Herpin en qualité d'avocat du roi, assiste et sans aucun frais à la reddition des comptes qui se rendront de l'administration et employ des deniers provenans des dites donations et legs, sans despens de l'instance (2). » On contrevint à ces différents articles de toutes les façons. Nous avons vu déjà qu'on réduisit l'exemption de la taille des ministres aux tailles personnelles, ce qu'on pouvait exercer jusqu'à un certain point; mais ce qui ne fut pas excusable, ce fut la façon dont on s'y prit pour les empêcher de recevoir les dons et legs et les empêcher de s'imposer.

On déclara que l'article ne permettant que les dons et legs excluait les institutions d'héritiers. Ce fut jugé par un arrêt du conseil du roi du 17 juin 1664 (3). En outre, on réduisit le plus possible le nombre des per-

(1) *Décisions royales*, 141.
(2) *Décisions royales*, 146.
(3) Bernard, p. 296.

sonnes capables de recevoir des dons et legs. On distingua les legs et dons d'immeubles, et les legs de meubles; pour les premiers, on déclara que les consistoires ne pouvaient les recevoir n'étant ni des corps, ni des communautés (1) et ne pouvant s'assembler que pour les affaires concernant leur discipline, nullement pour les affaires politiques ou temporelles. Les ministres furent aussi incapables de recevoir comme ne formant pas de corps ni de communautés. Les docteurs, écoliers et pauvres de la communauté ne pouvaient recevoir comme étant des personnes incertaines.

On ne permit donc aux protestants que de recevoir des meubles, des sommes modiques, par l'intermédiaire du procureur de la ville. Il leur était interdit d'avoir un procureur spécial.

Il avait été permis aux protestants de s'imposer en observant différentes conditions : ils devaient se réunir devant le juge royal : ce juge devait avoir état de l'imposition et le garder, en outre ce juge devait en envoyer tous les six mois une copie au roi et au chancelier. Mais il n'était pas permis aux officiers de s'occuper de la répartition des cotisations.

Dans leurs cahiers répondus en 1604 les réformés s'étaient plaints que les officiers de Chalon-sur-Saône « au lieu de recevoir le dit état, se sont voulu attribuer l'autorité d'esgaler sur les dits supplians la somme de deux cents escus, afin de les mettre en différends et divisions les uns contre les autres ». Le roi leur répondit en déclarant que l'article 43 serait entièrement exé-

(1) Arrêt du parlement de Pau, 17 décembre 1663, Bernard, p. 298.

cuté, sans qu'il fût permis aux officiers de s'entremettre dans les cotisations particulières (1).

L'arrêt du Conseil d'État du 17 mars 1661 leur permettait aussi de s'imposer pour l'entretien du temple et les gages de l'avertisseur et du chantre. Enfin l'arrêt de la Chambre de l'édit de Paris du 30 juillet 1644 leur permettait de faire des levées pour les condamnations intervenues contre eux. Ces taxes et impositions étaient exécutoires nonobstant toute opposition et appel. Les protestants avaient même pris l'habitude de faire lever leurs deniers en même temps que ceux de la taille royale et par un même collecteur d'impôts.

Lors de la persécution, l'on modifia tout cela.

L'on chercha tous les moyens de dépouiller les consistoires pour leur enlever toutes ressources et tous moyens d'empêcher la conversion. C'est dans ce but qu'une déclaration du 15 janvier 1683 portait réunion aux hôpitaux des biens légués aux pauvres de la religion réformée et aux consistoires (2). Une autre déclaration plus radicale du 21 août 1684 réunissait aux hôpitaux tous les biens des consistoires, non seulement ceux légués aux consistoires pour les pauvres, mais les biens acquis des deniers des pauvres et même ceux aliénés depuis juin 1662, enfin les biens légués sans indication de cause. En cas de suppression d'exercice, tous les biens des consistoires devaient également aller aux hôpitaux (3).

(1) *Décisions royales*, 51.
(2) Isambert, XIX, p. 413.
(3) Isambert, XIX, p. 455.

Pour ce qui regardait la faculté de s'imposer, on la restreignit plus étroitement qu'on ne l'avait fait en leur interdisant par arrêt du 29 janvier 1657 de faire des levées sous prétexte de collectes pour le dedans ou pour le dehors du royaume. L'arrêt du 17 mars 1661 leur défendit de s'imposer pour le quint des pauvres. On alla jusqu'à leur réclamer dans les arrêts du conseil du 5 octobre 1663 et du 3 novembre 1664 l'état des sommes imposées depuis dix ans. On leur défendit en outre par l'arrêt du 5 octobre 1663 de se servir des collecteurs d'impôts pour percevoir le montant des sommes imposées.

L'arrêt du 11 décembre 1684 trouva pour interdire aux religionnaires de s'imposer un moyen spécial. Sous prétexte qu'ils étaient quelquefois imposés hors de la présence d'officiers royaux, on leur ordonna de présenter aux intendants et commissaires départementaux les originaux des états d'imposition faits par eux sur eux-mêmes depuis vingt-neuf ans ; ensemble, les comptes qui en avaient été rendus, avec les pièces justificatives, registres, délibérations, etc. A faute de satisfaire à cette exigence dans le délai d'un mois on défendait aux réformés de s'imposer et il était interdit aux officiers royaux d'autoriser une imposition sans cette condition (1).

C'était supprimer l'imposition en fait. Une question se posait : les nouveaux convertis étaient-ils tenus des dettes départies sur eux avant leur conversion dans le cas où ils n'étaient pas particulièrement obligés ou n'avaient pas été condamnés par autorité de justice ?

(1) Isambert, XIX, p. 465.

Il était au premier abord évident que oui : ces sommes avaient été empruntées en conséquence des délibérations prises en corps de communauté et du consentement des nouveaux convertis avant leur conversion ; les intérêts de ces sommes avaient été payés aux créanciers durant plusieurs années ; enfin l'on serait arrivé à cette conséquence absurde avec le système opposé que les créanciers auraient perdu leurs créances si tous les débiteurs s'étaient faits catholiques. Malgré ces raisons un arrêt du conseil du 11 janvier 1663 déchargeait les nouveaux convertis du paiement des dettes (1).

On donnait des raisons contradictoires ; tantôt on disait que ces dettes étaient des dettes de communauté, que les nouveaux convertis ne devaient pas en particulier, qu'il n'y avait que la communauté qui les devait ; tantôt en soutenant que par l'édit de 1629, art. 15, le roi ayant déclaré que les dettes des catholiques seraient supportées par eux seuls et celles des réformés par eux seuls, les dettes de communauté étaient devenues dettes des particuliers et qu'il fallait voir si ces particuliers étaient suffisamment obligés.

(1) Sur ces points, V. Bernard, p. 206, 209, 300, 308.

CHAPITRE V

Une des plus grandes difficultés que l'on rencontra
fut celle des créations de cours de justice spéciales aux
protestants. Cette création était en fait indispensable
car les cours et tribunaux de l'ancienne France s'étaient
lancés avec fureur dans les discussions du temps et
s'étaient fait remarquer entre tous les corps constitués
par leur zèle intransigeant. Les injustices criardes
qu'on faisait tous les jours aux réformés, les mille difficultés que l'on apportait à l'enregistrement des édits
concernant leurs sûretés, tout cela exigeait que l'on
constituât en faveur des protestants une justice moins
partiale et moins passionnée. Il est vrai que lors de la
discussion de l'Édit, les prétentions des protestants
furent excessives ; ils auraient voulu obtenir dans tous
les parlements un nombre de juges égal à celui des
catholiques (1). C'eût été manifestement injuste et inutile. Injuste car cela eût conféré aux protestants un
nombre de places de conseillers en disproportion nota-
ble avec leur nombre; inutile, car dans de nombreuses
provinces il y avait peu de protestants, et un parlement mi-partie ne correspondait à aucun besoin.
Henri IV s'arrêta à une solution plus équitable. Il dé-

(1) Benoit, I, p. 236.

cida l'établissement de chambres mi-parties spéciales dans les provinces où les protestants étaient les plus nombreux, dans les parlements de Toulouse, de Bordeaux et de Grenoble. Il promit d'en ériger une à Paris. L'on alla même plus loin que l'Edit ne le permettait ; une chambre mi-partie fut installée à Rouen et, en outre, le roi Henri IV prit différentes mesures pour assurer la sécurité des protestants non seulement devant les parlements mais aussi devant les justices inférieures.

Nous examinerons les mesures qu'il prit dans les trois premières sections de ce chapitre, qui traiteront de l'organisation, de la compétence et du fonctionnement auquel nous rattacherons celui des tribunaux inférieurs; dans une dernière section, nous parlerons des voies d'appel ou d'évocation et de la disparition des chambres mi-parties.

SECTION I. — **Organisation des chambres mi-parties.**

Avant d'expliquer la constitution des chambres mi-parties par l'édit de Nantes, au sein des parlements, il est indispensable de rappeler en quelques mots celle de ceux-ci.

L'ancienne *curia regis* était devenue très importante par l'institution des baillis, juges d'appel des prévôts, et soumis eux-mêmes à l'appel devant la cour. Elle s'était peu à peu fixée, organisée, et était devenue le Parlement à l'époque où nous nous trouvons. Ce Parlement se divisait en plusieurs sections.

La Grand'chambre qui formait le noyau central et rappelait l'ancienne Cour : c'était devant elle qu'on plaidait d'habitude ; la Chambre des enquêtes, qui jugeait la plupart du temps les procès sur enquêtes, ceux qui avaient fait l'objet d'une instruction par écrit ; mais, c'était elle qui, depuis le XVIe siècle, prononçait l'arrêt. En outre il y avait la Chambre des requêtes qui recevait les requêtes présentées au roi à l'origine, ce devint un tribunal de privilégiés. Cette Chambre ne statuait pas en dernier ressort. Enfin depuis 1515, l'on avait érigé en chambre distincte, la Chambre de la Tournelle ou Chambre criminelle (1).

Quels moyens allait-on employer pour donner satisfaction aux réformés ? Allait-on leur accorder une de ces chambres spéciales du Parlement ou leur donner une place importante dans le Parlement tout entier, ou une chambre distincte spécialement créée pour eux ? C'est à ce dernier moyen qu'on se rallia. On établit des chambres mi-parties.

Ce moyen n'était pas nouveau.

L'édit de 1576 avait aussi tenté d'établir à Paris une Chambre mi-partie.

Cette Chambre devait être composée de deux présidents et seize conseillers, moitié catholiques et moitié protestants. On l'aurait envoyée à Poitiers tous les ans pour servir pendant les mois d'août, septembre et octobre, comme on aurait envoyé la Chambre du Dauphiné à St-Marcellin ainsi que le porte le même édit dans son article 20. Cela ne fut pas exécuté et l'idée de l'édit

(1) Sur ces points, V. Esmein, *Cours élémentaire d'histoire du droit français*, p. 372

de 1576 ne fut pas reprise par l'édit de Nantes en ce sens que la Chambre établie à Paris par ce dernier édit n'était point vraiment une Chambre mi-partie. Sur dix-huit membres elle comprenait un président et seize conseillers catholiques contre un conseiller protestant, ainsi qu'il appert de l'article 20 de l'édit de Nantes (1)

Il restait donc dans le parlement cinq conseillers protestants puisqu'il devait y en avoir six en tout et qu'un seul était employé à la Chambre de l'Édit.

On les versa dans les Chambres des enquêtes et on en distribua un dans chaque Chambre, ce qui se pratiqua longtemps.

(1) Art. 30 de l'édit :

« Afin que la justice soit rendue et administrée à nos sujets, sans aucune suspicion, haine ou faveur comme estant un des principaux moyens pour les maintenir en paix et concorde, nous avons ordonné et ordonnons qu'en notre Cour de parlement de Paris sera establie une Chambre composée d'un président et seize conseillers dudit parlement, laquelle sera appelée et intitulée la Chambre de l'édit et connoistra non seulement des causes et procès de ceux de la dite religion prétendue reformée qui seront dans l'estendue de la dite Cour, mais aussi des ressorts de nos parlemens de Normandie et Bretagne, selon la juridiction qui luy sera cy-apres attribuée par le présent édict et ce jusques à tant qu'en chacun desdits parlements ait été establie une Chambre pour rendre la justice sur les lieux. Ordonnons aussi que de quatre offices de conseillers en nostre parlement, restans de la derniere exécution qui en a par nous esté faite, en seront présentement pourveus et receus audit parlement quatre de ceux de la dite religion prétendue réformée, suffisants et capables, qui seront distribués ; à sçavoir, le premier receu en la dite Chambre de l'édit, et les autres trois à mesure qu'ils seront receus, en trois des Chambres des enquêtes. Et outre que des deux premiers offices de conseillers fais de la dite religion qui viendront à vaquer par mort en seront aussi pourveus deux de ladite religion prétendue réformée et iceux receus, distribués aussi aux deux autres Chambres des enquêtes. »

Une difficulté devait naître dans le cas où l'un de ces six conseillers protestants se serait fait catholique. C'est ce qui arriva à Pierre Berger, conseiller au parlement de Paris. Les protestants demandèrent à ce que l'office fût déclaré vacant et que Berger fût obligé d'en faire l'abandon à un protestant (1). Le roi recourut à un autre moyen. Par l'article 15 de l'édit de Blois du 6 mai 1616, il fut créé un autre office en faveur des protestants et dans l'arrêt de vérification de cet office qui fut rendu le 12 février 1616, il fut dit que c'était sans conséquence pour la création de l'office de conseillers protestants (2).

On fit même, jusqu'à un certain point, une faveur aux protestants en leur accordant, outre quelques charges, une chambre à Rouen. L'Edit se contentait de permettre aux protestants de Normandie et de Bretagne de faire juger leurs causes par la Chambre du Parlement de Paris et cela s'expliquait, car les parlements de Normandie et de Bretagne étaient très violents et très excités contre les religionnaires. Ce moyen d'évocation put aller pour la Bretagne, mais en Normandie où il y avait un grand nombre de réformés, le parlement de la province perdait beaucoup, et il aima mieux consentir à la création d'une chambre pareille à celle de Paris que de voir porter ailleurs une grande partie des causes de son ressort. Les réformés y gagnaient aussi, les frais du voyage leur étant épargnés, ils avaient, en outre, une facilité plus grande de se faire appliquer la coutume de Normandie qui n'était pas très connue par

(1) *Décisions royales*, 204 et 207.
(2) Bernard, p. 142.

les gens de Paris. Cette nouvelle création, qui eut lieu quinze à seize mois après l'Edit, fut donc bien accueillie des deux côtés (1).

A cette Chambre de l'édit de Paris, qui n'était pas, comme nous l'avons montré, une véritable chambre mi-partie, s'adjoignaient dans le Midi de véritables chambres mi-parties à Castres, à Bordeaux, à Grenoble. Celle de Castres existait déjà. Par l'article 19 de l'édit de 1576, il avait été ordonné qu'une chambre serait établie en la ville de Montpellier pour le ressort du parlement de Toulouse.

Cette chambre comprenait deux présidents et dix-huit conseillers, moitié catholiques et moitié protestants. Les catholiques devaient être choisis par les cours du Parlement et le Grand Conseil et les protestants créés à nouveau. Cela ne fut pas exécuté. Aussi l'année suivante, l'édit de 1577 déclarait dans son article 23, que la chambre en question serait établie et composée comme les autres, de deux présidents, l'un catholique et l'autre protestant, et de douze conseillers pris non pas par moitié dans chacune des deux religions, mais par deux tiers dans la religion catholique et un tiers dans la protestante, ce qui donnait huit catholiques contre quatre protestants.

Cette chambre fut établie en la ville de Castres et en fait elle devint mi-partie. L'édit de Nantes ordonna qu'elle serait continuée en l'état où elle était, c'est-à-dire comme mi-partie dans son article 32 (2). Cet arti-

(1) Benoit, I, p. 237.
(2) Art. 32 :
    Outre la chambre royale devant establie à Castres, pour le ressort e nostre Cour de parlement de Toulose, laquelle sera conti-

cle ordonnait en outre l'établissement de deux autres chambres, l'une pour le parlement de Grenoble, qui devait tenir ses séances à Grenoble même et l'autre pour le parlement de Bordeaux qui devait tenir ses séances à Bordeaux ou à Nérac. Ces chambres, comme celle de Castres, devaient être mi-parties, c'est-à-dire composées de deux présidents et douze conseillers. Ici encore, le roi s'était décidé en faveur du système mi-partie et avait rejeté le système tri-partite que préconisaient les articles 22 de l'édit de 1577 et 11 de l'édit de Fleix. Les protestants ne pouvaient que gagner au change. Toutefois tandis que les édits précités établissaient en outre une chambre à Aix, l'édit de Nantes se contenta de celles de Grenoble, Castres et Bordeaux.

L'Edit fixait en outre certains détails. Il ordonnait qu'en la chambre établie pour le parlement de Bordeaux, il serait créé et exigé deux nouveaux substituts

nuée en l'estat qu'elle est, Nous avons pour les mesmes considérations, ordonné et ordonnons, qu'en chacune de nos cours de Parlemens de Grenoble et Bourdeaux sera pareillement establie, une chambre, composée de deux présidents, l'un catholique, et l'autre de la religion prétendue réformée et de douze conseillers, dont six seront catholiques et les autres six de la dite religion : lesquels présidents et conseillers catholiques seront par nous pris et choisis des corps de nos dites cours. Et quant à ceux de la dite religion sera fait création nouvelle d'un président et six conseillers pour le parlement de Bourdeaux et d'un président et trois conseillers pour celuy de Grenoble, lesquels avec les trois conseillers de ladite religion qui sont à présent audit parlement seront employés à ladite chambre du Dauphiné. Et seront créés lesdits offices de nouvelles créations aux mesmes gages, honneur, autorités et prééminences que les autres desdites cours. Et sera ladite séance de ladite chambre de Bourdeaux audit Bourdeaux ou à Nérac et celle de Dauphiné à Grenoble.

du procureur et avocat général au parlement pour servir en la chambre de l'Edit, comme cela avait été fait pour la chambre du parlement de Toulouse. Ces substituts dont l'un devait être catholique et l'autre protestant, ne pouvaient prendre d'autres qualités que celle de substituts tant que les chambres ne seraient pas réunies aux parlements, après ils devaient être pourvus d'offices de conseillers dans ces parlements (1).

Il devait y avoir en outre dans la chambre de Bordeaux comme dans celle de Castres un secrétaire au parlement pour signer les expéditions de la Chancellerie et deux commis du greffier du parlement, l'un au civil, l'autre au criminel. L'Edit prévoyait aussi la nomination d'un payeur des gages, d'un receveur des amendes et d'huissiers qui devaient être catholiques sauf deux protestants (2). Tous ces officiers devaient être pourvus de bonnes et suffisantes assignations pour leurs gages (3).

De même pour égaliser les places entre les officiers de la chambre de Grenoble, le roi accorda le 17 avril 1612 aux réformés un secrétaire et un huissier (4).

L'Edit ne fixait pas seulement le nombre de conseillers, il indiquait aussi leur mode de recrutement, fixait leur rang et assurait leurs gages.

L'examen des présidents et conseillers se faisait en conseil privé du roi ou devant la chambre mi-partie où ils devaient siéger. Ils prêtaient serment devant la

(1) Art. 37 et 38 de l'édit.
(2) Art. 39 et 40 de l'édit de Nantes.
(3) Art. 41 de l'édit.
(4) *Décisions royales*, 95.

cour ou si la cour s'y refusait devant le conseil privé.

Les présidents et conseillers de la chambre du Languedoc prêtaient également serment aux mains des conseillers ou de la chambre (1). Ces officiers étaient reçus par leur compagnie comme les autres officiers des parlements, avec cette différence que l'on se contentait pour leur réception de la pluralité des voix tandis que dans les parlements, l'on exigeait plus des deux tiers des voix (2).

Les présidents et conseillers catholiques de la chambre de Paris étaient choisis par le roi, sur le tableau des officiers du Parlement (3). Le plus ancien des présidents des chambres mi-parties devait présider l'audience et à son défaut le second ; la distribution des procès était faite par les deux présidents conjointement et alternativement par mois ou par semaine (4), les conseillers de la religion réformée devaient être choisis parmi les personnes capables, avec attestation du synode ou colloque qu'ils étaient de biens (5).

Enfin, ces conseillers protestants de la chambre de l'Edit avaient le droit d'assister aux procès se vidant par commissaires avec voix délibérative, mais sans émoluments (6.

Le rang des conseillers et présidents réformés fut difficile à faire admettre et en réalité fut toujours contesté.

(1) Edit de Nantes, art. 49.
(2) Edit de Nantes, art. 50.
(3) Edit de Nantes, art. secret, 46.
(4) Edit de Nantes, art. 48.
(5) Edit de Nantes, art. secret, 44.
(6) Edit de Nantes, art. secret, 47.

C'est en vain que l'article 31 de l'Edit avait déclaré que lesdits offices de nouvelle création seraient aux « mesmes gages, honneurs, autorités et prééminences que les autres desdites cours ». Il y eut toujours de la résistance de la part des parlements dont nous trouvons un écho dans la plainte des cahiers répondus de 1602, demandant qu'aux parlements de Paris, Rouen et Grenoble, les conseillers aient voix et séances en toutes les délibérations qui se feront les chambres assemblées, ce que le roi leur accorda (1) ; les cahiers de 1603 rappellent la préséance du plus ancien conseiller (2), de même ceux de 1625 (3).

Quant aux gages, il fut décidé qu'il serait fait un fonds suffisant pour subvenir aux frais de justice desdites chambres, sauf à répéter sur les biens des condamnés. Ces fonds n'étaient qu'établis provisoirement et devaient cesser lorsque l'on trouverait que les deniers des amendes seraient suffisants pour payer cet entretien (4). Le roi étendit cette attribution de gages aux séances de vacations dans sa réponse aux cahiers de 1602 (5).

Malgré les promesses de l'Edit, l'on ne se fit pas faute de changer souvent les présidents et les conseillers comme nous le montrent les cahiers répondus par le roi en 1602 ; les protestants y demandaient que : « pour remédier aux inconvénients qu'apportent les changemens

____

(1) *Déc. roy.*, 33-35.
(2) *Déc. roy.*, 46.
(3) *Déc. roy.*, 134. Sur ces questions, V. Benoit, I, p. 288.
(4) Edit de Nantes, art. 56.
(5) *Déc. roy.*, 37.

annuels de présidens et conseillers, tirés des cours de Parlement pour servir aux Chambres de l'Edit, tant à raison de la grande despense qu'il convient de supporter pour leur emmeublement, et pour le peu de cognaissance que les nouveaux venus ont des formes et stiles observées en icelles, éviter la remise et nouvelle distribution des procès, la contrariété des arrests et partages qui sont intervenus mesme en la Chambre de Castres durant la séance du Président de Lestang qui a plus fait en un an qu'il n'en avait été fait en six années précédentes. Votre Majesté est suppliée suivant l'article 42 de l'édict, vouloir continuer la séance desdits présidens et conseillers pour cinq années pour toutes les chambres de l'Edict et qu'au bout du dit terme, il en soit laissé la moitié à chacune Chambre à la nomination de ceux de ladite religion ». Le roi consentit à ne changer chaque année que la moitié des conseillers catholiques (1).

SECTION II. — Compétence des nouveaux tribunaux.

Nous examinerons la compétence à un triple point de vue : *ratione loci, ratione materiæ* et *ratione personæ*.

La compétence *ratione loci*, comprend à proprement parler ce que l'on nomme le ressort, c'est-à-dire la fixation des lieux qui relèvent d'un tribunal déterminé.

____

(1) *Déc. roy.*, 43, 44.

La chambre du Dauphiné connaissait des causes du ressort du parlement de Provence. Les réformés du parlement de Bourgogne avaient le choix entre la chambre du Dauphiné ou celle de Paris, quant aux réformés de Normandie et de Bretagne, ils devaient d'abord s'adresser au parlement de Paris, pour la suite, comme nous l'avons dit, il y eut une chambre en Normandie (1).

L'Edit édictait une disposition transitoire. Les chambres qu'il établissait devaient être installées dans les six mois, pendant lesquels les protestants des parlements de Paris, Rouen, Dijon et Rennes devraient s'adresser à la chambre établie à Paris par l'édit de 1577 ou au Grand Conseil ; ceux de Bordeaux à la chambre de Castres et ceux de Grenoble au parlement de Grenoble. Après les six mois, les procès non encore jugés dans les cours de parlements ou au Grand Conseil devraient être renvoyés aux chambres établies (2).

Ratione personæ (3) la compétence donnée aux chambres de l'Edit était générale. Les chambres devaient juger en dernier ressort tous les procès, « meus et à mou

(1) Edit de Nantes, art. 32 et 33.
(2) Edit de Nantes, art. 42 et 43.
(3) Art. 34 de l'édit.
« Toutes les dites chambres composées comme dit est connoistront et jugeront en souveraineté et dernier ressort par arrest privativement à tous autres, des procès et differends meus ou à mouvoir, esquels ceux de la dite religion prétendue réformée seront parties principales ou garands, en demandant ou défendant en toutes matières tant civiles que criminelles soient les dits procès par escrit ou appellations verbales, et ce si bon semble aux dites parties, et l'une d'icelles le requiert, avant contestation en cause pour le regard des procès à mouvoir... »

voir », où les protestants étaient parties principales en demandant ou en défendant, ou en qualité de garants, tant en matière civile que criminelle. Le même bénéfice s'étendait en faveur, « du corps des églises réformées de chaque province tant de toutes ensembles que d'une chacune en particulier, faisant profession de ladite religion » (1), aussi bien qu'aux magistrats et officiers réformés « qui avaient délinqué dans leurs charges » (2). C'était un bénéfice très étendu qui fut rappelé plusieurs fois par la suite. Citons entre autres, l'arrêt du conseil du 30 janvier 1645 qui renvoyait aux chambres de l'Edit toutes les instances des religionnaires (3).

Il y avait toutefois une exception en matière criminelle, c'était, quand un ecclésiastique était défendeur ; dans ce cas la connaissance et le jugement du procès criminel allaient aux cours souveraines. Remarquons que ce cas portait atteinte aux privilèges du clergé des ecclésiastiques qui se voyaient renvoyés devant le Parlement.

Les catholiques ajoutèrent à ces cas criminels une exception encore plus considérable, en créant de toutes pièces un crime de lèse-majesté divine dont la connaissance était soustraite aux chambres de l'Edit. Il était décidé qu'en cas de blasphème ou d'irrévérence contre les mystères de la religion catholique, les protestants ne pourraient jouir du bénéfice de l'évocation et devraient être jugés par les Parlements.

(1) Rép. du 8 avril 1609, *Déc. roy.*, 68.
(2) Rép. de l'année 1606, *déc. roy.*, 61 et 62.
(3) Isambert, XVII, p. 49.

« Par arrêt du conseil du 20 novembre 1660, le procès criminel contre Caillon, ministre de ladite religion, est renvoyé au parlement de Rennes, et la connaissance interdite à la chambre de l'édit de Paris. Il était prévenu de vol du saint-ciboire et de profanation des saintes hosties dans l'église. Par autre arrêt du conseil du 12 septembre 1658 le procès de Sauvage, ministre, prévenu d'avoir commis des excès contre les capucins de Florac est renvoyé au parlement de Toulouse. Par autre du 1er décembre 1664, il est ordonné que le président de Valence fera le procès souverainement aux auteurs de la rébellion faite au sujet de la démolition du temple du lieu de Sainte-Croix en Dauphiné. Pareil pouvoir a été donné au présidial de Nismes, par arrest dudit conseil du 15 décembre 1663, sur l'excès commis en la personne de M. Benoist curé de Clarensac, par les habitants de la religion protestante réformée dudit lieu, qui s'estoit opposé à l'enterrement d'une fille de religion protestante réformée dans le cimetière des catholiques avec défense à la chambre de Castres de connaître. Par arrêt du Conseil d'État, du 17 janvier 1658, il est fait défense à la chambre de Grenoble de connaître des procès de Janvier et Chion, ministres du Dauphiné, qui, dans leurs presches, avaient dit des invectives contre la religion catholique et il est ordonné que les informations seront apportées au greffe du Conseil. Et enfin, par autre arrest dudit conseil, du 18 juin 1661, la punition du crime de lèse-majesté divine, commis par les habitants de la religion protestante réformée du lieu Deymet, est renvoyée au parlement de Bordeaux. Il y a une infinité d'arrests qui renvoyent aux parlements la punition de ces crimes » (1).

On voit combien vaste et flottant était ce fameux crime de lèse-majesté divine et quelle arme il fut dans les mains d'adversaires passionnés.

Ratione materiæ, l'article 34 donnait aussi une compétence générale aux chambres de l'Edit, puisqu'elles avaient « tous procès meus et à mouvoir » entre protestants, « en toutes matières tant civiles que criminelles ».

A vrai dire, cette compétence se confondait avec la compétence *ratione personæ*, et nous n'en aurions pas fait une section à part, si d'importantes exceptions à la compétence générale des chambres n'avaient pas été faites précisément *ratione materiæ*.

En outre, les parlements avaient certaines attributions de police ; fallait-il leur donner aussi compétence pour les matières financières.

Une première restriction était faite à la compétence des chambres pour les affaires visant le domaine de l'Église. L'article 34 déclarait la compétence des Chambres générale, « excepté toutesfois pour toutes matières bénéficiales et les possessoires des dismes non inféodées, les patronats ecclésiastiques, et les causes où il s'agira des droits et devoirs en domaine de l'Eglise, qui seront toutes traitées et jugées ès cours de Parlement, sans que lesdites Chambres de l'Edit en puissent connoistre. »

Parmi les causes visant les droits et devoirs ou le

____

(1) Bernard, p. 150, 151.

domaine de l'Eglise, on énumérait spécialement les patronats ecclésiastiques, le possessoire des dîmes non inféodées et les causes bénéficiales.

On se servit de ces deux derniers cas pour restreindre étroitement les bornes de la compétence des chambres de l'Edit. Il était dit que les chambres n'étaient pas compétentes en matières bénéficiaires. Par des lettres patentes du 2 janvier 1626, il fut permis aux ecclésiastiques de récuser les juges réformés non seulement pour les bénéfices, mais pour les biens annexés aux bénéfices. Il est vrai qu'au temps de leur prospérité, les chambres avaient tenté de s'emparer du possessoire des bénéfices.

L'Edit enlevait en outre aux protestants le possessoire des dîmes non inféodées, l'on voulut aussi leur enlever celui des dîmes inféodées en usant d'une foule d'arguments qui nous ont été transmis par le procureur Bernard (1) et dont le nombre ne parvient pas à cacher le peu de valeur.

Quelques coutumes établissaient une compétence spéciale pour les testaments.

L'article 62 de l'édit de Nantes prévoyait le cas et décidait que les juges royaux seraient compétents pour connaître de la validité des testaments auxquels les protestants seraient intéressés et que les appels de leurs jugements ressortiraient aux chambres de l'Edit ; c'était d'ailleurs le droit commun qu'on établissait (2).

Une question délicate se posait à propos des matières

(1) Bernard, p. 116, 119, 149, 157.
(2) Edit de Nantes, art. 62.

de finance. Fallait-il les réserver aux chambres de l'Édit et dépouiller les Cours des comptes de leur compétence ou fallait-il laisser ces questions à leurs juges ordinaires ? Il y avait d'autres dangers, comme nous allons le voir.

Les réformés eurent d'abord à faire avec les Cours des comptes de Provence, qui voulaient sous couleur d'affaires les concernant, connaître d'une foule de causes intéressant les réformés en y faisant intervenir un receveur de tailles.

Ils avaient obtenu une réponse favorable du roi le 18 septembre 1610 (1), réglant la jurisprudence de la Cour des comptes. Une déclaration en sens contraire du roi d'avril 1612, vint remettre tout en question, aussi les religionnaires se remirent-ils à attirer l'attention du roi dans leurs cahiers répondus le 12 septembre 1615 sur ce point (2), et dans leurs cahiers répondus le 15 mai 1620, mais sans succès. Le roi répondit à côté de l'article 51 de leurs doléances par la déclaration d'avril 1611 où il était dit « que les chambres de l'Édit ne prendraient aucune connaissance des procès dépendants de la juridiction de la Cour des comptes, aydes et finances de Provence, sinon dans les causes où le Roy n'avait aucun intérêt, où ses droits n'étaient pas révoqués en doute, et où il n'était question ni de levées ni d'impositions et contributions des deniers de Sa Majesté ou des communautés du pays de Provence et que cette décision serait maintenue (3). »

(1) *Déc. roy.*, 73 et 74.
(2) *Déc. roy.*, 98.
(3) *Déc. roy.*, 124, 125.

Outre leurs pouvoirs de juridiction ordinaire, les Chambres mi-parties avaient aussi comme les parlements, certaines attributions de police. C'étaient elles qui avaient pouvoir et juridiction de connaître des délibérations prises dans les assemblées des villes où elles étaient établies, ainsi que de la police et de l'état particulier desdites villes à l'exclusion des parlements dans le ressort desquels ces villes étaient situées (1). Ce fut en partie pour leur retirer ce pouvoir spécial que l'on pressa la réunion des Chambres et des Parlements dans la même ville, même dans les cas où les règlements de police des villes avaient été faits par les parlements conformément à l'article 6 du règlement du 7 mai 1599, les Chambres de l'Edit étaient compétentes pour les causes visant des contraventions auxdits règlements faites par des protestants quand ceux-ci réclamaient leur renvoi devant ces Chambres (2).

En outre, les Chambres avaient certaines fonctions extra-judiciaires. C'étaient elles qui procédaient à l'examen et à la réception des officiers royaux subalternes de la religion prétendue réformée de leur ressort. Toutefois la prestation de serment se faisait toujours devant les parlements. Ce n'est qu'en cas de refus des parlements de recevoir leur serment que les officiers précités auraient pu le prêter devant les Chambres sauf à le faire notifier par acte aux greffiers des parlements et à le faire enregistrer au greffe de leur juridiction.

La même règle était appliquée à l'égard des autres

(1) Edit de Nantes, art. 54.
(2) Rép. aux cahiers de 1602, *Décisions royales*, 35.

officiers de la religion prétendue réformée dont la réception ne se faisait pas aux parlements, ils pouvaient se pourvoir aux Chambres si ceux qui devaient les recevoir se refusaient à le faire (1).

Quant aux officiers des cours de parlements, grand conseil, chambres des comptes, cours des aides, trésoriers de France, et aux officiers de finances qui appartenaient à la religion réformée, en cas où ceux qui devaient procéder à leur réception leur opposeraient un refus, ils devaient se pourvoir au conseil privé du Roy (2).

Une dernière question se posait : qui trancherait toutes les questions de compétence ?

Ce ne pouvait être que les chambres elles-mêmes, car les autres corps leur étant hostiles, leur soumettre la révision de la compétence des Chambres de l'Edit, eût été annihiler celles-ci.

C'était implicitement contenu dans l'Edit et ce fut expressément déclaré dans la réponse du 8 avril 1609 aux cahiers des protestants qui demandaient qu'il plût au roi : « ordonner que les dites chambres connaîtront de leur compétence en toutes causes et matières où les renvois sont débattus et ce privativement auxdits parlements lesquels ne pourront empêcher l'exécution des commissions ou arrêts desdites chambres (3) », même réponse fut faite en 1610 (4) et en 1612 (5).

(1) Art. 53 de l'édit.
(2) Art. 54 de l'édit.
(3) *Décisions royales*, 65-66.
(4) *Id.*, 67-68.
(5) *Id.*, 93.

Cette multiplicité de plaintes de la part des réformés montre combien ils avaient peine à maintenir ce droit indispensable aux chambres de l'Edit de vérifier leur propre compétence.

Tel était le système de compétence établi et que l'Edit couronnait en faisant étroitement défense aux cours souveraines de s'occuper des procès civils et criminels des réformés dont la connaissance était attribuée aux chambres de l'Edit (1).

Toutefois ces règles de compétence n'étaient pas d'ordre public et les parties pouvaient y déroger, aussi devaient-elles demander le renvoi. Par contre ce renvoi devant les Chambres de l'édit devait avoir lieu dès qu'une des parties le demandait (2). On essaya de faire des difficultés sur le moment où devait intervenir cette demande (3) ; en tous cas l'on semble avoir exigé que la demande de renvoi fût intervenue avant la *litis contestatio* (4). Il était interdit aux juges de contraindre les protestants qui plaidaient par devant eux de renoncer au bénéfice qui leur était accordé par l'Edit de se pourvoir devant les chambres ou au Grand Conseil (5).

Nous connaissons la composition des Chambres de l'Edit et leur compétence, nous allons maintenant examiner leur fonctionnement.

(1) Edit de Nantes, art. 63 et 64.
(2) Edit de Nantes, art. 44, 64.
(3) Rép. du 15 mai 1620, *Décisions royales*, 122.
(4) Bernard, p. 169.
(5) *Décisions royales*, 66.

SECTION III. — **Fonctionnement des Chambres de l'Edit
et des autres juridictions subalternes.**

Il semblerait qu'il n'y eut rien à ajouter à ce que nous avons précédemment exposé, au sujet de Chambres de l'Edit.

Leur organisation et leur compétence étant fixées, ne devaient-elles point fonctionner comme toute autre chambre établie.

Nous allons voir qu'il n'en était pas tout à fait ainsi, et que des règles plus spéciales et plus minutieuses avaient été prises pour prévenir les empêchements qui auraient pu être apportés au bon fonctionnement de ces Chambres. En outre nous traiterons des mesures prises pour assurer le bon fonctionnement de la justice dans les juridictions subalternes sans en altérer ni la compétence, ni l'organisation d'une façon définitive et que, pour cette raison, nous avons rangées dans cette section.

§ 1. — Fonctionnement des Chambres mi-parties.

La composition des Chambres étant fixée il restait à en assurer le fonctionnement en empêchant que les officiers d'une religion pour entraver la marche régulière des Chambres, ne quittassent le service ou ne s'absentassent ; en fixant le stile à suivre et en simplifiant diverses formalités.

Dans son article 42 l'Edit pourvoyait au premier cas

et décidait : que les présidents et officiers catholiques des Chambres seraient continués le plus longtemps possible, ce qui donnait plus de sécurité aux protestants que des mutations fréquentes eurent souvent mis aux prises avec des catholiques intransigeants ; que ces présidents et officiers catholiques ne pourraient durant le temps de leur service se départir ni s'absenter des Chambres sans leur congé (1).

Les juges devaient juger en nombre égal et suivre le stile du parlement dans lequel leur chambre était établie (2). Toutefois les parties pourraient consentir au contraire et la partie intéressée pourrait renoncer à l'égalité du nombre des conseillers de l'une ou l'autre religion (3).

Il arrivait qu'une exécution trop rigoureuse du stile des parlements, rendait le fonctionnement des chambres difficile. Le stile du parlement de Bordeaux ne permettait pas aux conseillers de siéger à moins de dix. Il pouvait se présenter souvent que par suite des absences ou des récusations, ce chiffre ne fût pas atteint. Le roi dans sa réponse aux cahiers des protestants du 4 juillet 1603 promit d'expédier des lettres de déclara-

---

(1) Art. 42 de l'édit : « Les présidents, conseillers et autres officiers catholiques des dites Chambres seront continués le plus longuement que faire se pourra et comme nous verrons estre à faire pour notre service et le bien de nos sujets : et en licentiant les uns, sera pourvu d'autres en leurs places avant leur partement sans qu'ils puissent, durant le temps de leur service, se départir ny absenter desdites Chambres, sans le congé d'icelles, qui sera jugé sur les causes de l'ordonnance. »

(2) Edit de Nantes, art. 45.

(3) *Décisions royales*, 47.

tion à la chambre de Guyenne permettant de juger les procès et les différends par huit conseillers conformément à ce qui se faisait aux chambres de Castres et de Lavaur (1). Le 23 juillet 1611, il étendait la même permission à la Chambre de l'Edit de Nérac (2).

Il n'est pas dans notre intention de relater toutes les solutions intervenues pour faciliter le fonctionnement des Chambres mi-parties. Il fut décidé pour la Normandie (3) et pour Paris que, quand le conseiller de la religion réformée servant dans la Chambre de l'Edit serait malade ou empêché, il serait remplacé par le plus ancien des conseillers versés dans les autres chambres. Quant aux récusations qui étaient proposées contre les juges des chambres mi-parties, elles ne pouvaient dépasser six, autrement il sera passé outre (4).

Lorsque la moitié des conseillers opinait dans un sens et l'autre dans un autre, il y avait partage. Dans le cas de partage il fallait revenir normalement à une évocation devant le conseil. L'édit de Nantes ne voulut pas qu'il en fût ainsi, mais il déclarait que, dans ce cas, les procès devaient être jugés suivant l'usage des chambres où le partage avait été fait : par conséquent il devait être jugé par une chambre mi-partie sur le partage fait dans une chambre mi-partie. Cette chambre devait être la plus prochaine de celle où il y a eu partage. Si, dans la seconde chambre mi-partie, il intervenait un nouveau partage l'on devait renvoyer le procès à

(1) *Décisions royales*, 47.
(2) *Décisions royales*, 87.
(3) Rép. aux cah., 10 février 1607, *Décisions royales*, 12.
(4) Art. 48, édit de Nantes.

une troisième chambre et dans le cas où il y aurait encore eu partage le procès serait renvoyé à la Chambre de l'Édit de Paris. Notons que cette Chambre de Paris, jouissait d'un privilège, les procès qui étaient portés devant elle, devaient être départis en la même Chambre, après le renouvellement ou par des juges nommés par le roi (1).

La même solution avait été admise lorsqu'il y aurait au parlement de Grenoble trop de juges récusés par le jugement, dans ce cas les parties pouvaient se pourvoir à la plus prochaine Chambre de l'Édit ou au conseil du roi, sans qu'il fût besoin de prendre des lettres du grand sceau (2).

Il restait à pourvoir à l'exécution. L'Edit décidait que les exécutions des arrêts, les commissions et les lettres de chancellerie desdites chambres seraient exécutoires, sans qu'il y eût besoin de demander *placet*, *visa* ni *pareatis*, ce qui était logique puisque les chambres avaient été établies pour juger à la place des parlements, il était juste donc que leurs arrêts eussent la même force et fussent exécutoires dans le même ressort que

(1) Art. 47, *Édit de Nantes* : « ... et les partages des procès desdites chambres seront jugés en la plus prochaine observant la proportion et forme des dites chambres dont les procès seront procédés; excepté pour la chambre de l'édict à notre parlement de Paris, où les procès portés seront départis en la même chambre par des juges qui seront par nous nommés par nos lettres particulières pour cet effet, si mieux les parties n'aiment attendre le renouvellement de la dite chambre. Et advenant qu'un même procès soit party en toutes les chambres mi-parties, le passage sera renvoyé à ladite chambre de Paris. »

(2) Rép. 17 avril 1612, *Décisions royales*, 94.

s'ils avaient été rendus par les parlements eux-mêmes. Si c'était logique, ce ne fut pas toujours très bien observé et la royauté fut obligée souvent d'y prêter la main.

La Cour du parlement de Provence voulut obliger malgré tout les réformés à obtenir *pareatis* pour l'exécution des jugements provisoires et arrêts rendus par la chambre de l'édit de Grenoble, ce qui occasionnait des contestations et amenait les huissiers et sergents du Parlement à refuser de mettre les lettres exécutoires de la Chambre à exécution. Le roi dans sa réponse aux cahiers du 18 septembre 1610 promettait d'y mettre bon ordre (1). Mêmes errements des parlements de Provence, de Bourgogne et de Bretagne et même promesse du roi le 23 juillet 1611 (2). Les réformés se trouvaient de la sorte bien en sûreté pour les procès relevant des Chambres de l'Édit, mais il pouvait se présenter une foule de cas où cette protection pouvait venir à leur faire défaut, il fallait songer à les remplacer par d'autres.

§ 2. — Fonctionnement des juridictions inférieures dans les actes touchant les réformés.

Il ne suffisait pas d'avoir organisé les Chambres de l'Édit, il fallait aussi pourvoir à ce que les protestants ne fussent molestés ni dans les enquêtes, ni dans les commissions, ni devant les présidiaux ou les prévosts ; une série d'articles avait sagement prévu ces cas.

Il fut d'abord décidé que dans les enquêtes qui se fe-

(1) *Décisions royales*, 71 et 72.
(2) *Décisions royales*, 87, 88.

raient aux procès civils, dans le cas où des protestants seraient parties, il serait adjoint au commissaire catholique un adjoint protestant ou choisi par les parties ou pris d'office par le commissaire (1). Réciproquement si le commissaire était protestant, il devait prendre un adjoint catholique. On sait que dans une grande partie des procès, la preuve était décidée par des enquêtes faites sur les lieux. L'on voit quel intérêt avaient les réformés à ce que ces enquêtes fussent vérifiées.

C'est par application de cette règle que les protestants se plaignaient au roi que le syndic des communautés villageoises de Dauphiné ayant poursuivi la vérification des dettes de ces communautés et obtenu une commission du conseil du roi chargeant des conseillers de cette vérification, ces conseillers n'avaient pris aucun assesseur protestant dans une affaire où les réformés avaient pourtant des intérêts considérables : « veu mesmes, disaient les cahiers, qu'en la commission les susdits conseillers qui ont commencé par le bailliage de Grésivaudon, y ont séjourné un an et demi sans avoir achevé leurs dites commissions en iceluy, ni avoir prononcé aucun jugement, ni sentence, n'ayant jamais voulu prendre aucun assesseur de ladite religion, les ayant au contraire tous choisis catholiques qui est en tout une évidente et grande contravention aux édits, qui revient

(1) Edit de Nantes, art. 61 : « En toutes enquêtes qui se feront pour quelque cause que ce soit ès matières civiles si l'enquestreur ou commissaire est catholique, seront les parties tenues de convenir d'un adjoint et où ils n'en conviendront en sera pris d'office par ledit enquestreur ou commissaire, ou qui sera de ladite religion prétendue réformée et sera le mesme pratiqué quand le commissaire ou enquestreur sera de ladite religion pour l'adjoint qui sera catholique.

à la ruine totale de ceux de ladite religion sur lesquels le principal orage de cette tempête vient fondre (1) ».

Le roi leur donna raison : à la vérité il maintint pour éviter des frais et des lenteurs ce que les conseillers avaient déjà fait, mais pour l'avenir il enjoignit aux commissaires d'appeler dans les causes où les réformés seraient parties, des assesseurs et de les prendre en nombre égal, catholiques et protestants.

Dans le cas de procès civils ou criminels jugés par les présidiaux, il était déclaré que les présidiaux jugeraient souverainement même dans les procès criminels où les protestants seraient parties ; mais dans ce cas il était permis aux réformés de récuser deux juges en matière civile et trois en matière criminelle, sans expression de cause (2). Dans le cas où il y aurait dans lesdits sièges un pareil nombre d'officiers réformés il ne serait pas permis de faire de récusations sans expression de cause.

Ceci avait lieu également aux procès civils qui devaient être jugés présidialement et en dernier ressort et aux criminels dont les présidiaux connaissaient aussi souverainement et par prévention avec les prévôts ou conjointement avec eux.

Un autre privilège existait en faveur des protestants en sept présidiaux du parlement de Toulouse, soit Toulouse, Carcassonne, Rhodez, Castelnaudary, Béziers, Montpellier et Nîmes. Dans ces présidiaux, quand un protestant était prévenu de crime prévôtal, par préven-

----

(1) Rép. du 18 septembre 1610, *Décisions royales*, 76-78 ; sur cette affaire des dettes villageoises, voir aussi *Décisions royales*, 95-96.

(2) Art. 65 de l'édit.

tion sur le prévôt, les instructions de ces procès, autres toutefois que les informations, devaient être faites par un commissaire catholique et un adjoint réformé choisi par les parties ou pris d'office par le commissaire. A l'inverse dans le cas où le commissaire était protestant, l'adjoint devait être catholique et pris en la même forme. On n'étendait pas la même faveur aux sénéchaussées dans lesquelles étaient compris les présidiaux sus-nommés (1).

Les réformés parvinrent à étendre cette règle. Dans une série de réponses aux cahiers du 23 juillet 1611 (2) du 30 août 1612 (3), du 30 août 1617 (4), le roi accéda leur demande ; il déclarait que ceci devait s'appliquer aux procès criminels. « Pour tous les baillages et sénéchaussées du royaume, disait-il dans sa réponse du 23 juillet 1611 il est accordé qu'en toutes informations et instructions de procès criminels contre des protestants, le magistrat catholique sera forcé de prendre un adjoint protestant. » Cet adjoint ne devait assister qu'à l'instruction ; il lui accorda voix consultative au jugement l'année suivante.

Dans les cas où les prévôts, les maréchaux ou leurs lieutenants n'avaient pas été prévenus par les présidiaux, l'Edit prenait aussi une série de mesures protectrices en faveur des protestants domiciliés. Les prévôts ou leurs lieutenants étaient tenus d'appeler à l'instruction du crime prévôtal, un adjoint réformé qui de-

(1) Art. 66 de l'édit.
(2) *Décisions royales*, 89 et 90.
(3) *Id.*, 95.
(4) *Id.*, 215.

vait assister au jugement de la compétence et au jugement définitif du procès. La compétence devait être jugée au plus prochain siège présidial à moins que les prévenus ne requissent que la compétence ne fût jugée aux Chambres de l'Édit. Dans ces derniers cas les substituts des procureurs généraux des parlements de Guienne, Languedoc, Provence et Dauphiné devaient faire apporter les charges et informations auxdites chambres pour y être jugées.

Cette garantie était donnée aux réformés d'une façon générale. Ils pouvaient réclamer la juridiction des Chambres de l'Édit. Ce droit que leur donnait l'article 67 de l'Edit, l'article 24 de l'arrêt du 1er février 1669 le confirmait.

On essaya de tourner la loi en prétendant qu'elle ne pouvait s'appliquer qu'en Guienne, Languedoc, Provence et Dauphiné (1). Les réformés protestèrent, ils furent condamnés par l'article 8 de l'arrêt du Conseil d'État du 5 octobre 1663 et par un arrêt du conseil du 18 septembre 1665 (2), et enfin par la déclaration du 10 avril 1681 portant que dans les accusations des crimes prévôtaux intentés aux religionnaires domiciliés, la compétence serait jugée dans les sièges présidiaux, sénéchaussées ou sièges royaux sans qu'ils pussent demander leur renvoi aux parlements (3).

(1) Article 67 de l'édit.
(2) Bernard, p. 197.
(3) Isambert, XIX, p. 165.

SECTION IV. — Voies d'appel ou d'évocation. — Disparition des chambres mi-parties.

§ 1. — Voies d'appel ou d'évocation.

Au-dessus de toutes les cours du royaume le conseil du roi constituait une sorte de tribunal suprême. Le roi se servait de ce moyen pour régulariser l'action de sa justice et briser, s'il était nécessaire, les résistances des cours à ses ordres.

C'est ainsi que le 15 mai 1520 il répondait aux plaintes des protestants contre le parlement de Rouen qui n'avait pas voulu enregistrer la déclaration du roi aux réformés suspendant les prescriptions, qu'il expédierait à la cour des lettres de jussion, « et à faute d'y obéir par la cour et le parlement de Rouen, lettres d'évocation leur seront octroyées (1) ».

Ces évocations pouvaient être et furent souvent défavorables aux protestants. Elles rompaient le système établi par l'Édit qui avait organisé un recours des chambres mi-parties entre elles, aussi nous voyons dans leurs cahiers répondus en 1606 les réformés se plaindre vivement de cet état de choses. « Plusieurs seigneurs et dames ont obtenu des évocations générales des causes dont la juridiction est attribuée aux chambres par vostre édict au grand préjudice des suppliants qui requièrent très humblement Vostre Majesté les vouloir révoquer et ordonner que dorénavant ne seront

(1) *Décisions royales*, 123.

accordées aucunes évocations que pour justes causes, après avoir fait juger les récusations auxdites chambres et que par leur jugement apperra n'y rester nombre suffisant de juges auquel cas le renvoy sera faict en la plus prochaine chambre, comme de tous arrests de partage, laquelle chambre jugera lesdits procès selon les formalités et coustumes du lieu, où les instances estoient pendantes, et sur l'advis qu'enverroient les contrevenans, sans nécessiter les parties de les y conduire, sinon aux frais du requérant sans espoir de répétition (1). »

Le roi répondait évasivement ne pas vouloir accorder d'évocations au préjudice de l'édict « ny de renvoyer celles qui seront jugées raisonnables, non plus que les arrêts de partage qui suivent les ordonnances ».

Une chose surtout effrayait les protestants et les mettait en défiance lorsqu'il s'agissait du conseil du roi, c'était la présence d'ecclésiastiques dans ce conseil. Aussi le roi, dans sa réponse à leurs cahiers du 16 mai 1616, les informe-t-il que les ecclésiastiques ont coutume de se retirer du conseil lorsqu'il s'y traite une affaire intéressant les réformés (2).

Ces évocations devant le conseil du roi furent un moyen dont l'emploi systématique finit par paralyser complètement l'action des Chambres de l'Édit.

Un autre moyen fut l'établissement des commissaires. Un arrêt du 24 avril 1665 portait renvoi devant deux

(1) *Décisions royales*, 62 et 63.
(2) *Id.*, 204, 205.

commissions nommées par chaque province, l'une catholique, l'autre religionnaire, de toutes les affaires concernant la religion (1).

De la sorte, on arriva à rendre inutiles en fait les Chambres mi-parties ; il ne restait plus qu'à les supprimer.

§ 2. — Disparition des chambres mi-parties.

Cette supposition était d'autant plus facile qu'elle avait été prévue par l'Edit.

Ces chambres fonctionnaient donc en dehors des parlements, sauf celle du Dauphiné qui demeura toujours unie et incorporée depuis son établissement au parlement de Grenoble comme le voulait l'article 15 de l'Edit.

Toutefois, il semble que le roi n'ait vu là qu'un état provisoire, car il déclarait dans l'article suivant qu'il voulait que les chambres de Castres et de Bordeaux soient aussi réunies et incorporées à leurs parlements « quand besoin sera et que les causes qui nous ont meus d'en faire l'establissement cesseront et n'auront plus de lieu entre nos sujets (2) »

Cet article fut très exploité par les catholiques qui s'appuyaient sur lui pour demander la révocation des Chambres de l'Edit sous prétexte, que les motifs qui avaient donné naissance à ces chambres n'existaient plus, qu'il n'y avait plus de partialité dans les parlements contre les protestants et que ceux-ci n'étaient

(1) Isambert, XVIII, p. 49.
(2) Art. 36 de l'édit.

plus assez nombreux pour mériter la protection des chambres spéciales, enfin on arguait des abus nombreux auxquels avaient donné lieu les évocations aux Chambres de l'Édit.

Le premier de ces mots est curieux dans la bouche du procureur Bernard dont le livre reste comme un monument de partialité. Il faut supprimer les Chambres de l'Édit, dit-il, « parce que les causes de cet établissement ont cessé ; il fut fait en un temps auquel on présumait que les juges n'estaient pas exempts de passion et de haine contre ceux de la religion prétendue réformée, à cause des factions et des partis qu'ils avaient faits dans l'État qu'ils avaient divisé, et mis dans une cruelle guerre qui a duré jusqu'à l'édit de Nantes, qui a recommencé après la mort de Henry le Grand et n'a fini que dans l'edict de grace de 1629. Mais, depuis ce temps, ces raisons ont cessé par une paix de près de quarante années et par une parfaite réunion des esprits. La suspicion, haine ou faveur, qui ont été les causes de l'establissement des chambres, selon l'article 35 ne sont plus appréhendés que contre les catholiques (1). »

Quant au second argument il était sérieux. On avait grandement abusé des évocations aux Chambres de l'Édit. C'était reconnu par les protestants eux-mêmes. Aussi en 1601 dans l'assemblée de Gergeau, les réformés essayèrent d'empêcher ces abus d'évocation (2).

Ces abus provenaient la plupart du temps de la partialité des juges qui étaient systématiquement favora-

(1) Bernard, p. 160.
(2) Benoit, I, p. 330.

bles à leurs coreligionnaires, ce qui était particulièrement dangereux dans les procès criminels.

En outre ces Chambres étaient un prétexte pour allonger les procès civils par des formalités et des débats sur la compétence, si bien que dans quelques endroits on avait même vu des catholiques évoquer la compétence des Chambres mi parties pour se soustraire à leurs juges naturels. Cela fit un motif de plus pour faire désirer la suppression des Chambres mi parties.

L'édit du 16 janvier 1629 (1) déclara que les Chambres de l'Édit séantes à Béziers et à Agen seraient réunies aux parlements de Toulouse et de Bordeaux ; qu'en attendant les Chambres prendraient leurs vacations comme les parlements, que dans les procès criminels quand il y aurait égalité de voix au lieu de se rallier à l'opinion la plus douce il y aurait partage, et que l'affaire serait renvoyée à une autre Chambre.

L'édit de 1669 supprimait les Chambres de l'Édit dans les parlements de Paris et de Rouen (2).

Ce fut en janvier 1679 que furent supprimées les dernières chambres mi parties. Un édit du roi portait suppression des chambres de Languedoc, de Guienne, de Dauphiné, ainsi que l'incorporation de leurs officiers aux parlements. Le motif était : « qu'il y a cinquante années, qu'il n'est point survenu de nouveau trouble causé par la dite religion et que par ce long tems, les animosités qui pouvaient être entre nos sujets de l'une et de l'autre religion sont éteintes » (3).

(1) Isambert, **XVI**, p. 256.
(2) Isambert, **XVIII**, p. 199.
(3) Benoit, 3e partie, *Preuves*, III, p. 378.

On les supprimait pour effacer la mémoire des guerres passées et pour faciliter l'administration de la justice. Les officiers des Chambres furent réunis et incorporés avec ceux des parlements où leur Chambre avait été établie. Le président et les conseillers étaient distribués dans les chambres des parlements où ils demeuraient attachés. Le président était fixé à la chambre de la Tournelle où on ne lui permettait pas de présider au préjudice des présidents catholiques moins anciens que lui.

Les affaires dont s'étaient occupées les Chambres de l'Édit furent renvoyées aux grand'chambres des parlements, de sorte que les officiers réformés étaient exclus de ces affaires. En outre une déclaration du 20 janvier 1685 porta que les conseillers religionnaires du parlement de Paris ne pourraient être rapporteurs des procès dans lesquels il serait question de discipline ecclésiastique, de célébration du service divin et d'anciens procès civils et criminels où des nouveaux convertis seraient intéressés et qu'ils ne pourraient connaître des procès instruits contre les ministres et les religionnaires (1).

(1) Isambert, XIX, p. 472.

TROISIÈME PARTIE

SITUATION JURIDIQUE DES RÉFORMÉS APRÈS LA RÉVOCATION DE L'ÉDIT DE NANTES
(1685-1789)

Cette troisième et dernière partie n'envisage qu'une époque de transition. La persécution redouble un moment et s'acharne. L'on croit, parce que l'on a retiré aux réformés l'existence légale, qu'ils ont disparu. L'on s'imagine alors que la mort civile est une mort réelle. Mais une résistance sourde, impossible à vaincre démontre le mensonge de cette croyance. On finit par sentir que la loi ne peut pas franchir certaines limites au delà desquelles elle est non seulement impuissante mais injuste.

Quelques voix prononcent le mot de tolérance. Une nouvelle conception des devoirs de l'État s'insinue dans les ordonnances et triomphe à la Révolution.

Le dernier mouvement de la persécution nous le retracerons dans le premier chapitre ; le premier pas vers la tolérance sera l'objet du deuxième chapitre qui nous conduira à la Révolution où s'arrête notre travail.

CHAPITRE PREMIER

LA RÉVOCATION DE L'ÉDIT DE NANTES ET LES MESURES DE RÉPRESSION QUI LA SUIVIRENT.

A partir des dernières mesures dont nous avons parlé dans la deuxième partie, la révocation était accomplie en fait sinon en droit.

Les réformés ne pouvaient plus demeurer dans le royaume qu'en logeant des dragons qui les torturaient pour soutirer d'eux une abjuration : l'exercice était rendu impossible en fait par les difficultés de preuves qu'on y avait mises, par les sanctions des exigences nouvelles, qui pour chaque infraction ordonnaient la démolition du temple ; les charges avaient été interdites aux réformés ; leurs tribunaux supprimés ; depuis longtemps ils ne possédaient plus de places de sûreté. Il ne restait plus qu'à effacer en droit ce qui était déjà révoqué en fait. C'est ce que fit Louis XIV le 17 octobre 1685 (1).

La préface de l'édit de révocation, déclarait qu'Henri IV, Louis XIII et le roi régnant dès son avènement à la couronne, avaient eu dessein de ramener les réformés dans la communion catholique et qu'ils n'en avaient été empêchés que par les guerres civiles et étrangères. Pour lui, le roi n'avait pu faire autre chose

(1) Isambert, XIX, p. 530 ; Benoit, III, *Preuves*, p. 184.

jusqu'ici pour l'avantage de la religion que de diminuer les exercices et supprimer les chambres mi-parties. Ces premiers efforts ayant eu plein succès, « nous voyons présentement avec la juste reconnaissance que nous devons à Dieu, que nos soins ont eu la fin que nous nous sommes proposée, puisque la meilleure et la plus grande partie de nos sujets de la dite R. P. R. ont embrassé la catholique ; et d'autant qu'au moyen de ce, l'exécution de l'édit de Nantes et de tout ce qui a été ordonné en faveur de ladite R. P. R. demeure inutile, nous avons jugé que nous ne pouvons rien faire de mieux, pour effacer entièrement la mémoire des troubles, de la confusion et des maux que le progrès de cette fausse religion a causés dans notre royaume, et qui ont donné lieu au dit édit, et à tant d'autres édits et déclarations qui l'ont précédé ou ont été faits en conséquence, que de révoquer entièrement le dit édit de Nantes, et les articles particuliers qui ont été accordés ensuite d'icelui et tout ce qui a été fait depuis en faveur de la dite religion ».

Dans l'article 1ᵉʳ le roi déclarait en outre cet édit de révocation perpétuel et irrévocable, mots dérisoires qui rappelaient ceux qu'avait employés l'édit de Nantes.

Nous examinerons dans une première section les mesures générales qu'on peut rattacher à la violation de la liberté de conscience : l'interdiction de sortir du royaume, de vendre les biens, la présomption de conversion, etc...

Nous examinerons ensuite les mesures prises pour empêcher l'exercice.

L'ordre logique eût exigé la première place pour ce

second point, mais l'ordre historique demandait le contraire.

C'est en effet, non à propos de ces dernières mesures que se fit sentir le plus le besoin d'une législation libérale, et c'est à leur propos que la réaction libérale commença.

SECTION I. — Violation de la liberté de conscience dans le royaume et interdiction de sortir du royaume.

L'édit de révocation supprimait la liberté de conscience dans le royaume.

Cela ne paraissait pas à première vue ; la disposition finale semblait même indiquer le contraire.

« Pourront au surplus lesdits de la R. P. R., en attendant qu'il plaise à Dieu les éclairer comme les autres, demeurer dans les villes et lieux de notre royaume, pays et terres de nostre obéissance, et y continuer leur commerce, et jouir de leurs biens, sans pouvoir être troublés ni empêchés, sous prétexte de ladite R. P. R. à condition, comme est dit, de ne point faire d'exercice, ni de s'assembler sous prétexte de prières ou de culte de ladite religion, de quelque nature qu'il soit, sous les peines ci-dessus de corps et de biens. »

Cet article fit croire à certains des réformés que le roi ne voulait qu'interdire les exercices. Ceux qui adoptèrent cette interprétation plus bénigne se trompaient.

L'article ne couvrait qu'une équivoque ; on leur permettait de demeurer dans les mêmes conditions qu'auparavant, c'est-à-dire avec les mêmes persécutions qu'auparavant. « Ceux qui eurent l'imprudence de retourner chez eux, n'eurent le temps d'y arriver que pour recevoir les dragons » (1). Ces dragons agirent avec la dernière violence depuis la révocation ; ils obéissaient aux prescriptions de Louvois qui avait écrit au duc de Noailles qu'il fallait s'expliquer « fort durement contre ceux qui voudront être les derniers à professer une religion qui déplaît à sa Majesté, et dont elle a défendu l'exercice par tout son royaume. »

Par ces moyens violents, on voulait obtenir à toute force la signature du billet d'abjuration (2), et une fois l'abjuration donnée par violence, empêcher le retour à le religion réformée. Pour cela, l'ancienne législation était suffisante et, dans son article 11, l'édit de révocation la maintenait (3). On l'aggrava quelque peu.

On avait déclaré que les femmes des religionnaires convertis et les veuves qui persévèreraient dans la religion réformée ne pourraient disposer de leurs biens par testament, donations ou autrement, et seraient déchues des avantages à elles faits par leurs maris, avantages qui devaient être dévolus à leurs enfants catholiques (4).

Les enfants des fugitifs restés dans le royaume, purent se marier sans le consentement de leurs parents, en prenant celui d'un conseil de famille (5).

Mais de ces mesures la plus grave était celle qui

(1) Benoit, III, 3ᵉ partie, p. 867, 868.
(2) V. un modèle de ce billet dans Benoit, III, 3ᵉ partie, *Preuves*, 181.
(3) Art. 11 : « Voulons et entendons que les déclarations rendues contre les relaps soient exécutés selon leurs forme et teneur.»
(4) Isambert, XIX, p. 541.
(5) Isambert, XX, p. 6.

enlevait aux parents le droit d'éduquer leurs enfants ; nous allons l'examiner dans la seconde section de ce chapitre qui traite des mesures se rattachant spécialement à l'interdiction de l'exercice.

Ces mesures avaient eu la plupart du temps un plein succès. L'on se trouvait en présence d'une masse énorme de nouveaux convertis ; mais ces nouveaux convertis, on le conçoit sans peine, n'étaient, presque en aucun cas, sincères. Les uns s'étaient convertis pour écarter les dragons, d'autres pour conserver leur profession ou leur commerce, d'autres pour obtenir un relâchement de surveillance et pouvoir, sous le masque catholique, continuer ensemble leurs exercices anciens.

La législation essaya vainement d'empêcher des retours à la réforme ou d'assurer les fausses conversions, on la renforça d'additions nouvelles.

Puis pour plus de sûreté et pour étendre davantage l'efficacité de cette législation, l'on entreprit d'assimiler tous les réformés à des nouveaux convertis, tout en les maintenant au point de vue civil dans l'incapacité d'obtenir des charges.

Nous allons considérer ces différentes mesures dans les trois paragraphes qui vont suivre.

§ 1. — Surveillance religieuse des nouveaux convertis et assimilation de tous les réformés à des nouveaux convertis.

Ces nouveaux convertis furent en proie à la surveillance la plus étroite. Si on leur accordait des délais pour payer leurs dettes (1) ; si l'on permettait aux mi-

(1) Toutefois ils ne purent se prévaloir de ce délai vis-à-vis de

nistres convertis de prendre les licences d'avocat sans faire les trois années d'études prescrites par les déclarations ; si on leur maintenait l'exemption de tailles et logement de gens de guerre, ainsi qu'une pension d'un tiers plus forte que leurs appointements de ministres (1), et si on leur accordait des pensions et des gratifications sur la caisse des convertis, en revanche, on les surveillait étroitement (2) pour empêcher qu'ils ne retombassent dans leurs anciennes pratiques. Des détails fort étendus sont donnés sur ce point par la déclaration sur l'édit de révocation du 13 décembre 1698 (3).

Il y est dit d'abord que les archevêques et évêques devaient résider dans leur diocèse, les curés instruire leurs fidèles et particulièrement les convertis qui devaient recevoir avec déférence leurs avis, en outre que les réformés devaient assister le plus exactement qu'il leur serait possible au service divin : « leur enjoignons à tous de s'y tenir toujours avec révérence et principalement encore dans le temps de la célébration de la sainte messe et d'y adorer à genoux le très saint sacrement de l'autel ; comme aussi d'observer les commandements de l'église pour les jeûnes, l'abstinence de viande et la cessation de toutes sortes de travail ». Les réformés devaient en outre faire baptiser leurs

créanciers nouveaux convertis depuis l'arrêt du conseil du 12 janvier 1686. Isambert, XIX, p. 541, si bien qu'un commerçant, pour se faire payer immédiatement et faire face à ses engagements, devait abjurer.

(1) Art. 5 et 6 de l'édit de révocation.
(2) 18 janv. 1689, Isambert, XX, p. 70.
(3) Isambert, XX, 313.

enfants dans les vingt-quatre heures de leur naissance. Cette exigence se retrouve dans l'article 3 de l'édit de mars 1724 (1). Nous étudierons plus spécialement cette dernière question avec celle de l'éducation, dans l'interdiction de l'exercice. On les empêchait aussi d'avoir des armes chez eux sous peine des galères (2), il leur était interdit de tenir des assemblées (3), et l'on prenait des mesures inouïes pour les obliger à recevoir les sacrements de l'Église à l'article de la mort (4) : « Voulons et nous plaît, que si aucuns de nos sujets, de l'un ou de l'autre sexe qui auront fait abjuration de la R. P. R. venant à tomber malades, refusent aux curés, vicaires et autres prêtres de recevoir les sacrements de l'Église, et déclarent qu'ils veulent persister et mourir dans la R. P. R. au cas que lesdits malades viennent à recouvrer la santé, le procès leur soit fait et parfait par nos juges et qu'ils les condamnent à l'égard des hommes à faire amende honorable et aux galères perpétuelles avec confiscation de biens ; et à l'égard des femmes et filles à faire amende honorable et être enfermées avec confiscation de leurs biens ; et quant aux malades qui auront fait abjuration et qui auront refusé les sacrements de l'église et déclaré aux dits curés, vicaires ou prêtres qu'ils veulent persister et mourir dans la R.P.R. et seront morts dans cette malheureuse disposition, nous ordonnons que le procès sera fait aux cadavres ou à leur mémoire, en la manière et ainsi qu'il est porté par les

(1) Isambert, XXI, p. 263.
(2) Isambert, XX, p. 60.
(3) Isambert, XX, p. 73.
(4) Isambert, XIX, 545.

articles du titre 22 de notre ordonnance du mois d'août 1670 sur les matières criminelles et qu'ils soient traînés sur la claie, jetés à la voirie et leurs biens confisqués. »

Une déclaration du 8 mars 1715 (1) porta le comble à cette mesure en réputant relapse toute personne qui refusait de l'Eglise les derniers sacrements. En effet avec la précédente disposition, il fallait démontrer avant d'appliquer les peines prescrites que le malade était un converti ; or cela pouvait être difficile, si le converti venait de loin ; cela était impossible si l'on avait affaire à un réformé récalcitrant ayant toujours persévéré dans sa religion. La déclaration de 1723 trancha la difficulté en réputant toute personne catholique ; c'est ce qui ressort des termes du préambule. « Nous approuvons néanmoins, dit la déclaration, que les abjurations s'étant faites souvent dans des provinces éloignées de celles où décèdent nosdits sujets ou par un si grand nombre à la fois qu'il n'aurait pas été possible d'en tenir des registres exacts, nos juges auxquels ceux qui meurent relaps, sont dénoncés, trouvent de la difficulté à les condamner aux termes de notre dite déclaration du 29 avril 1686, faute de preuves existantes de leur abjuration et d'autant que le séjour de ceux qui ont été de la R. P. R. ou qui sont nés de parents religionnaires, ont fait dans notre royaume, depuis que nous y avons aboli tout exercice de ladite religion, est une preuve plus que suffisante qu'ils ont embrassé la religion catholique, apostolique et romaine, sans quoi ils n'y auraient pas été soufferts ni tolérés. »

(1) Isambert, XXI, p. 640.

Cette déclaration est inouïe. L'édit de révocation avait permis aux réformés de demeurer dans le royaume, sans être empêchés ni troublés, le même édit et une série d'autres prescriptions, que nous examinerons plus loin, leur interdisant sous les peines les plus sévères de sortir du royaume. Et dans ce fait de demeurer, forcés et contraints, la déclaration de 1715 y voyait une abjuration.

L'iniquité de cette mesure ne l'empêcha point de persister ; nous la retrouvons édictée avec plus de rigueur encore dans la fameuse déclaration du 14 mai 1724 (1).

Dans les maladies graves des réformés où leur vie et leur salut sont également en danger, les médecins, apothicaires ou chirurgiens devaient aviser le curé de la paroisse, dès qu'ils jugeaient que la maladie devait être dangereuse. Les parents, serviteurs et autres personnes devaient recevoir ce prêtre avec bienveillance, les témoins devaient être écartés et le curé exhorter seul le malade à recevoir les sacrements. Si les malades refusaient on appliquait les mêmes peines que précédemment avec cette différence que l'on avait remplacé le procès au cadavre par le procès à la mémoire. En outre pour établir le crime de relaps, il suffisait désormais du refus fait par le malade des sacrements de l'Église offerts par les curés, vicaires ou autres ayant charge d'âmes, et de la déclaration publique faite par le malade qu'il voulait mourir dans la religion réformée. Il n'était plus nécessaire que les juges du

(1) Isambert, XXI, p. 261.

lieu se transportassent dans la maison des malades pour donner procès-verbal des refus et déclarations.

Depuis ces déclarations de 1715 et 1724, tous les sujets étaient donc présumés catholiques, il n'y avait plus légalement de protestants.

Il semble qu'une telle mesure aurait dû profiter aux réformés ; puisqu'ils étaient présumés catholiques, ils auraient dû pouvoir arriver aux charges comme les catholiques. Il n'en fut rien, les prohibitions qu'avaient portées les précédents édits furent maintenues.

§ 2. — Interdiction des charges maintenue, défense aux protestants riches d'avoir des domestiques réformés.

Une déclaration du 17 novembre 1685 avait fait à nouveau défense aux avocats religionnaires d'exercer leur profession (1), ils ne pouvaient ni plaider, ni être consultés par les parties, ni être nommés arbitres, ni être consultés même par des avocats catholiques.

Un autre arrêt du conseil du 23 novembre 1685 (2) ordonnait en outre aux conseillers religionnaires du parlement de Paris de se démettre de leurs offices..

Un des motifs donnés par l'ordonnance est particulièrement curieux.

Une déclaration du 20 janvier de la même année avait proclamé que des conseillers ne pourraient siéger dans les procès où il y aurait des nouveaux convertis ; s'appuyant sur cette déclaration, l'arrêt disait : « Sa Majesté a été informée qu'à présent que la plupart de

(1) Isambert, XIX, p. 535.
(2) Isambert, XIX, p. 535.

ses sujets de ladite religion sont rentrés dans l'Église il n'y a presque point de procès auxquels quelques nouveaux convertis soient parties principales ou intervenantes, ce qui rendra bientôt les fonctions desdits conseillers inutiles. » Un autre motif était le mauvais exemple que ces conseillers donnaient en persévérant dans leur religion.

La mesure d'exclusion générale des protestants des charges est rappelée par les articles 13 et 14 de la déclaration du 13 décembre 1698 (1) et par l'article 12 de la déclaration de 1724. « Ordonnons que, suivant les anciennes ordonnances des rois nos prédécesseurs et l'usage observé dans notre royaume, nul de nos sujets ne pourra être reçu en aucune charge de judicature dans nos cours, bailliages, sénéchaussées, prévôtés et justices, ni dans celles des hauts justiciers, même dans les places des maires et échevins et autres officiers des hôtels de ville, soit qu'ils soient érigés en titre d'office, ou qu'il y soit par élection ou autrement, ensemble dans celles des greffiers, procureurs, notaires, huissiers, sergens de quelque juridiction que ce puisse être, et généralement dans aucun office ou fonction publique, soit en titre, soit par commission, même dans les offices de notre maison et maisons royales, sans avoir une attestation du curé ou, en son absence, du vicaire de la paroisse dans laquelle ils demeurent, de leurs bonne vie et mœurs, ensemble de l'exercice actuel qu'ils font de la religion catholique, apostolique et romaine (2). »

(1) Isambert, XX, p. 318.
(2) Isambert, XXI, p. 267.

Cette exclusion fut maintenue jusqu'à la fin de l'ancien régime. C'était l'un des principaux procédés que l'on employait pour faire revenir les réformés fortunés, que leur situation ou leurs talents mettaient à même d'exercer des charges. Quant aux réformés peu fortunés, l'on avait trouvé un moyen encore plus sûr : les empêcher de servir chez des coreligionnaires.

La déclaration du 11 janvier 1686 défendait aux religionnaires de se servir de domestiques religionnaires (1) ; si bien que la déclaration du 9 juillet 1685 leur ayant déjà interdit d'avoir des domestiques catholiques, les réformés ne purent plus se faire servir et furent obligés de se servir eux-mêmes.

Quant aux domestiques réformés. c'était les obliger, en fait, à abjurer ou à mourir de faim. Les domestiques qui contrevenaient devaient être condamnés, les hommes aux galères, les femmes au fouet et à être marquées d'une fleur de lys. Quant aux maîtres ils devaient payer mille livres d'amende pour chaque contravention.

Il était donc impossible aux réformés de faire respecter leur liberté de conscience ; leur domicile n'avait été vidé des dragons que pour faire place à l'inquisition des juges et du curé ordonnée par les ordonnances de 1715 et 1724 et leurs enfants leur étaient enlevés, comme nous le verrons plus loin.

On ne voulait pas de réformés dans le royaume. Allait-on au moins les laisser partir, leur permettre de vendre leurs biens et d'aller à l'étranger chercher une patrie moins rigoureuse et un endroit où ils pussent exercer leur religion ?

(1) Isambert, XIX, p. 539.

§ 3. — Interdiction aux réformés de sortir du royaume et de vendre leurs biens.

On se tromperait étrangement si l'on croyait qu'aux réformés, proscrits à l'intérieur, il était permis d'émigrer.

Comme l'ancienne législation, l'édit de révocation interdisait aux réformés de sortir du royaume : « Faisons très expresses et itératives défenses à tous nos sujets de la R. P. R. de sortir, eux, leurs femmes et enfants de notre dit royaume, pays et terres de notre obéissance, ni d'en transporter leurs biens et effets, sous peine pour les hommes des galères et de confiscation de corps et de biens pour les femmes » (1).

Cet ordre fut renouvelé par les ordonnances subséquentes. On chercha à prévenir l'exil en augmentant les peines qui frappaient l'émigré et son complice. Il fut interdit le 5 novembre 1685 à tous les marchands et capitaines de navires, maîtres de barques et autres de contribuer directement et indirectement à l'évasion de religionnaires à peine d'amende et de punition corporelle en cas de récidive (2).

Les peines portées furent augmentées par la déclaration du 7 mars 1686 qui déclarait que les sujets nouveaux catholiques ou réformés qui seraient arrêtés lors de leur sortie du royaume sans permission seraient condamnés « les hommes aux galères à perpétuité » et les femmes à « être rasées et recluses pour le reste de

(1) Art. 10.
(2) Isambert, XIX, p. 634.

leurs jours » ; les biens étaient acquis et confisqués au profit du roi (1).

Rien n'y faisait ; l'émigration continuait, soutirant au profit de l'étranger les forces vives de la nation. Il partit un nombre considérable de réformés que Benoit et Larrey fixent à deux cent mille, la Martinière à trois cent mille, des historiens récents à quatre cent mille (2).

Aussi les édits se multiplièrent pour réitérer les défenses précédentes, jusqu'à la fin de l'ancien régime. La déclaration du 12 octobre 1687 portait même la peine de mort contre ceux qui favoriseraient l'évasion des nouveaux convertis hors du royaume (3), le 23 novembre 1697, on défendait aux réformés de s'établir à Orange (4), d'autres ordres du 11 février 1699 renouvèlent la prohibition de sortir du royaume (5) sous peine des galères. Nous entendons faire les mêmes défenses le 18 septembre 1713 (6) ; on y interdisait en outre aux réfugiés de venir en France sans permission.

Ces entraves à la liberté individuelle ne suffisant pas, on crut qu'il fallait les doubler par des mesures dirigées contre les biens. Un réformé, qui pouvait très bien songer à émigrer avec de l'argent et des moyens de subsistance, devait hésiter à partir sans ressources mener une vie de misère à l'étranger. Pour atteindre ce

(1) Isambert, XIX, p. 547.
(2) La Martinière, *Histoire de Louis XIV*, p. 327 ; Lavisse et Rambaud, VI, p. 302.
(3) Isambert, XX, p. 52.
(4) Isambert, XX, p. 302.
(5) Isambert, XX, p. 332.
(6) Isambert, XX, p. 605.

but on recourut à deux moyens : la confiscation, l'inaliénabilité.

La première sanction et la plus efficace de ces prohibitions d'émigrer fut la confiscation des biens.

On avait déjà, le 20 août 1685, attribué la moitié des biens des fugitifs à leurs dénonciateurs (1), ce qui présentait un inconvénient : les fugitifs n'avaient aucun intérêt à rentrer dans le royaume et il en était parti un tel nombre qu'il fallait absolument essayer de les faire revenir.

L'édit de révocation restituait leurs biens à ceux qui reviendraient dans les quatre mois de la publication de l'édit (2). Mais ils devaient faire la déclaration de leur retour au bailli, ce qui permettait de leur faire signer le billet de conversion.

En même temps, il fallait permettre aux fugitifs rentrant de recouvrer les biens qu'ils avaient la plupart du temps vendus à vil prix ; une déclaration leur permit d'y arriver en remboursant le prix de la vente (3). En fait il ne rentra que peu de fugitifs, et comme il restait d'ailleurs une masse considérable de biens des émigrants, l'État résolut de se les approprier. Un édit de 1688 portait réunion à la couronne de France : des biens des consistoires, des ministres de la religion réformée et des religionnaires sortis du royaume (4). Les religionnaires ne pouvaient les récupérer qu'aux mêmes conditions qu'auparavant, en faisant profession de re-

(1) Isambert, XIX, p. 524.
(2) Article 9.
(3) Isambert, XIX, p. 538.
(4) Isambert, XX, p. 52.

ligion catholique (1). Un régisseur fut nommé pour tous ces biens saisis (2). Dans les pays où la confiscation n'était pas admise l'amende y fut substituée (3). Naturellement ces confiscations ne pouvaient être faites aux dépens des héritiers catholiques qui pouvaient entrer en possession de ces biens mais sans pouvoir les aliéner (4).

Quant aux biens qui n'étaient point repris par les héritiers catholiques, ils étaient mis en régie (5). Comme il était difficile de confisquer purement et simplement, par suite de leur émigration, les biens des ministres réformés auxquels l'ordonnance avait enjoint de sortir du royaume, un arrêt du conseil du 28 septembre 1726 (6) déclara que les biens des ministres réformés et autres sortis du royaume avec la permission du roi seraient mis en régie jusqu'après le décès des enfants qu'ils avaient emmenés avec eux et ne pourraient passer aux collatéraux qu'après.

Une seule exception fut faite à l'occasion de la guerre, au principe de la confiscation. Une ordonnance du 12 mars 1689 portait que les religionnaires fugitifs qui iraient servir dans les troupes du roi de Danemark, ou se retireraient à Hambourg, jouiraient de la moitié des revenus des biens qu'ils avaient en France (7).

(1) Isambert, XX, p. 308.
(2) Isambert, XX, p. 366.
(3) Isambert, XX, p. 353.
(4) Isambert, XX, p. 96.
(5) Sur cette régie v. Arrêt du Conseil, confiant la régie des biens des religionnaires à Claude Jacob pendant 9 ans ; Isambert, XXV, p. 394.
(6) Isambert, XXI, p. 300.
(7) Isambert, XX, p. 72.

Nous avons vu plus haut que les héritiers catholiques pouvaient rentrer en possession des biens des réformés sans pouvoir les aliéner. Cette inaliénabilité était une mesure générale qui frappait non seulement les biens des protestants fugitifs, mais encore ceux des nouveaux convertis. C'était le corollaire de la mesure prescrivant la confiscation des biens.

Les religionnaires, pour échapper à la confiscation, vendaient leurs biens avant d'émigrer. Pour les en empêcher, les édits des 14 juillet et 7 septembre 1682 interdirent la vente des biens. Pour échapper à la ruine; un grand nombre de réformés se convertirent, puis, comme convertis, vendirent leurs biens et émigrèrent. Une déclaration du 5 mai 1699 renouvela la défense de vendre, même pour les convertis, et l'étendit à un délai de trois ans (1) qui fut prorogé en 1702 (2), en 1705 (3), 1708 (4), 1711 (5), 1714 (6), 1717 (7) et 1720 (8).

Nous retrouvons une série d'autres déclarations semblables en 1731 (9), 1738, 1741, 1744, 1769, 1778 (10). Bref, de trois ans en trois ans, on renouvela la prohibition jusqu'à la fin de l'ancien régime.

De la sorte, les biens des protestants anciens ou des

(1) Isambert, XX, p. 337.
(2) Isambert, XX, p. 408.
(3) Isambert, XX, p. 465.
(4) Isambert, XX, p. 530.
(5) Isambert, XX, p. 564.
(6) Isambert, XX, p. 617.
(7) Isambert, XXI, p. 132
(8) Isambert, XXI, p. 177
(9) Isambert, XXI, p. 368.
(10) Isambert, XXV, p. 212.

nouveaux convertis, étaient frappés d'inaliénabilité : l'on essayait, en quelque sorte, de rétablir pour eux une sorte de servage, en les rattachant à leurs terres.

Ce n'était rien encore, l'interdiction de tout exercice les plaçait dans une situation pire, car elle aboutissait à une privation d'état civil, comme nous allons le voir dans la section que nous abordons.

SECTION II. — Interdiction de l'exercice. — Expulsion des ministres et mesures prises pour l'éducation catholique des enfants. — Résultats de l'interdiction.

Nous devons traiter dans cette section, plus spécialement des mesures se rattachant à l'interdiction de l'exercice du culte et des actes religieux, et examiner la situation spéciale qu'elles avaient fini par créer pour les réformés.

Cette interdiction de l'exercice, était le but visé par la longue persécution légale qui avait précédé la révocation de l'Édit, et il ne faut pas s'étonner de la trouver parmi les premiers articles de l'édit de révocation, qui prohibe l'exercice de la façon la plus formelle et la plus complète. « Défendons à nosdits sujets de la R. P. R. de ne plus s'assembler pour faire l'exercice de ladite religion en aucun lieu ou maison particulière, sous quelque prétexte que ce puisse être, même d'exercices réels ou de bailliages ; quand bien même lesdits exercices auroient été maintenus par des arrêts de notre conseil » (1). « Défendons pareillement à tous seigneurs de

(1) Art. 2.

quelque condition qu'ils soient, de faire l'exercice dans leurs maisons ou fiefs, de quelque qualité que soient lesdits fiefs, le tout à peine contre nosdits sujets qui feraient ledit exercice de confiscation de corps et de biens (1). »

Ainsi tout lieu d'exercice soit réel, soit personnel était supprimé ; une ordonnance du 25 octobre 1685 avait proscrit aussi spécialement cet exercice à bord des vaisseaux du roi et sur ceux des marchands (2). Le 3 décembre de la même année, il fut en outre défendu aux religionnaires de se rendre aux chapelles des ambassadeurs protestants (3). La déclaration du 1er juillet 1686 punissait de mort tous les sujets qui seraient surpris faisant dans le royaume des assemblées ou quelque exercice de religion (4).

Comme corollaire de cette prohibition générale de l'exercice, l'on avait frappé d'une façon spécialement grave les personnes qui auraient pu le plus facilement et à raison même de leurs fonctions rétablir cet exercice, en outre on avait prohibé les écoles tenues par les réformés, moyen rattaché à l'exercice, et l'on avait décidé d'enlever aux parents et aux maîtres choisis par eux, l'éducation des enfants.

Le premier procédé, le plus sûr de faire cesser tout exercice, c'était d'expulser les ministres religionnaires. L'édit de révocation n'avait eu garde d'y manquer : il enjoignait aux ministres de se convertir ou de quitter

(1) Art. 3.
(2) Isambert, XIX, p. 350.
(3) Isambert, XIX, p. 536.
(4) Isambert, XX, p. 5.

le royaume dans les quinze jours sous peine des galères(1).Cette interdiction fut renouvelée par une déclaration étendue du 1ᵉʳ juillet 1686(2) punissant de mort les ministres qui rentraient, des galères ou de la réclusion en même temps que de la confiscation les hommes et femmes qui les cacheraient. La tête des ministres était mise à prix, celui qui en ferait prendre un, devait recevoir cinq mille cinq cents livres.

Ces peines étaient rappelées et simplifiées par la déclaration du 14 mars 1724 rendue par Louis XV, sous le ministère du duc de Bourbon (3). Toutefois la peine de mort n'était prononcée que contre ceux qui s'assemblaient en armes. Les religionnaires, qui engageaient quelque malade à mourir dans leur religion, devaient être condamnés aux galères et les femmes à la réclusion (4).

Malgré cela, jusqu'au moment où on leur permit de revenir, les réformés persévérants ne se trouvèrent jamais sans pasteurs.

C'est l'honneur de la nature humaine que toute mesure inique suscite une résistance égale à elle même. Les tortures et les martyres les plus épouvantables

(1) « Enjoignons à tous ministres de ladite R. P. R., qui ne voudront pas se convertir et embrasser la religion catholique, apostolique et romaine, de sortir de notre royaume quinze jours après la publication de notre présent édit, sans y pouvoir séjourner au delà, ni pendant ledit temps de quinzaine faire aucun prêche, exhortation, ni aucune autre fonction à peine des galères. »

(2) Isambert, XX, p. 2.

(3) Isambert, XXI, p. 201. Sur ce point, v. Viollet, *Hist. du dr. public*, p. 351, note 1.

(4) Art. 11.

n'ont jamais été que des aiguillons pour les religions. La législation qui frappait de mort les ministres réformés suscita des missionnaires. Un séminaire se fonda à Lausanne, spécialement pour envoyer des pasteurs en France.

« Du séminaire de Lausanne incessamment en Languedoc venaient de jeunes ministres pour témoigner de leur foi, prêcher au désert, mourir. Rien n'irritait davantage les catholiques et le clergé que cette perpétuité de martyrs, qui aux dépens de leur vie démentaient si haut le mensonge, disaient : « Vous avez beau faire. Il y a un peuple protestant. » On en prenait, on en pendait. On ne prenait pas Rabaut, qui cinquante années, en long, en large, par le Languedoc et surtout autour de Nîmes, errait librement, prêchait (1). »

Malgré ces efforts n'était-il pas à croire que le protestantisme était destiné à disparaître rapidement en France devant les savantes mesures prises pour l'éducation catholique des enfants.

Ce fut en effet à l'éducation des enfants que l'on s'attacha particulièrement. L'on savait bien qu'au fond, il ne fallait guère compter sur les résultats des conversions des personnes âgées qui signaient une abjuration présentée par les dragons. On pouvait espérer au contraire qu'une éducation catholique donnée à des enfants dès leur bas âge en ferait de bons catholiques. C'est déjà dans ce but que s'étaient multipliés les enlèvements d'enfants avant la révocation. De la part d'enfants en bas âge, de cinq ou de huit ans, il ne fallait

(1) Michelet, *Histoire de France*, XIX, p. 90, 91.

guère s'attendre à une grande résistance. On connaît le récit que fait de sa conversion Mme de Caylus, fille d'un frère de Mme de Maintenon : « Je pleurai d'abord beaucoup, mais je trouvai la messe du roi si belle que je consentis à me faire catholique à la condition que je l'entendrais tous les jours et qu'on me garantirait du fouet ; c'est là toute la controverse qu'on employa et la seule abjuration que je fis (1). »

L'édit n'eut garde d'oublier l'éducation des enfants ; dans son article 8 il disait : « A l'égard des enfans qui naîtront de ceux de ladite religion prétendue réformée voulons qu'ils soient dorénavant baptisés par les curés des paroisses. Enjoignons aux pères et mères de les envoyer aux églises à cet effet-là, à peine de cinq cents livres d'amende, et de plus grande s'il y échet ; et seront ensuite les enfans élevés en la religion catholique, apostolique et romaine à quoi nous enjoignons bien expressément aux juges des lieux d'y tenir la main. »

Comme l'édit ne parlait que des enfants qui naîtront, les religionnaires prétendirent qu'il ne s'appliquait pas aux enfants déjà nés ; un édit de janvier 1686 leur étendit la même mesure et déclarant en outre que les parents se trouvant encore dans l'hérésie « ne pourraient faire qu'un mauvais usage de l'autorité que la nature leur donne pour l'éducation de leurs enfans »,il ordonnait que les enfants réformés « depuis l'âge de cinq ans jusqu'à celui de seize ans accomplis, seraient mis dans les mains de leurs parents catholiques, et s'ils n'en avaient pas, dans celles de catholiques nommés par les

____

(1) Cité par Rohrbacher, V, p. 595.

juges pour être élevés dans la religion catholique, apostolique et romaine » (1).

Il y avait tant d'inhumanité dans cet édit, rapporte Isambert, qu'il ne fut pas possible de l'exécuter.

Une lettre circulaire du 3 mai 1686 adressée par le roi aux intendants appliquait un traitement analogue aux nouveaux convertis qui n'enverraient pas régulièrement leurs enfants aux écoles, instructions et catéchismes se faisant dans les paroisses. Ces enfants devaient être mis, les garçons dans des collèges et les filles dans des couvents ; leurs pensions étaient payées sur les biens de leurs père et mère et s'ils n'avaient pas de biens, les enfants devaient être mis dans les hôpitaux des lieux (2).

La déclaration sur l'édit ordonna en outre que des maîtres et maîtresses fussent établis dans toutes les paroisses pour l'instruction des enfants (3), particulièrement pour l'instruction religieuse. Les pères et mères, tuteurs et autres personnes devaient envoyer leurs enfants aux écoles et catéchismes jusqu'à l'âge de quatorze ans à moins que les enfants n'eussent des précepteurs ou n'allassent aux collèges. Les parents, qui nommaient des tuteurs ou des personnes pour avoir soin de l'éducation de leurs enfants mineurs, devaient les choisir de bonne vie et mœurs et catholiques pratiquants.

Les difficultés soulevées par ces prohibitions étaient grandes, mais en pratique, on ne les observait guère. On laissait les enfants à leurs parents, l'instruction re-

(1) Isambert, XIX, p. 543.
(2) Isambert, XIX, p. 547.
(3) Isambert, XX, p. 343.

ligieuse était fort négligée par les curés, l'Etat affamé, accablé par les impôts et la guerre n'avait pas le loisir ni les forces d'établir un contrôle sérieux de l'instruction. C'est ce qui explique qu'un grand nombre de ces mesures, qui, rigoureusement appliquées, auraient amené forcément l'extinction du protestantisme en France, n'aient eu qu'un effet restreint.

Mais à côté de ces mesures, il y avait les conséquences indirectes de la prohibition de l'exercice qui étaient bien plus graves que les défenses directes.

Nous avons vu qu'à côté des actes d'exercice visant le culte proprement dit, il y avait un certain nombre d'actes religieux accomplis lors de la naissance, du mariage et de l'enterrement. L'interdiction de l'exercice privait les réformés de la possibilité qu'ils avaient jusque là de donner une forme religieuse à ces actes, ce qui était grave, car ces actes exigeaient une forme religieuse à cette époque.

Allaient-ils être obligés de recourir à l'Église catholique pour les accomplir? mais alors c'était une abjuration qu'on exigeait d'eux ; c'étaient des formalités qui les engageaient dans une religion qu'ils réprouvaient. Refuseraient-ils de recourir à ces actes ? ceux-ci alors n'étaient point considérés par le droit du royaume comme accomplis, la naissance de l'enfant, le mariage des époux, la mort d'une personne n'étaient point légalement constatés.

Pour les enterrements, cela présentait des inconvénients ; mais pour les baptêmes et les mariages surtout où l'on exigeait des garanties de catholicisme, c'était une situation très difficile. La législation avait essayé de la trancher par la contrainte.

D'après la déclaration sur l'édit d'octobre 1685 (1), le baptême devait avoir lieu dans les vingt-quatre heures après la naissance à moins de permission de l'archevêque ou de l'évêque diocésain. Les sages-femmes et autres personnes assistant à l'accouchement de la mère devaient prévenir les curés. Quant aux mariages, ils devaient avoir lieu devant le curé et avec les formes voulues par l'Église romaine. Pendant un premier temps, les réformés avaient pu se faire marier par leurs ministres. Une déclaration du 15 septembre 1685 le leur permettait (2) et fixait les conditions. Mais en ordonnant l'expulsion des ministres, l'édit de révocation rendait le mariage impossible. Une fois que l'on admit que tout réformé était présumé converti, ils furent obligés de se marier, comme les nouveaux convertis, devant l'Église. La déclaration du 13 décembre 1698 les obligeait à se marier suivant les règles du concile de Trente, c'est-à-dire devant un prêtre catholique (3).

« Dans une lettre, écrite en 1700, un évêque raconte qu'à Mazères, petite ville de son diocèse, il a déclaré aux nouveaux convertis, vivant comme il est dit, en état de concubinage, qu'ils ne seraient tenus pour mariés dans les formes, que s'ils se séparaient momentanément de leurs prétendues femmes, se confessaient, se faisaient ensuite marier à l'Église. Ainsi abjuration ou concubinage ; et non seulement l'autorité civile refuse toute valeur aux mariages contractés par devant les ministres

(1) Isambert, XX, p. 313.
(2) Isambert, XIX, p. 529.
(3) Isambert, XX, p. 316. Anquez, *De l'état civil des réformé de France*, p. 39, 40.

protestants, rentrés malgré la loi, et qui célèbrent très souvent des mariages au désert, mais la peine des galères est plus d'une fois prononcée contre les protestants qui se sont mariés au désert (1). »

La déclaration du 14 mai 1724 (2) avait naturellement maintenu les anciennes prohibitions dans son article 15 : « Voulons que les ordonnances, édits et déclarations des rois nos prédécesseurs sur le fait des mariages, et nommément l'édit du mois de mars 1697 et la déclaration du 15 juin de la même année, soient exécutés selon leur forme et teneur par nos sujets nouvellement réunis à la foi catholique, comme par tous nos autres sujets, leur enjoignons d'observer dans les mariages qu'ils voudront contracter, les solemnités prescrites tant par les saints canons, reçus et observés dans ce royaume, que par les dites ordonnances, édits et déclarations, le tout sous les peines qui y sont portées, et même de punition exemplaire, suivant l'exigence des cas. »

Malgré ces ordres, un grand nombre de réformés préférèrent ne point recourir à l'Église. Ils se réfugièrent au désert pour faire leurs assemblées, leurs mariages, parfois enterrer leurs morts. Il en résulta qu'une grande partie de la population réformée se trouva sans état civil ; qu'aucun instrument légal ne constata plus l'existence, la mort ou le mariage de certaines personnes.

Si les inconvénients étaient grands pour les réformés,

(1) Viollet, *Histoire du droit public*, p. 345 ; Anquez, *loc. cit.* p. 43, note 1 et 78.

(2) Isambert, XXI, 261.

ils l'étaient aussi pour l'administration qui se trouvait désemparée en face de ces situations absolument irrégulières. Aussi ce fut cette situation anormale que l'on essaya de corriger la première, par des mesures de jurisprudence d'abord, en déclarant que la bonne foi des père et mère rendait la situation des enfants inattaquable ; par des mesures législatives ensuite, lorsque le premier éveil de l'esprit de tolérance fit sentir combien toutes ces mesures persécutrices et abusives étaient contraires à l'humanité et à l'ordre naturel des choses.

CHAPITRE II

CHANGEMENT DANS LES ESPRITS. — LA RÉACTION
LIBÉRALE.

L'ère des persécutions des réformés est close désormais. Une nouvelle législation, qui posera en principe la tolérance, si elle ne la pratiquera pas toujours, va surgir avant la fin de l'ancien régime. Il nous faut, pour la faire comprendre, retracer d'une façon sommaire, en n'accentuant que les grands traits, le changement qui se fit dans les esprits et expliquer comment l'édit de révocation comme le premier édit de tolérance ne furent tous deux que des manifestations de la pensée de leur époque ; nous examinerons ensuite dans une seconde section, ce premier édit de tolérance qui clôt la série des mesures prises à l'égard des réformés par l'ancien régime.

SECTION I. — Modifications apportées à l'état intolérant des esprits. — Premières idées de tolérance.

Le réveil de l'esprit de tolérance, ou plutôt son premier éveil ne se produisit qu'à la fin de l'ancien régime.

Jusque là, même sous Henri IV, il y avait bien eu une tolérance de fait ; l'on avait été obligé de supporter les réformés parce qu'on ne savait pas comment les supprimer, mais cette tolérance de pur fait n'était point une tolérance d'esprit, un respect de l'opinion d'autrui fondé sur des principes. C'est ce qui nous explique cette longue série de persécutions tantôt légales, tantôt violentes, que nous présente l'histoire des réformés.

Non, les esprits n'étaient point à la tolérance et l'on peut se demander même si le régime établi par l'édit de Nantes était viable à son époque, s'il correspondait à l'état économique, religieux et social du royaume pour lequel il fut fait, s'il n'y avait pas là une tentative, qui par la force des choses était destinée à échouer.

On pourrait être tenté de le soutenir théoriquement du moins, en remarquant combien au point de vue économique, social et religieux l'accord des deux populations était difficile à réaliser.

§ 1. — Explications de l'intolérance des esprits à l'époque de la révocation.

Au point de vue économique, la production économique était commandée par un grand principe qui faisait du travail un monopole. C'était par l'autorisation royale et par celle de la corporation qu'il fallait passer lorsqu'on voulait travailler. Cette autorisation, l'édit de Nantes permettait aux réformés de l'obtenir du roi ; la corporation par la force des choses devait y être hostile, d'autant plus que le travail n'était pas seulement soumis à la réglementation royale, mais il l'était en outre aux lois de l'Église, que sanctionnait, la plupart du temps, cette réglementation.

Parmi ces lois il y en avait deux qui regardaient plus spécialement le monde du travail et de l'industrie : la prohibition du travail les jours fériés et la prohibition du prêt à intérêt.

On sait combien étaient nombreux les jours réputés fériés par l'Église catholique sous l'ancien régime. Il y en avait un véritable abus : l'on se rappelle les plaintes du malheureux dont parle La Fontaine qui se plaint que :

> Monsieur le Curé,
> De quelque nouveau saint charge toujours son prône.

Cette interdiction du travail que sanctionnait la loi amenait pour beaucoup la misère et était particulièrement sensible dans les petites industries. Or, les réformés ne croyaient point à cette obligation de repos et en fait cherchaient le plus possible à s'en affranchir. De là une concurrence qui dut être très nuisible aux réformés dans l'esprit des travailleurs catholiques.

Quant à la prohibition du prêt à intérêt les réformés ne l'admettaient point. Le plus illustre des jurisconsultes de l'ancien régime, Dumoulin, l'avait combattue expressément. Sans doute, ils étaient bien obligés de la supporter légalement puisqu'elle était sanctionnée par les lois, mais ils durent plus que tous autres y faire brèche en fait (1), ce qui contribua à leur donner une situation aisée.

En outre les pays commerçants, la Hollande, l'Angleterre étaient des pays protestants avec lesquels les réformés entretenaient de fréquents rapports religieux ;

(1) Ces exceptions de fait à la prohibition étaient assez fréquentes. Voir Viollet, *Hist. du droit civil*, p. 692, 693 et note 4.

que ces rapports aient été doublés par des rapports com-
merciaux, c'est ce qui est admissible *a priori*, et ce qui
est vérifié par la décadence où le départ des réformés
plongea notre commerce. De là bien des jalousies, bien
des haines. Chose naturelle de la part d'une petite minorité, homogène et se tenant les coudes, ne parta
geant pas les croyances de la majorité et profitant
même jusqu'à un certain point de celle-ci pour s'enri-
chir.

Il y eut en outre, vers la fin du règne de Louis **XIV**,
au moment où la persécution devint plus violente, des
circonstances particulières qui activèrent ces germes de
haine déjà déposés. Le grand historien Michelet décrit
très bien la situation économique au moment de l'édit
de révocation :

« L'industrie était malade. Le traité de Nimègue,
qui fut la déroute de Colbert, sa mort et la disparition
de cette grande volonté avait fort ébranlé son édifice ar-
tificiel. Les villes catholiques Paris, Lyon se plaignaient,
accusaient Nîmes, les fabriques protestantes, l'industrie populaire du Midi et ses produits à bon marché.
La noblesse, comblée par le roi (quoi qu'en dise Saint-
Simon) et recevant sans cesse, ne se plaignait guère
moins. La vie de cour la ruinait. On n'osait sonder les
fortunes, on n'eût vu dessous que l'abîme. Le roi obli-
geamment, interdit la publicité des hypothèques, qui
eût mis à jour cette gueuserie des grands seigneurs.
Ruinés par le jeu, les loteries, la plupart attendaient un
coup du sort pour remonter. Plusieurs faisaient le sort
au lieu d'attendre, ou en volant au jeu, ou par la poudre de succession. Les plus hauts mendiaient au lever,

au coucher, dévalisaient le roi de tout ce qui venait, office ou bénéfice. Mais tout cela, des bribes, des miettes ! Ils périssaient, s'il ne tombait d'en haut une grande manne imprévue, quelque vaste confiscation. Ce miracle apparut au ciel en 1684. Six cents temples ayant été détruits, leurs biens, celui des pauvres, des maisons de charité, devaient passer aux hôpitaux catholiques. Les Jésuites surveillaient ces biens espérant les administrer... Mais la cour visait ce morceau. Les Jésuites crurent prudent de demander et faire décréter que ces biens revinssent, non aux hôpitaux, mais au roi, autrement dit à ceux qu'il favoriserait ou qui mériteraient en poussant la persécution. Sûr moyen de la rendre efficace, victorieuse, irrévocable. Car l'appétit vient en mangeant ; après les biens des temples, ceux des particuliers suivirent. Chacun fut ardent à la proie. Ce fut un gouffre ouvert, une mêlée où on se jeta, pour profiter du torrent qui passait, ramasser des lambeaux sanglants (1). »

Ce côté de confiscation et de mutation de propriété qui est au fond de toutes les révolutions, il est curieux de le retrouver lors de la persécution protestante. C'est là une preuve de la prospérité des réformés et des jalousies qu'elle excitait, preuve à laquelle il faut en joindre une autre irréfutable et qui démontre mieux que tous les raisonnements l'importance considérable qu'avaient prise les réformés au point de vue économique : c'est la situation piteuse dans laquelle leur départ laissa le royaume.

(1) Michelet, *Histoire de France*, XV, p. 249-251.

Vauban devait bien dire de la révocation : « qu'elle amena la désertion de cent mille français, la sortie de soixante millions, la ruine du commerce, les flottes ennemies grossies de neuf mille matelots, les meilleurs du royaume, leur armée de six cents officiers et de douze mille soldats plus aguerris que les leurs (1) ».

Ainsi première cause de dissentiment, l'intérêt économique qui activait et rendait implacable la seconde cause, l'intérêt religieux.

Au point de vue religieux, l'antipathie des réformés et des catholiques n'a pas besoin d'être démontrée. Mais ce qu'il faut souligner, c'est que cette antipathie était doublée d'une mutuelle intolérance.

Le droit commun du monde au début du XVIIIᵉ siècle était l'intolérance. Partout la majorité opprimait la minorité. Les catholiques demeuraient à Genève par souffrance, et n'avaient pas le droit de s'y marier. L'exercice de toute la religion romaine était défendu dans toute l'étendue de la Hollande (2). En Allemagne depuis la paix d'Augsbourg, tout membre séculier de l'empire pouvait déclarer unique sur son territoire la religion qu'il professait. Le Palatinat fut deux fois obligé d'embrasser les doctrines de Luther et deux fois celles de Calvin. L'Angleterre était dure aux dissidents : bannissement et en cas de récidive, condamnation à mort des prêtres officiant dans le royaume, lourd tribut imposé

(1) Lavisse et Rambaud, *Hist. gén.*, VI, p. 302.

(2) En Hollande, dit Benoit, on n'accorda pas aux catholiques d'édits de liberté, mais on les toléra en quelques provinces sans rien dire. Benoit, I, p. 460.

aux papistes comme à des esclaves. Telle était la législation britannique (1).

En France, là où les réformés étaient les plus forts, ils se montraient aussi intolérants que les catholiques. Ils s'étaient emparés des villes quand ils l'avaient pu, avaient interdit l'usage du culte catholique dans les villes de sûreté ; c'est avec la plus grande peine que Sully fit obtenir aux prêtres le droit d'entrer à la Rochelle, dans les hôpitaux pour administrer les sacrements quand ils y seraient appelés par les malades et le droit d'enterrer « même avec fort peu de solennité » les morts de leur religion (2). Nous avons vu qu'ils voulaient exclure complètement les jésuites et les moines des villes où ils étaient en force. L'historien Benoit nous donne un certain nombre d'échantillons des aménités qu'ils échangeaient contre les catholiques. Il s'agit du ministre Drelincourt. « Ce ministre, dit Benoit, était le vray fléau des controversistes et des missionnaires et qui avait appris de Dumoulin l'art de trouver le ridicule des superstitions, nommait les choses par leur nom avec une grande liberté. Il appelait l'Eglise romaine *infâme paillarde* et *l'idolâtre Babylone*. Il nommait le sacrement que les catholiques adorent un Dieu de pâte, une abomination, une oublie dont le prêtre veut persuader qu'il a fait un Dieu, quand il a soufflé sur elle quatre ou cinq paroles. Il traitait la messe de farce et de momerie. L'évêque l'accusait de dire que la Vierge était une idole et son culte une abomination ; que les fêtes des saints

(1) Lavisse et Rambaud, V, p. 387.
(2) Lavisse et Rambaud, p. 338.

étaient une superstition ; que leurs légendes ..... n'é-
taient qu'un tissu d'extravagances et de rêveries. Il se
plaignait qu'il eût appelé le Pape l'Antechrist Ier et capitaine des coupeurs de bourses, entendant par là les
évêques et les moines, et d'avoir mis en doute s'il était
le successeur de Simon Pierre ou de Simon le magi-
cien (1). »

On comprend qu'une religion qui enseignait que ses
adversaires étaient des antechrist, des idolâtres, des
monstres d'impiété ou d'indécence ne devait pas inspi-
rer la tolérance à ses adeptes.

D'un autre côté, les catholiques se montrèrent excessifs dans la théorie et dans la répression et l'art de violer la conscience d'autrui. Le clergé et la population
furent aussi avancés. Le clergé ne cessa de réclamer
contre les réformés, on peut dire que ce fut lui qui fournit le plan de la persécution légale qu'on trouve tout
entière indiquée dans ses grandes lignes dans les cahiers des assemblées du clergé de 1615 (2) et qu'il réclama jusqu'à la révocation. Ce fut lui qui en 1655 avait
réclamé l'envoi dans les provinces de commissaires
chargés de connaître les prétendues réformes faites à
l'Edit, qui en 1670 et 1675, réclama l'éducation des enfants réformés ; qui en 1685, déclara par la bouche de
son président Harlay, archevêque de Paris, « que l'édit
de Nantes ne pouvait plus servir de loi générale à raison des modifications et des interprétations qui en
avaient été faites à différentes occasions », il demandait
au souverain de chasser du barreau les protestants, de

(1) Benoit, II, p. 556.
(2) Benoit, II, p. 151-156, résumé des cahiers.

fermer leurs imprimeries et leurs librairies et de les
priver de leurs cimetières, etc.

Il n'y eut qu'une chose que le clergé réprouva : ce
furent les dragonnades et encore d'une façon bien
timide et bien faible.

Ce qui explique cette haine du clergé c'étaient ses
principes outrés du concile de Latran qui avait ordonné
d'exterminer les hérétiques et en outre suivait aveu-
glément la ligne de conduite qu'il croyait voir indiquée
dans l'Écriture sainte. Il suffit pour s'en rendre compte
de parcourir le livre septième de la *Politique tirée de
l'Écriture sainte* de Bossuet. L'on y voit (1) que : « Le
prince doit employer son autorité pour détruire dans
son État les fausses religions. Ainsi Asa, ainsi Ezéchias,
ainsi Josias mirent en poudre ces idoles que leurs peuples adoraient. Il ne leur servit de rien d'avoir été érigées par les rois : ils en abattirent les temples et les au-
tels ; ils en brisèrent les vaisseaux qui servaient à
l'idolâtrie ; ils en brûlèrent les bois sacrés ; ils en ex-
terminèrent les sacrificateurs et les devins ; et ils pur-
gèrent la terre de toutes ces impuretés. Leur zèle n'é-
pargna pas les personnes les plus augustes, ou qui leur
étaient les plus proches, ni les choses les plus vénéra-
bles dont le peuple abusait par un faux culte ». Dans
la proposition suivante il déclare qu' « on peut employer la rigueur contre les observateurs des fausses
religions ; mais la douceur est préférable. Le prince est
ministre de Dieu. Ce n'est pas en vain qu'il porte l'épée :
quiconque fait mal le doit craindre comme le vengeur

(1) Art. 3, 9ᵉ proposition.

de son crime. Il est le protecteur du repos public qui est appuyé sur la religion, et il doit soutenir son trône, dont elle est le fondement comme on a vu. Ceux qui ne veulent pas souffrir que le prince use de rigueur en matière de religion, parce que la religion doit être libre, sont dans une erreur impie ; autrement il faudrait souffrir dans tous les sujets et dans tout l'État, l'idolâtrie, le mahométisme, le judaïsme, toute fausse religion ; le blasphème, l'athéisme même, et les plus grands crimes seraient les plus impunis.

Ce n'est pourtant qu'à l'extrémité qu'il faut en venir aux rigueurs surtout aux dernières. Abia était armé contre les rebelles et les schismatiques d'Israël ; mais avant que de combattre, il fait précéder la charitable invitation que nous avons vue. »

Ainsi la dureté du Juif de l'Ancien Testament devenait une règle de conduite. L'on croyait voir un ordre même de Dieu dans toutes ces sanglantes exécutions et le seul tempérament que le grand esprit de Bossuet admettait, c'était de recourir aux voies de fait à la dernière extrémité. On suivit cette méthode et l'on répandit à profusion sa remarquable exposition de la doctrine catholique chez les réformés avant de leur envoyer les dragons.

Quant au pape, il était dans les mêmes sentiments. Après avoir désapprouvé très fort (pour la forme, il est vrai) l'édit de Nantes, il se félicita de sa révocation et par le bref du 13 décembre 1685, Innocent XI écrivait à Louis XIV que « l'Église catholique n'oublierait pas de marquer dans ses annales une si grande œuvre de sa dévotion envers elle ». Toutefois, ces félicitations furent modérées (1). Rome se trouvait au moment le plus chaud de sa lutte avec l'Église gallicane et se souciait peu de voir un protestantisme partiel remplacé par un schisme général.

L'intolérance était donc dans la doctrine du jour chez les catholiques comme chez les réformés. Quant au peuple, il est surtout en France facilement intolérant vis-à-vis des choses qu'il n'aime pas. Les réformés l'avaient indisposé spécialement par la violence de leurs actes et leurs brutalités ; « rien n'inspira plus de fureur au peuple contre eux, que ce qu'ils brisèrent les images en plusieurs lieux et qu'ils brûlèrent les reliques », nous dit Benoit (2).

Or, quand on sait quelle importance, beaucoup plus grande et plus matérielle que celle enseignée par l'Église catholique, les peuples attachaient et attachent encore au culte des saints et des reliques, l'on comprend la fureur qui les animait contre les réformés qui méprisaient leurs pratiques.

Ainsi les réformés avaient de puissants adversaires, les artisans, la population superstitieuse et le clergé. Il faut ajouter un trait à ce tableau, en indiquant que la portion la plus intolérante du clergé contre les protestants fut celle qui représentait l'Église gallicane. Il semble qu'au moment où la royauté tendait de plus en plus à se séparer de Rome et à instituer un clergé national, dépendant d'elle, elle ait voulu calmer d'un autre côté les appréhensions et les oppositions des catholiques ul-

____

(1) Il semble à M. Viollet qu'elles aient été arrachées par la diplomatie, *Hist. du droit public*, p. 343, note 3.

(2) Benoit, I, p. 31.

tramontains, en persécutant avec une rigueur de plus en plus grande les réformés.

C'est là un fait constaté très bien et avec une sorte de surprise par les réformés eux-mêmes.

« On a remarqué, dit Benoit (1), depuis ce temps-là (édit de Châteaubriant, 1551), que cette politique a souvent été suivie en France, de persécuter les réformez quand on avait des démêlez avec le pape : et que jamais il n'y a eu pour eux de plus mauvais temps à passer que celuy des brouilleries entre la Cour de France et celle de Rome. »

C'était à ces moments-là qu'il importait de se montrer plus catholiques que le pape. Dans le même ordre d'idée, la coïncidence de la date de la déclaration de 1682 avec les moments les plus violents de la persécution contre les réformés s'impose à l'attention.

Ce n'était pas en effet, au moment où le roi visait à devenir une sorte de souverain théocratique dirigeant un clergé organisé et discipliné, qu'il aurait pu tolérer une autre religion, indépendante celle-là complètement, vis-à-vis de la sienne. Il y avait là un manquement à la religion du prince.

Ces termes « la religion du prince » se retrouvent souvent sous la plume du procureur Bernard.

En outre depuis très longtemps, les réformés s'étaient aliéné le pouvoir central par leurs sentiments indépendants et même républicains.

Sous Catherine de Médicis, en plein moment de la régence (1559) n'avaient ils pas émis des apologies tendant

____

(1) Benoit, I, p. 12.

à exclure du gouvernement les femmes et les étrangers et à mettre l'autorité entre les mains des États généraux et des princes du sang pendant la minorité des rois qu'ils ne voulaient pas reconnaître majeurs à quatorze ans. Trois ans après, ils allèrent plus loin et lurent dans un synode un écrit qui les engageait à s'unir contre le gouvernement despotique, la papauté et la chicane que l'on appelait les trois pestes du genre humain. Ils paraissaient républicains et ennemis de la monarchie (1), ce qui était encore plus grave que de paraître ennemis de la papauté.

Ces dispositions expliquent très bien l'explosion de joie générale qui suivit le moment de la révocation de l'édit, chez le peuple, le clergé, les parlements.

« Le chancelier Le Tellier, malade et près de mourir, demanda au roi de lui accorder la consolation de signer avant de mourir un édit qui porterait la révocation de l'édit de Nantes ; et il le signa en effet le 2 octobre 1685, récita le cantique des cantiques et mourut avant la fin du mois (2). »

Quant au peuple de Paris, il se porta avec fureur à Charenton et y démolit le temple dont il ne laissa pas un seul vestige (3).

§ 2. — Modifications dans l'état des esprits.

Mais une réaction ne tarda pas à se produire après ce

(1) Benoit, I, p. 20.
(2) Rohrbacher, V, p. 592.
(3) Rohrbacher, V, p. 549.

premier engouement et l'on regarda avec consternation ce qu'on avait fait.

Fénelon, les abbés de Langeron, Fleury et autres envoyés en mission dans le Poitou, demandèrent avant tout qu'on en éloigna les dragons (1).

Il faut lire les lettres de Fénélon pour voir dans quel état lamentable étaient les malheureux sortis des mains des dragons, au point de vue de la conscience ; ils se seraient faits turcs et sectateurs du Coran aussi bien que catholiques. L'obligation de fréquenter les sacrements amena en outre une profanation générale et un dégoût du culte dans ces populations. On n'osa point appliquer toutes les mesures que l'on avait prises pour les obliger à fréquenter les sacrements.

Du côté du commerce le coup fut aussi sensible. Nous avons cité l'appréciation de Vauban ; tous les auteurs insistent du reste assez sur ce point pour qu'il soit inutile de s'y appesantir.

Ce fut surtout dans les esprits philosophiques que les idées changeaient. On trouve des manifestations de cet esprit dès le XVIe siècle en Pologne et en Autriche, au XVIIe siècle quelques voix s'étaient élevées en France en sa faveur, au XVIIIe siècle la tolérance trouva son code dans le traité sur la Tolérance de Voltaire qui parut en 1763 (2).

Toutefois, par réaction contre cette nouvelle tendance, il semble que la législation ait redoublé de rigueur. Cela se produit du reste souvent, chez les insti-

____

(1) Rohrbacher, V, p. 595, 614, 616.
(2) Sur ces points, Viollet, p. 346 et 347

tutions et les peuples près d'expirer : ce sont les dernières convulsions.

Le terrible code du 14 mai 1724 aiguisait encore les
anciennes pénalités. Toutefois, ce qui montre que les
esprits se modifiaient, il fut mal accueilli (1). Il s'explique par le fait du renouveau de jansénisme qui triomphait alors et qui avait augmenté les persécutions.

« Sous le Régent, d'Aguesseau, faible janséniste,
gronde les intendants qui ne répriment pas les protestants. Un très honnête évêque, un janséniste austère,
Colbert, qui quarante ans durant résista aux ultramon-
tains, n'en est pas moins hostile aux réformés (2). »
En 1728, il fut établi un système d'amende redoutable
au paysan pauvre. « La paroisse où une assemblée a
eu lieu dut payer cinq cents livres, somme trop faible,
dit Fleury, qui l'aggrava. La famille qui n'envoie pas
son enfant au curé, doit payer tant d'amende ; amende
qui n'est plus comme autrefois levée par an, mais levée
chaque mois. Rien de plus propre à user l'âme, à tenir
inquiet et chagrin le paysan nécessiteux. Toujours, toujours payer, ne pensez qu'à cela ! Misérable existence,
dure, sèche et contractée, calculée à merveille pour
l'amaigrissement de l'esprit (3). »

Malgré tout, les idées changeaient. Les anciennes
préventions étaient en partie apaisées. Le clergé perdait de plus en plus de sa force et le mouvement de
l'opinion s'écartait de plus en plus de lui. Quelques-
uns de ses membres commençaient même à reconnaître

(1) Michelet, XVIII, p. 53
(2) Michelet, XVIII, p. 76.
(3) Michelet, XVIII, p. 78.

l'inutilité des persécutions. Les querelles des derniers temps et les conversions forcées avaient répandu dans beaucoup de lieux une couche profonde d'indifférence. L'on se lassa de voir ces protestants traqués sans raison, obligés de se jeter dans les aventures et de braver les galères pour faire baptiser leurs enfants ou se marier.

Un nouveau sentiment de tolérance réciproque n'attendait plus qu'une occasion pour se montrer. L'occasion naquit un jour. Un malheureux réformé, Jean Callas, accusé d'avoir tué son fils, fut condamné sans preuves et exécuté à Toulouse en 1664. Voltaire apprit la chose, s'indigna et les salons et l'opinion furent retournés. Sur ces entrefaites, le parlement de Toulouse, sur le témoignage d'un enfant, condamna aussi à mort les Sirven.

Cela fit déborder la mesure.

Le Grand Conseil fut saisi du procès de Callas, la cour et le parlement s'y intéressèrent et, le 7 mars 1765, trois ans jour pour jour après le premier arrêt, Callas fut déclaré innocent (1).

On peut dater de ce jour l'affranchissement moral des protestants de l'odieuse servitude que l'on avait fait peser sur eux.

Ce n'était encore qu'un affranchissement moral, mais c'était déjà le présage de l'affranchissement légal. Celui-ci se manifestait à l'étranger. En 1769, la législation anglaise vis-à-vis des catholiques s'adoucit. En 1781,

____

(1) Sur ce procès, voir Michelet, XIX, p. 90 à 109.

Joseph II promulgua dans les Etats autrichiens ses célèbres édits de tolérance (1).

La France devait suivre ce mouvement et en 1787, la royauté, près d'expirer, inaugurait le nouveau régime en restituant aux réformés un état civil.

SECTION II. — Édit de novembre 1787. — Restitution aux réformés d'un état civil.

Déjà en 1782, Louis XVI avait fait un premier pas vers la tolérance en défendant aux réformés de qualifier de bâtards dans les actes publics, les enfants des calvinistes nés au désert (2). La tolérance de fait s'établissait de plus en plus ; enfin l'édit du 19 novembre 1787 proclama l'avènement de la tolérance légale.

Cet édit est dû à l'influence de Malesherbes et de Lafayette. Ce dernier avait déjà sollicité des mesures réparatrices dans son bureau à l'Assemblée des notables : un ecclésiastique éminent, M. de la Luzerne, évêque de Langres, son neveu, l'avait appuyé et la motion avait passé à la presqu'unanimité du bureau. Louis XVI accéda à ce vœu (3).

Le préambule de l'édit (4) est à lire tout entier ; il déclare que lorsque Louis XIV interdit l'exercice du calvinisme « l'espoir d'amener ses peuples à l'unité si désirable du même culte, soutenu par de trompeuses

(1) Viollet, *loc. cit.*, p. 347-348.
(2) Viollet, *loc. cit.*, p. 348.
(3) Anquez, *loc. cit.*, p. 206, 207, XIII.
(4) Isambert, XXVIII, p. 472.

apparences de conversions, empêcha ce grand roi de suivre le plan qu'il avait formé dans ses conseils pour constater légalement l'état civil de ceux de ses sujets qui ne pouvaient pas être admis aux sacrements de l'É-glise ; à l'exemple de nos prédécesseurs, nous favoriserons toujours les moyens d'instruction et de persuasion qui tendront à lier tous nos sujets par la profession commune de l'ancienne foi de notre royaume, et nous proscrirons avec la plus sévère attention toutes ces voies de violence, qui sont aussi contraires aux principes de la raison qu'au véritable esprit du christianisme. Mais, en attendant que la divine Providence bénisse nos efforts et opère cette heureuse révolution, notre justice et l'intérêt de notre royaume ne nous permettent pas d'exclure plus longtemps des droits de l'état civil ceux de nos sujets ou des étrangers domiciliés dans notre empire, qui ne professent pas la religion catholique. Une assez longue expérience a démontré que ces épreuves rigoureuses étaient insuffisantes pour les convertir : nous ne devons plus souffrir que nos lois les punissent inutilement du malheur de leur naissance, en les privant des droits que la nature ne cesse de réclamer en leur faveur.

Nous avons considéré que les protestants, ainsi dépouillés de toute existence légale, étaient placés dans l'alternative inévitable, ou de profaner les sacrements par des conversions simulées, ou de compromettre l'état de leurs enfants en contractant des mariages frappés de nullité par la législation de notre royaume. Les ordonnances ont même supposé qu'il n'y avait plus que des catholiques dans nos États ; et cette fiction, aujourd'hui inadmissible, a servi de motif au silence de la loi qui n'aurait pu reconnaître en France des prosélytes d'une autre croyance, sans les proscrire des terres de notre domination, ou sans pourvoir aussitôt à leur état civil. Des principes si contraires à la prospérité et à la tranquillité de notre royaume, auraient multiplié les émigrations, et auraient excité des troubles continuels dans les familles si nous n'avions pas profité provisoirement de la jurisprudence de nos tribunaux, pour écarter les collatéraux avides qui disputaient aux enfants l'héritage de leurs pères. Un pareil ordre de choses sollicitait depuis longtemps notre autorité de mettre un terme à ces dangereuses contradictions entre les droits de la nature et les dispositions de la loi. »

On ne saurait mieux critiquer, en y mettant des formes, l'ancienne législation oppressive. Avant de disparaître, le régime royal condamnait donc d'une façon solennelle son erreur intolérante.

Sans doute c'était encore bien timide, les réformés « privés de toute influence sur l'ordre établi dans nos États, déclarés d'avance et à jamais incapables de faire dans notre royaume, soumis à la police ordinaire pour l'observation des fêtes, ne tiendront de la loi que ce que le droit naturel ne nous permet pas de leur refuser, de faire constater leurs naissances, leurs mariages et leurs morts, afin de jouir comme tous nos autres sujets des effets civils qui en résultent ».

Mais il en résultait l'abrogation de la présomption de catholicité portée précédemment, ce qui était beaucoup ; en outre, si les réformés ne pouvaient former de corps ni communauté d'après le préambule de l'arti-

cle 3, et ne pouvaient exercer leur religion, en revanche ils pouvaient la professer, ce qui, en fait, devait
ramener un exercice plus ou moins déguisé. Ils pouvaient vaquer en France à leur commerce, arts et profession ; on ne leur interdisait plus que « toutes les
charges de la judicature, ayant provision (du roi).....
ou des seigneurs, les municipalités érigées en titre d'office, et ayant fonctions de judicature, et toutes les places qui donnent le droit d'enseignement public » (1).

Les ministres pouvaient rentrer, mais ne point porter de signe distinctif (2).

Les réformés devaient « se conformer aux règlements
de police à l'égard de l'observation des dimanches et
des fêtes commandées, à l'effet de quoi, ne pourront
vendre ni établir à boutique ouverte lesdits jours » (3).
Ils devaient contribuer à l'entretien, réparation et re-
construction « des églises paroissiales, chapelles, pres-
bytères, logements des prêtres séculiers ou religieux
employés à la célébration du service divin » (4). De plus,
on leur enjoignait le respect extérieur de la religion catholique et de ses cérémonies (5).

Mais les dispositions les plus importantes de l'Edit
visaient la constatation des mariages, baptêmes et décès et l'établissement pour ces actes de registres de l'é-
tat civil.

(1) Art. 1.
(2) Art. 4.
(3) Art. 6.
(4) Art. 7.
(5) Art. 5.

§ 1. — Célébration et constatation des mariages des réformés.

Le mariage était dorénavant permis aux réformés dans des formes civiles et ce mariage devait produire pour les époux et pour leurs enfants les mêmes effets qu'un mariage ordinaire (1). Sans doute, les ministres réformés n'avaient pas à s'ingérer dans ces mariages (2), mais les ministres catholiques devant lesquels ils avaient lieu, ne servaient que de témoins et pouvaient être remplacés par les officiers de justice des lieux.

Comme on le voit, on n'ose supplanter encore complètement dans leur possession de tenir les registres de l'état civil, les ministres catholiques du culte, on se contente de placer à côté d'eux des officiers de justice. En fait, c'était les remplacer dans la plupart des cas.

Les mariages des réformés, comme les mariages des catholiques, devaient être précédés de publications de bans de mariage, faites au lieu du domicile actuel et dans celui du domicile que les parties auraient quitté depuis six mois ou un an, suivant que ce changement s'était fait ou non à l'intérieur d'un même diocèse, en outre au domicile des parents ou des tuteurs et curateurs si les parties étaient mineures (3).

(1) Art.2 : « Pourront en conséquence ceux de nos sujets ou étrangers domiciliés dans notre royaume, qui ne seraient pas de la religion catholique, y contracter des mariages, dans la forme qui sera cy-après prescrite, voulons que lesdits mariages puissent avoir dans l'ordre civil, à l'égard de ceux qui les auront contractés dans la dite forme, et de leurs enfants, les mêmes effets que ceux qui seront contractés et célébrés dans la forme ordinaire par nos sujets catholiques. »
(2) Art. 4.
(3) Art. 8.

Ces publications étaient faites par les curés ou les officiers de justice des lieux (1), soit par le curé à la porte de l'église, où elles étaient en outre affichées (2), soit par un greffier, en présence du juge, ou d'une personne commise, à la sortie de la messe paroissiale (3). Les dispenses de bans devaient être justifiées. Elles étaient accordées par le premier officier de bailliage (4), dans les mêmes conditions que le faisaient les ordinaires. Pour les dispenses au delà du troisième degré, ce magistrat les accordait seul, pour les dispenses aux degrés antérieurs elles devaient être accordées par la chancellerie et scellés du grand sceau.

Ces publications avaient pour but de faire apparaître les empêchements aux mariages et les oppositions. Ces oppositions étaient signifiées au curé, si c'était lui qui faisait la publication (5) ou au greffe du siège du tribunal (6). La mainlevée de ces oppositions ne pouvait être demandée devant d'autres juges que ceux des bailliages et sénéchaussées. Ensuite avait lieu la déclaration du mariage devant les curés ou vicaires ou devant les officiers de justice (7). Cet officier devait être le premier officier de la justice royale ou seigneuriale, dans le ressort duquel était situé le domicile des parties (8).

(1) Art. 9.
(2) Art. 10.
(3) Art. 12.
(4) Art. 15.
(5) Art. 11.
(6) Art. 13.
(7) Art. 16.
(8) Art. 14.

On devait leur présenter les certificats de publication sans opposition, ou la mainlevée des oppositions en cas qu'il y en avait eu, l'expédition des dispenses, et le consentement des personnes requises.

La déclaration était faite dans la maison du curé ou vicaire ou du juge en présence de quatre témoins (1). Le curé ou le juge était celui du domicile de l'une des parties, il devait avoir reçu le consentement du curé ou du juge de la paroisse ou du domicile de l'autre partie, en forme de commission rogatoire ; ces consentements ne pouvaient du reste être refusés (2).

Puis le curé ou le juge déclarait les parties unies au nom de la loi et inscrivait sur le registre des mariages leurs déclarations, la mention des publications, de la non-opposition ou de la mainlevée des dispenses, du consentement des personnes voulues, il signait le tout ainsi que les parties et les témoins (3).

Les registres sur lesquels étaient constatées les formalités dont nous parlons, étaient les registres ordinaires des mariages des paroisses ou des registres spéciaux pour les juges (4). On les inscrivait sur les deux doubles.

(1) Art. 17.
(2) Art. 19.
(3) Art. 18 : « Ledit curé ou vicaire, ou ledit juge, déclarera aux parties, au nom de la loi, qu'elles sont unies, légitime et indissoluble mariage ; inscrira lesdites déclarations sur les deux doubles du registre destiné à cet effet, et fera mention de la publication des bans sans opposition, ou de la mainlevée des oppositions, s'il y en a eu ; des dispenses, si aucunes ont été accordées du consentement des pères, mères, tuteurs ou curateurs ; signera le tout et fera signer par les parties contractantes, si elles savent signer et par les témoins. »
(4) Art. 20.

On avait pris en outre des mesures pour régulariser la situation des réformés, précédemment mariés au désert, et celle de leurs enfants. Ils devaient, dans l'année de la publication de l'édit de 1787, faire leur déclaration de mariage dans les lieux où aurait dû se faire la publication (1). Le consentement des pères et mères, tuteurs et curateurs des mineurs devait aussi être mentionné (2).

Le délai fut étendu jusqu'au 1er janvier 1790 par la déclaration du 24 janvier 1789 (3).

Dans le cas de contestation, sur ces mariages déclarés ou contractés comme précédemment. les baillis et sénéchaux ressortissant immédiatement aux cours du parlement étaient compétents en première instance et en seconde instance les Cours de parlement et les Conseils supérieurs (4).

§ 2. — Constatation des baptêmes et des décès.

Le mariage étant régularisé, il était facile de régulariser aussi les baptêmes. Les moyens employés sont indiqués fort clairement dans les articles 25 et 26.

Art. 25. — La naissance des enfants de nos sujets non catholiques, et qui auront été mariés suivant les formes prescrites par notre présent édit, sera constatée, soit par l'acte de leur baptême, s'ils y sont présentés, soit par la déclaration que feront devant le juge du lieu

(1) Art. 21 et 22.
(2) Art. 23.
(3) Isambert, XXVIII, p. 634.
(4) Art. 24.

le père et deux témoins domiciliés, ou en son absence quatre témoins aussi domiciliés, qu'ils sont chargés par la mère de déclarer que l'enfant est né, qu'il a été baptisé, qu'il a reçu nom.

Si ce n'est que l'enfant fût né de père et mère d'une secte qui ne reconnaît pas la nécessité du baptême, auquel cas ceux qui le présenteront, déclareront la naissance de l'enfant, la secte dans laquelle il est né, et justifieront que le père et la mère ont été mariés dans la forme prescrite par le présent édit.

ART. 26. — Sera ladite déclaration inscrite sur les deux doubles des registres destinés à cet effet, signée du père s'il est présent et s'il sait signer, des témoins et du juge et seront au surplus observées les formalités prescrites par nos ordonnances, édits et déclarations au sujet des actes de baptême des enfants nés de père et mère catholiques à peine de nullité.

Quant aux décès, il y avait à prévoir la constatation du décès, l'enterrement et l'attribution d'un cimetière.

La déclaration de décès devait être faite par les deux plus proches parents ou voisins de la personne décédée, et à leur défaut par le procureur du roi ou celui du seigneur haut-justicier dans la justice duquel le décès était arrivé ; il devait être assisté de deux témoins. La déclaration était inscrite sur les registres ordinaires des sépultures, par le curé, si elle était faite devant lui, sur un registre spécial par le juge si c'était au juge qu'on s'adressait (1).

De toutes façons, même quand on s'adressait au curé

(1) Art. 28.

il fallait prévenir le juge, qui devait nommer un commissaire pour assister à l'inhumation (1). Cette inhumation devait avoir lieu sans grandes solennités : « Ne seront les corps des personnes auxquelles la sépulture ecclésiastique ne pourra être accordée exposés au devant des maisons, comme il se pratique à l'égard de ceux qui sont décédés dans le sein de l'Église. Pourront les parents et amis de la personne décédée accompagner le convoi, mais sans qu'il leur soit permis de chanter ni de réciter des prières à haute voix ; comme aussi défendons à tous nos sujets de faire ou exciter aucun trouble, insulte ou scandale, lors et à l'occasion des dits convois, à peine contre les contrevenants, d'être poursuivis comme perturbateurs de l'ordre public (2). »

Le corps devait être inhumé dans un lieu convenable.

« Arrivant le décès d'un de nos sujets ou étrangers demeurant ou voyageant dans notre royaume, auquel la sépulture ecclésiastique ne devra être accordée, seront tenus les prévôts des marchands, maires, échevins, syndics ou autres administrateurs des villes, bourgs et villages de destiner dans chacun des dits lieux un terrain convenable et décent pour l'inhumation : enjoignons à nos procureurs sur les lieux et à ceux des seigneurs, de tenir la main à ce que les lieux destinés aux dites inhumations soient à l'abri de toute insulte, comme et ainsi que le sont ou doivent être ceux destinés aux sépultures de nos sujets catholiques. »

C'est ainsi que se termina la querelle des cimetiè-

(1) Art. 29.
(2) Art. 30.

res. Les cadavres des réformés expulsés du cimetière catholique finirent enfin par trouver un lieu de repos, en attendant que la laïcisation des cimetières, qui devait suivre plus tard, permît de réunir tous les défunts à quelque religion qu'ils appartiennent dans un même endroit.

Avant de terminer cette étude sur l'ordonnance de 1787, il nous faut examiner comment étaient tenus ces registres spéciaux des juges qui faisaient concurrence désormais aux registres de l'Église.

§ 3. — Etablissement des registres de l'état civil.

Il faut distinguer les registres établis pour constater les mariages, naissances et décès, des registres établis pour mentionner les dispenses de parenté ou de publication.

Les premiers registres que tenaient les greffiers étaient rédigés en double ; l'un de ces doubles était en papier timbré, dans les pays où celui-ci était en usage, l'autre en papier commun ; ce papier était fourni par les communautés des villes, bourgs et villages (1). Les feuillets étaient cotés et paraphés par premier et dernier, par le premier des officiers des justices. Les déclarations étaient écrites à la suite et sans blanc ; à la fin de chaque année les registres étaient clos et arrêtés par le juge qui barrait les feuilles restées en blanc (2). Un des registres était dans les six semaines qui sui-

(1) Art. 31.
(2) Art. 32.

vaient la fin de l'année déposé au greffe des bailliages et sénéchaussées auxquels ressortissait la justice. L'autre restait au lieu de la justice. Pour les registres des bailliages et sénéchaussées le double en était envoyé au procureur général de la cour d'où ces bailliages et sénéchaussées ressortissaient pour être déposés aux greffes de la dite cour (1).

Des extraits de ces registres étaient délivrés à ceux qui les réclamaient, soit par le greffier de la principale justice des villes, bourgs ou villages (2), soit par le greffier des bailliages ou sénéchaussées ou par celui de la cour du parlement qui tenaient les registres (3).

Quant au registre qui mentionnait les dispenses de bons et de parenté, accordées par l'officier du bailliage ou expédiées en la grande chancellerie, il n'était pas tenu en double, mais il était relié, coté et paraphé par premier et dernier; il ne pouvait servir qu'un an et le premier janvier de l'année suivante au plus tard il devait être clos et arrêté par le juge (4).

Les dispenses étaient en outre soumises au contrôle, tandis que les déclarations de naissances, mariages et décès ne l'étaient pas (5).

Enfin un tarif était joint à l'édit, qu'il n'était permis ni aux juges, ni aux curés de dépasser (6).

Nous n'avons point besoin d'insister sur l'étroite pa-

(1) Art. 33.
(2) Art. 31.
(3) Art. 33.
(4) Art. 34.
(5) Art. 35.
(6) Art. 36.

renté que présentent ces premiers registres d'état civil avec nos registres d'état civil modernes, plusieurs dispositions qui visaient les anciens sont encore appliquées à ceux-ci.

Tel qu'il était cet édit était un changement énorme dans la législation. Désormais l'État reconnaissait une existence civile en dehors de l'existence religieuse et ce, non seulement en faveur d'une religion, lui ayant arraché cette concession comme cela était un peu le cas lors de l'édit de Nantes, mais en faveur de toutes les religions.

En outre il était à prévoir que l'exercice du culte proscrit allait renaître.

C'était ce qui inquiétait le plus le clergé. Dans ses remontrances adressées au roi en 1788, il demandait des ordonnances en ce sens.

« Des ordonnances moins sévères, mais plus fidèlement exécutées, proscriront l'exercice de toute autre religion que de la religion catholique, les prédicants disparaîtront, les assemblées cesseront (1). »

Le parlement réclama aussi dans ses remontrances du 18 janvier 1788 (2).

Ces derniers efforts étaient vains et condamnés par l'expérience et les nouvelles idées de l'époque ; ils ne servirent qu'à rendre plus éclatants le triomphe de la tolérance et les principes nouveaux de la Révolution.

(1) Cité par Viollet, *Hist. du dr. public*, p. 349 et note 2.
(2) Isambert, **XXVIII**, p. 495, non cité.

CONCLUSION

La conclusion de tous ces efforts législatifs, de toutes ces répressions infructueuses, de toutes ces vaines tentatives de réprimer la liberté devait être la Révolution.

La Révolution, c'est-à-dire la substitution de l'état civil à l'état religieux, le premier pas vers la limitation des domaines de l'Eglise et de l'Etat, la tolérance pour toutes les croyances et tous les faits qui ne sont pas contraires à l'ordre public (1).

Le mouvement qui entraînait vers les principes nouveaux était irrésistible.

Plus d'enquêtes sur la croyance avant d'adjuger à une personne un emploi civil ou militaire, déclare l'Assemblée constituante dès le 24 décembre 1789.

Les décrets du 10 juillet et du 14 décembre 1790 ordonnent la restitution des biens des protestants fugitifs, saisis depuis les persécutions et déclarent naturel français tout descendant de religionnaires fugitifs (2).

(1) Cette tolérance avait été et resta pendant toute la durée de l'ancien régime appliquée aux protestants d'Alsace à qui les traités de Munster et d'Osnabruck avaient garanti la liberté de conscience et du culte. M. Beauchet, *Nouvelle Revue historique*, 1882, p. 674-681.

(2) Décret du 15 décembre 1790, article 22 : « Toutes personnes, qui nées en pays étranger descendant en quelque degré que ce soit d'un français ou d'une française expatriés pour cause de religion, sont déclarés naturels français et jouissent des droits attachés à cette qualité, si elles reviennent en France, y fixent leur domicile et prêtent le serment civique. Les fils de famille ne pourront user de ce droit

La constitution des 3-14 septembre 1791 devait mettre la dernière pierre à l'édifice et consacrer législativement l'égalité complète entre tous les Français : « La constitution garantit comme droits naturels et civils : que tous les citoyens sont admissibles aux places et emplois, sans autre distinction que celle des vertus et des talents... la constitution garantit pareillement comme droits naturels et civils la liberté à tout homme... d'exercer le culte religieux auquel il est attaché. »

Sans doute, ces principes ont rencontré des violateurs parmi les hommes mêmes qui les avaient proclamés ; ils furent attaqués et le sont encore de part et d'autre, mais leur triomphe n'en paraît pas moins assuré, basés qu'ils sont sur la nécessité même de tous les jours, sur la meilleure façon d'assurer l'ordre et la paix dans l'Etat.

sans le consentement de leur père, mère, aïeul ou aïeule, qu'autant qu'ils seront majeurs et jouissant de leurs droits.

Loi du 20 juin 1889, article 4 : Les descendants de familles proscrites lors de la révocation de l'édit de Nantes continueront à bénéficier des dispositions de la loi du 15 décembre 1790, mais à la condition d'un décret spécial pour chaque demandeur. Ce décret ne produira d'effets que pour l'avenir.

Vu :
Le Président de la thèse,
GAVET.

Vu :
Le Doyen,
E. LEDERLIN.

Vu et permis d'imprimer :
Nancy, le 25 mai 1900.
Le Recteur,
A. GASQUET.

TABLE DES MATIÈRES

	Pages
BIBLIOGRAPHIE	VII
INTRODUCTION	1

PREMIÈRE PARTIE

SITUATION JURIDIQUE DES RÉFORMÉS AVANT L'ÉDIT DE NANTES.

CHAPITRE PREMIER. — **Répression de l'hérésie** . . 12

Section I. — Histoire de la répression de la réforme en France 12

Section II. — La procédure employée contre les réformés. 27

Section III. — Les peines édictées contre l'hérésie . . . 37

CHAPITRE II. — **Les édits de pacification** 43

Section I. — Les édits de pacification de 1560 à 1676. 44

Section II. — Les grands édits de 1576, 1577, 1580 . . 53

Section III. — L'élaboration de l'édit de Nantes , ... 64

DEUXIÈME PARTIE

SITUATION JURIDIQUE DES RÉFORMÉS SOUS LE RÉGIME DE L'ÉDIT DE NANTES.

CHAPITRE PREMIER. — **Nature de l'édit. Garanties de droit et de fait accordées aux réformés. Interprétation de l'édit** 78

Section   I. — Nature de l'édit.   87
Section II. — Garantie de fait de l'édit. Les places de
              sûreté.   88
Section III. — Interprétation de l'édit   104

CHAPITRE II. — **Esprit de l'édit. Oubli qu'il assure
du passé. Liberté de conscience. Admission aux
charges.**   113

Section   I. — Amnistie et rétablissement des situations
              précédentes   114
Section II. — Rétablissement de la religion catholique
              et la liberté de conscience.   124
Section III. — Accès des charges et offices aux réfor-
              més.   142

CHAPITRE III. — **Etude de l'exercice de la religion
réformée. Lieux où il était permis, lieux où il était
défendu. Droits compris dans l'exercice**   154

Section I. — Les lieux d'exercice   155
Section II. — Droits compris dans l'exercice   180

CHAPITRE IV. — **Organisation politique et disciplinaire. Organisation de l'instruction, de l'assistance et de la finance chez les réformés.**   203

Section   I. — Organisation politique et disciplinaire. .   203
Section II. — Organisation de l'instruction publique et
              de l'assistance   214
Section III. — Organisation financière   230

CHAPITRE V. — **Organisation judiciaire spéciale
aux réformés.**   240

Section   I. — Organisation des chambres mi-parties. .   241
Section II. — Compétence des nouveaux tribunaux . .   250
Section III — Fonctionnement des chambres de l'Edit
              et des autres juridictions subalternes .   260
Section IV. — Voies d'appel ou d'évocation. Disparition
              des chambres mi-parties   269

TROISIÈME PARTIE

SITUATION JURIDIQUE DES RÉFORMÉS APRÈS LA RÉVOCATION DE L'ÉDIT DE NANTES.

CHAPITRE PREMIER. — **La révocation de l'édit de Nantes et les mesures de répression qui la suivirent** 276

SECTION I. — Violation de la liberté de conscience dans le royaume et interdiction de sortir du royaume 278

SECTION II. — Interdiction de l'exercice. Expulsion des ministres et mesures prises pour l'éducation catholique des enfants. Résultats de l'interdiction. 293

CHAPITRE II. — **Changement dans les esprits. La réaction libérale** 303

SECTION I. — Modifications apportées à l'état intolérant des esprits, premières idées de tolérance. 303

SECTION II. — Édit de 1787. Restitution aux réformés d'un état civil. 319

CONCLUSION 333

Imp. J. Thevenot, Saint-Dizier (Haute-Marne)